编委会

主 编

刘金柱 张志勇

编 委
（以姓氏笔画为序）

于广杰 马燕鑫 王彩梅 田小军 刘少坤
孙　光 吴淑玲 张志勇 陈玉强 金景芝
周小艳 徐文武 韩田鹿

梦蕉亭杂记·把芬庐存稿
集外遗诗

清代直隶总督◎文献集

陈夔龙 著

河北出版传媒集团
河北教育出版社

图书在版编目（CIP）数据

清代直隶总督文献集：梦蕉亭杂记·把芬庐存稿·集外遗诗 /（清）陈夔龙著. -- 石家庄：河北教育出版社，2021.10
ISBN 978-7-5545-6590-2

Ⅰ.①清… Ⅱ.①陈… Ⅲ.①中国历史－史料－清后期 Ⅳ.① K252.06

中国版本图书馆 CIP 数据核字 (2021) 第 215062 号

书　　名	清代直隶总督文献集	
	梦蕉亭杂记·把芬庐存稿·集外遗诗	
作　　者	（清）陈夔龙	
主　　编	刘金柱　张志勇	
点校整理	刘沁淳　黄如嘉　周小艳	
出版人	董素山	
策　　划	徐　凡　刘相美	
责任编辑	任晓霞　付宏颖	
装帧设计	李关栋	
出版发行	河北出版传媒集团	
	河北教育出版社 http://www.hbep.com	
	（石家庄市联盟路 705 号，050061）	
印　　制	河北锐文印刷有限公司	
开　　本	787 mm × 1092 mm　1/16	
印　　张	32.25	
字　　数	700 千字	
版　　次	2021 年 10 月第 1 版	
印　　次	2021 年 10 月第 1 次印刷	
书　　号	ISBN 978-7-5545-6590-2	
定　　价	88.00 元	

版权所有，翻印必究

凡　例

一、清代直隶为京畿重镇，总督之选，均当时名臣。虽其或以政事优长著名，或以德行卓异见称，辞章文笔非其要务，然其文字多关乎时事，诗笔亦可见交游，固有益于论世知人，亦有资于考证研究。惜其多数，世所罕觏，或近湮灭，存亡堪虞。今加点校整理，一则保存文献，庶免散佚，一则以广流传，便于取用。

二、有清一代，任直隶总督之职者共四十人。有文集存世者若干家，本丛书所收录即在此范围之中。若今人已有点校本行世，而流传甚广者，如曾国藩文集，则不再收录。

三、本丛书作品编排均依原集次序，以存旧貌。新辑集外佚文之编排，以诗、文、词为序。诗之次序为古诗、律诗、绝句。文之次序为：赋、制、敕、册文、表、疏、状、奏议、启、判、对策、教、颂、赠序、书、记、论说、杂文、赞、铭、诔、碑、哀册、吊、祭文、题识（序跋）等。（《古文辞类纂》：论辨类，序跋类，奏议类，书说类，赠序类，诏令类，传状类，碑志类，杂记类，箴铭类，颂赞类，辞赋类，哀祭类。）

四、丛书中各文集版本情况不一，凡存世不止一本者，皆尽力搜罗，以求其全。底本选用，以足本、善本为先。若为孤本、残本者，则不在此例。

五、本丛书校勘，凡有二种版本以上者，以对校为主，参以他法。仅有一种版本者，无他本可参，势难对校，则用下列方法校之：若诗文有见于他书称引、有见于碑版法帖者，以他校法校之；若集中有他篇可参证者，以本校法校之；若既不见于他处，亦无佐证于集内，而文字疑有讹误者，则以理校法校之。

六、本丛书出校原则，讹文、脱文、衍文、倒文出校。异文两通者，保留原貌，出校记列出异文。底本疑误而无版本依据，无法断定者，保持原貌，出校记说明。校记以脚注形式列于每页之下。至于习见之通假字、流俗之异体字，皆无关宏旨，不复出校。原稿漫漶不清、实难辨明之处，以等字数之虚缺号"□"替代之，以俟识者。

七、书中之避讳字，保持其书原貌，不作回改。若其征引前代典籍而避当代之讳而改字者，则皆回改。

八、由于作者的历史局限性，观点不当之处，不代表认同，仅为呈现文献原貌和保持完整性，不作修改。

九、本丛书采用新式标点，并参照文意加以分段，以便阅读。

目　录

梦蕉亭杂记/1

把芬庐存稿/113

集外遗诗/505

梦蕉亭杂记

目　录

序 /5

卷一 /7

卷二 /61

序

　　庸庵尚书同年著《梦蕉亭杂记》成，出以示予，且属为之序。授而读之，其体与欧阳公《归田录》、苏颖滨《龙川略志》、邵伯温《闻见前录》为近。于光宣两朝朝章国故，与其治乱兴衰之数，言之綦详。盖公之尹京兆也，际拳祸炽，八国联师入犯，国势岌岌若累卵。公参与和议，周旋李、荣两文忠间，应机立断，斡运无形。其外除也，督漕淮表，抚汴若苏，既督两湖，督直隶，皆号为天下重镇。当之者仓皇周章，无所措手足，苟焉以济其欲者无论矣。负宙合之望，挟其亢厉不可一世者，挥斥无度，招倾险浮薄之徒，徂西狙中，先风气而逆之。卒之，卤莽灭裂，一发而不可收，不旋踵而祸人国。公学养既醇，廉静而寡欲，不急功，不近名，而于人才之臧否，事会之缓急，皆深维而切究，虚中以应之，故所至蒙其休。辛亥之变，焱举川决，海内骚然，而公坐镇畿辅，恬愲不惊，逊位诏下之前数日，始引疾以去。终始一节，世尤高之。观于是编，宅心和厚，持论平恕，不谿刻以刺时，不阿谀以徇物。其事变所经，纪载翔实，足备论世者之参稽，谓为公之政书可，谓为国之史稿亦可。而以甲子之变，潜龙在野为终篇。其拳拳忠荩之忱，天日可鉴，尤有不忍卒读者。予垂尽遗臣，泚翰简首，益不禁孤愤填膺，悄焉欲绝已。

　　乙丑立夏日，冯煦时年八十有三。

梦蕉亭杂记 ◎卷一

卷一

虫声四壁，皓月在天，庸庵居士与儿辈纳凉于梦蕉亭花阴深处。默数年华，忽忽已六十八甲子矣。后此之岁月如何，天公主之，诚不敢自料；而前此一生之经历，暨耳所闻、目所见，虽无可述，亦有足资记忆者。爰成随笔若干条，命儿子昌豫录之，名曰《梦蕉亭杂记》。时宣统三年后甲子年七月十三日也。

余生平百无一长，所堪自信者，律身惟一"俭"字，治事惟一"勤"字，待人惟一"恕"字。克勤克俭，大禹所以传心。"恕"字，终身可行，又吾夫子自勖，并以勖弟子者。圣贤功业非所敢期，但得其绪余，亦可以饬躬行而经世变。小子识之。

自惟由少而壮，由壮而老，无日不在怵惕惟厉中。甫届八龄，严亲见背，茕茕在疚，惟孀母是依。是为余孤苦时代。弱冠幸登贤书，南宫累次报罢。幸而获售，已近中年。埋首郎潜又十余载。自分冯唐白首，巷遇无期。是为余沈滞时代。厥后遭际时会，擢授京尹；督漕一稔，遂抚汴、吴；未绾蜀符，旋移湖广；今上初元，复拜北洋之命。不知者群诧官符如火，实则受恩愈重，报称愈难。夫变每生于不测，而祸旋中于所忽。积薪厝火，岂敢谓安。是为余忧患时代。国变以来，侨居沪渎，乡关万里，欲归不得。末疾纠缠，已逾十载。桐悲半死，杨岂生稊。是为余衰病时代。自兹以往，未之或知。佛法谈过去身与未来身，究不若现在身迹象可寻，非同向壁虚造也。

辛丑简任漕督，移抚汴、吴，升督湖广，遂领北洋，前后十年。时抱栗栗之惧，而不愿居赫赫之名。所可以自慰者，厥有三端：一不联络新学家，二不敷衍留学生，三不延纳假名士。衙斋以内，案无积牍，门少杂宾，幕府清秋，依然书生本色。连圻僚友，有讥余太旧者，有笑余徒自苦者，甚有为以上诸流人作介绍者,均一笑置之,宁守吾素而已。

人生科名为一事,禄位又为一事。余年十九捷贤书,业师谭紫垣先生(讳元奎,道光甲午举人),精子平术,谓余乙年既中乙科,丙年必中甲科,连捷可卜。讵丙子会试,榜发荐而未中,沈沦十载。至丙戌,岁仍逢丙,始克释褐。当殿试之前,李芯园少詹(后官礼部尚书),约集同乡诸同年,于寓斋习书大卷,虽不能工,较诸君子未敢多让。讵传胪日,赵仲莹同年居然大魁;芯园之从弟小洲同年(名端棨)、家松珊兄,均列二甲,入翰苑;而余以一字之误,竟置三甲,以主事用,签分兵部。京师习惯,以吏、户二部为优选。刑部虽瘠,补缺尚易。工部亦有大婚、陵工保案,以冀捷获。惟礼、兵二部为最苦,礼部尚无他途杂进,依然书生本色;最次莫如兵部员司,以常年测之,非二十年不能补缺。芯园少詹深惜余不入词馆,又以戎曹无可展布,叹余有才不遇。良朋知己,迄今铭感。讵事出意料之外,甫十年,余已补缺,又五年,遂升京兆,持节漕河。匪特同乡赵、李诸君望尘不及,即丙戌一榜同年,置身青云,亦未有如余之早者。然余仕途升阶,仍系拾级以进,初无躐等之获、捷径之干。此无他,时会不值,则一第如登天之难;遭际适逢,则八座如拾芥之易。其中殆有天焉,非人世恒情所能揣测者也。

京官得缺早迟,均有定数。丙申年五月,随荣文忠公(时为兵部尚书)赴津查办事件。公余茗话,公问余年几何,补缺约计何时。余对曰:"行年已四十,到部亦十年,叙补名次第八。即每年出缺一次,亦须八年始能叙补。恐此生以冯唐老矣。"公云:"观君骨相气色,五年内必有非常之遇。而部中补缺例须计俸,未可躁进。"相与吁叹久之。讵五月杪,事竣还京,司吏来告,余名已列第三。迨至七月杪,竟列第一。八月缺出,居然顶补。缘同曹诸友此数月中,有丁艰病故者,有请假告养者,并有改官外省者,纷纷离部,不啻为我前驱,宁非奇事!讵不一月,又有缺出,各堂以余升补,为他友巧于营谋,以势力攫取去,余姑让之。厥后,某友一帆风送,洊升苏藩,而余适由汴州调抚江苏,转临其上。某友来谒,追维往事,颇有惭色。余则下车一揖,倾盖如常。前尘昔梦,久已忘之矣。

吾乡丁文诚公宝桢督蜀时,唐鄂生中丞炯以道员在川候补,一见待以国士,倚任极专。薛云阶尚书允升,时升任成绵道,未履本任,改署建昌。尚书不悦,且疑中丞恝之。不数年间,中丞超擢云南布政,洊升巡抚,尚书亦入为刑部侍郎。甲申法越之役,中丞防边失利,拿交刑部治罪,部定斩监后[1],秋后处决。合肥李文忠、湘阴左文襄暨文诚公,均密保"人才可惜",请旨弃瑕录用。不报。丙戌冬至前二日句决,届期同乡亲友预为中丞备办身后各事。是日,天未黎明,余往行刑处与中丞诀,深虑天威不测也。时张文达公之万为刑部尚书,薛为左侍郎,仁和许恭慎公庚身为右侍郎。恭慎现官军机大臣。定例每逢句决,由右侍郎监刑。恭慎驰往菜市口候旨。中丞蒙恩免句,发往云南,交岑制军毓英差遣。尚在菜市口席棚,静候发落。比时部中司员,以事非恒有,无旧例可寻,竟乏办法。恭慎谓,左堂系刑部老司员出身,必谙例案。所居老墙根,又与菜市相近,嘱往请示。尚书亦依违其间,故作不解,所司不得要领,回白恭慎。姑令带回刑部,再作区处。中丞惊魂甫定,久识狱吏之尊,只有随从到部。讵至狱门,提牢厅不肯收受,谓系加恩发遣之员,岂能再行入

---

[1] 后,疑为"候"之误。

狱？而此外无栖身处。中丞在狱已二年余，狱中房间颇精洁，坚欲进内居住。纷纷扰扰，日已将夕。所司各员由丙夜将事，至于日昃，疲惫不堪，均不顾而去。卒徇中丞请，暂宿狱内。刑部司员办事卤莽至于如此。翼日，余到兵部，忽见刑部差役持公文解送中丞来署，听候发遣。余商之所司诸友，作何处置。佥云："军流等犯，例由兵部发遣。中丞系交滇督差委，并无罪名，兵部不能过问。"余本此意，晓谕刑部差役，令持原文回部销差。并伴送中丞回其世兄住宅。中丞谓："薛云阶为刑部老吏，此事一定手续，彼岂不知？乃故作痴聋，任所属司员作弄，使我难堪。渠不过挟前在蜀中未经到任之嫌，以为是我作祟。其实彼缺为丁道士彬占据，与我何干！"言极悻悻。厥后，由刑部六堂具一公函，交中丞赍往滇省投递。中丞行至中途，奉旨赏巡抚衔，督办云南全省矿务，持节入滇。前项公函大可付之洪乔已。

京师为官产地，王侯第宅、文武衣冠足为软红增色。第有三种人不易浃洽，余敬而远之。一曰翰林院，敝貂一著，目中无人，是谓自命太高；二曰都察院，风闻言事，假公济私，是谓出言太易；三曰刑部，秋审处司员满口例案，刺刺不休，是谓自信太深。姑以刑部论，犹忆大凌河马厂舞弊一案，上驷院员司受贿，经言官参奏，旨交刑部严审。该部以案情重大，请派大臣会讯。奉派兵部尚书荣禄、工部尚书许应骙，会同刑部审讯。文忠公派余与濮君子潼、裕君厚筠，庵师派端君方、何君乃莹、丁君象震为随带司员，前往刑部会讯。刑部承审此等钦案，均在秋审处。该处设提调四员、坐办四员，由堂上点派数员，与他部随带之员公同办理。彼等自谓熟谙刑律，动目他人为隔教。余到部后，调集全案卷宗，逐细研究。案中牵连拖累不下数十人，银珰满庭，景象极惨。而最要关键，则全在上驷院受贿之某司员，一经承认，全案即可结束。讵熬审十数次，该革员挟有护符，一味狡展，坚不吐供。秋审处部案累累，每日提审时许，即须带回收禁，腾出法庭，办理部中案件。计奏派到部已月余，讯供毫无端绪，心窃忧之。四月初八日，余到秋审处，所司阒无一人，仅有茶房、皂吏看守。询知是日佛诞，阁署司员例放假一日。正徘徊间，端君午桥亦至。余谓："来此会审，业已月余。刑部员司问案，专讲例牌子，吾辈不便多发言。盍乘今日诸君不在坐，提出该革员一讯，剀切劝谕，或可得其口供。"午桥谓然，立命皂役带案。往日均系跪讯，兹特设矮坐。告以吾辈同在部院当差，均有寅谊。不幸执事偶缘疏纵，致罹法网。但应得罪名，决无死罪可科，至重亦仅军流。明岁即逢恩诏，应赦条款即须颁出。此日一经承认，案即议结。虽须往军台一次，转瞬即援恩诏释回，于执事为甚便。而此案拖累之数十人，即可先行发回，免使瘐毙诏狱，是执事之阴德，尤可为子孙造福。倘坚不承认，借以拖延岁月，万一颁发赦诏后始行结案，机会一失，永无遇赦之日矣。该革员初仍狡执，继沈思不语，卒乃慨然曰："今日蒙承审大人格外优待，不视我为阶下之囚。谕我之言，准情入理，令我感激。看在承审大人面上，我招了罢。勿论斩、绞、军流，我不怨就是了。"爰命承办吏录供，交彼画押讫。积月难取之供，顷刻而定。余与午桥私幸今日不虚此行。讵翼日，晤刑部诸公，谓："此案得两君劝令画供，甚好，惟供中所叙情节，种种与例不符，难以入奏。须重加审讯，录取正供。"所言甚辩，只好听之。宁知渠等以犯供由吾辈取出，未经参预，于面子攸关，故作挑剔之语。卒之，并未提审，即照原画口供结案，只奏稿由渠等拟定，余亦不愿主此稿也。刑部积习，于此可见。此后余由郎中径升四品京卿，幸不与科道较资俸。庚子考差，临点不到，亦不愿与翰苑竞骃征。始终对此三等人，敬而远之而已。

余不入翰林，与玉堂诸君绝少往还，知其难于应付也。第有一事极琐细而颇足增阅历者，平远丁文诚公宝桢，与朝邑阎文介公敬铭道义论交，老而弥笃。光绪乙酉，余在文诚西川幕府，以计偕北上。文诚谓京师众正盈庭，朝邑尤副物望，到京必须往见。余遵谕拜谒，极蒙奖借。未几，文诚在蜀病逝。公子慎五观察（后升粤藩，护理桂抚）嘱余往谒文介，乞为文诚作《墓志铭》。文介允之，并谓可请曹竹铭殿撰篆盖，王可庄殿撰书丹。均各允诺。文介墓志稿撰就，由余持交可庄书楷。迩时，京师刻工以琉璃厂西门翰文斋为第一，文介嘱交翰文镌刻。讵可庄忽来言，昨到翰文斋，见彼所刊成之字，与其笔意不合。凡所书铭石，必须厂东门龙云斋刻工方好，可否改延龙云刊刻。如不照办，请将所书者撤回，另请竹铭书丹，自改篆盖。谈次极其激烈。当徇可庄之请，商之翰文，令转交龙云刊刻。翰文不允，谓此碑石见方二尺六寸，京师少见，此石运入铺内，费十余人之力，哄动全厂。今若送往他铺，面子上殊为难堪。复往龙云，令其派人往翰文取石。龙云亦不允，谓与翰文交好，同在厂中营业，迹近攘夺，不便径取。此项生意，虽承王修撰照顾，情愿谢却。两方面所言，均有至理，余几穷因应。商之文介，文介笑曰："文人争名，商人争利，转费君调处矣。"继而曰："此事不难处分，我有一同乡在琉璃厂碑帖铺，可令其派人往翰文搬取碑石，即将碑石交龙云，岂不两便？将来碑文刊成，即令彼椎拓以酬其劳，君谓何如？"余曰："谨遵命。惟此琐屑细事，致劳中堂调停，心颇歉悚。"公笑曰:"他人能调鼎,我调石,有何不可?"维时文介为同官忌嫉,已开去枢廷差使,请假家居。故作此诙谐之语,以示旷达。然词人遇事拗执,不易应付,亦可见一班矣。

李文忠公高掌远跖,才气横溢,中兴名将,三朝元老。然功满天下,谤亦随之。当甲午之役,冒天下之不韪。余时译署任差,日译公北洋所发电稿,折冲规画,煞费苦心。和议告成,公奉使出洋,联络欧西各邦。丙申回国,命在总理各国事务衙门行走,余始谒公于署中,极荷赏识。大臣留心人才,识量诚不可及。然余赋性硁硁,公谒外无私觌也。戊戌六月,直督荣文忠公奏调余往北洋差遣。余以公为译署长官,北洋又其久经驻节地,爰往辞公,并询直省地方情形。公一见即谓余曰:"荣相爱才若渴,君又在部宣勤,为渠器重,奏调固意中事。但我意可以勿庸。直隶我曾任二十年,地方辽阔。君在部任差,不谙民事,贸然前往,恐未见长。若以邦交而论,北洋交涉虽多,岂能多于总署?不如仍在署中效力,藉资熟手。"余唯唯。公又云:"君恐辜荣相盛情,不便辞乎?果尔,吾当为君函辞之。"余三复公言,明决可佩。如贸然而往,于地方民事不能胜任,而交涉事诚不如译署之重要。但若由公代为函辞,亦嫌突兀。天津距京咫尺,不如自往,婉言辞谢,因将此意告公,公亦谓然。翼日,莅津谒荣文忠公,聆余转述公之言,即告余曰:"合肥真爽直人,意良可感,不可负之。但奏调已奉旨允准,若不前来,势须译署奏留。君速回京谒合肥,并述我意,请合肥具折奏留可也。"即日回京谒公,公曰:"即刻奏留。惟此事之原委,我尚不周知,署中僚友亦恐不悉底蕴,不如君自拟一稿送来,较为简捷。"余遵拟稿送去,公即入署,饬承办司缮折呈阅邸枢各堂。翼日,具奏,奉旨俞允，余仍为京曹矣。事后，本部尚书刚相谓余曰："君留部，余亦得所臂助。余早拟留君，惧干荣相之怒。合肥竟能任此，诚为吾所不及。然合肥亦因人而施也，此意君不可不知。"

传曰："一人定国。"此言岂不谅哉！当戊戌政变后，宫闱之内，母子之间，盖有难言之隐矣。而一班薰心富贵之徒，致有非常举动之议。东朝惑之，嘱荣文忠从速办理。此己亥冬间事也。公谏阻无效，忧惧成疾。适合肥李文忠外任粤督，行有日矣，来辞公，见公容貌清癯，曰："何忧之深也？"公谓文忠曰："南海虽边远，实一大都会，得君往，朝廷无南顾之忧。君行将高举远引，跳出是非圈外，福诚无量。而我受恩至渥，责备亦最严。近数日来，求生不能，求死不得，将何以教我？"因密语："非常之变，恐在目前。"文忠听未终，即大声起曰："此何等事，讵可行之！今日试问君有几许头颅，敢于尝试！此事若果举行，危险万状。各国驻京使臣，首先抗议。各省疆臣，更有仗义声讨者。无端动天下之兵，为害曷可胜言！东朝圣明，更事最久，母子天伦岂无转圜之望？是在君造膝之际，委曲密陈成败利钝。"言尽于此。公闻之，悚然若失。翼日，以文忠语密奏，幸回天聪。闻某相国、某上公颇拟藉端建不世之勋。某上公并手拟一稿，开编公然有"废""立"字样，公急诃止之。上公意颇怏怏，是诚不知是何肺肠已！余事后亲闻之公者，爰书之于简端。

光绪庚子正月，朝廷举行京察大典。顺天府府丞高燮曾、通政司参议张仲炘，奉旨休致。二君湖北籍，翰林出身，在京薄有清望，不知缘何事罢斥。旨下日，都人士极为惊骇，至谓枢府不能力争，戕贼善类。长白荣文忠公首赞枢廷，颇为清议所不满。查吏部则例，府丞出缺，例由内阁侍读学士及五品京堂共列入题本叙补,名曰正本。另咨取都察院四科八道衔名,列为副本。一并请简。迩时,余为内阁侍读学士（学士二人,一为张翼,非正途出身,例不开列）,通参业已被黜,光少尚未补人,鸿少某亦非正途出身,若论宪纲,应余升授。一日,谒文忠公邸第。公云:"高、张两君特旨休致,余不能挽救,有惭清议。可若何?"余谓:"往事勿论矣。鄂籍科道中,雅负物望者,尚有京畿道御史胡孚宸一员。此次吏部题本,请简府丞员缺,正本中只余一人,照例升授。胡孚宸名在副本中,余情愿让之。如胡孚宸朱笔圈出,楚弓楚得,匪特慰鄂人望泽之心,并可杜谏院多言之口。"文忠极以为然。未几,吏部题本上达,文忠面请以胡孚宸升授。讵本内列名在胡之前者,乃工科给事中王培佑,日前因事召见,奏言拳民忠勇可用,颇蒙记注。两宫忽见其名,谓此人甚好。文忠承旨出,王培佑遂升府丞矣。到任未及三月,府尹出缺,竟邀特擢。所遗府丞一缺,仍归余顶补。适培佑奉差出京,府尹一缺即以余兼署。迨其差竣回任,上以余承办接济四恒巨款,暨督理前敌转运事,正资熟手,命帮办顺天府尹事务。卒以王君办事竭蹶,调署太仆寺卿,以余署理京尹。再辞不获,强起任事。时仅两月,王君奉饬回任,余署仆卿。缘端邸不慊于余,几为彼所中伤,不得不辞烦就简,暂避凶焰。然此两月中,身所经历,颇多可惊、可愕之事,另有记载。未几,翠华西狩,余派充留京办事大臣。适两全权大臣入京议款,复令襄办和约。旋奉旨实授京尹,支持危局一年有余。窃幸两宫回銮,余亦蒙恩简任漕督,厥后调任湖广。谂知高君燨曾掌教乡邦,张君仲炘侨居白下,几经盘错,素志不渝。余以其才堪起用,专折奏保,奉旨甄录。未及来京预备召见,不幸国体改革,两君亦先后物故。悲夫!

功名迟速，原有一定。即服官内外，亦丝毫不能勉强。余在部当差，积资劳充职方司总办，亲友均以道府相期许；迨兼总署行走，又以记名海关道相推重，余均一笑置之。每日惟勤慎趋公，他非所计。总署大巨张侍郎荫桓，由佐杂起家，向在山东，为丁文诚公所卵翼。后趋附北洋李文忠公，洊升今职。侍郎颇自负才望，亦雅重人才，欲余入彼彀中。余自维拘谨，难酬所望。侍郎不怿，扬言于众曰："陈章京不愿作海关道乎？何对我落寞如此！"余仍一笑而已。会英公使函请会晤，余随文忠接见，并录记两方问答。文忠年纪高，不耐久坐。而英使又哓哓不已，日将夕始辞去。未去一钟以前，侍郎亦入坐。文忠送英使返，即索观问答簿。余即呈上，约二千余字，叙要案甚多。文忠笑曰："何其速也。然稍迟我亦不能候矣。"略看一过，书"阅定"二字，交供事缮正，赶于夜半交进内章京，呈请邸枢各堂阅看，以免隔阂。文忠去后，余亦疲惫，匆匆下班，偶忘于问答簿内添注"某钟某刻，张侍郎续入坐"字样，本一时之疏忽，未始不可谅也。讵侍郎调簿重阅，见无声叙"入坐"字样，登时怫然，谓："此等问答连我衔名已忘，其余英使所说之事，更不可靠。"甚谓"文忠年老，所答之话，我亦不放心"等语。恣睢情概，旁人亦觉过当。实则原叙问答，均系根据条约，驳复一字亦不能改也。越日，余上班闻之，仍一笑而已。晌届两年列保之期，定例：记名海关拟保几员及应保何员，由堂上酌定。其余保举升阶、升衔，事属寻常，均由章京自行酌拟，呈堂汇保。余时系实缺员外郎，因请俟得郎中后，以四品应升之缺开列在前，请旨升用。侍郎阅之，谓他友曰："陈章京朝夕趋公，总算辛苦，何以保此虚而无当之升阶，不知有何益处。"厥后题升郎中，适逢内阁侍读学士缺出，职系四品，为郎中应升之阶。余遂缘此保案，得邀简任，诚始愿所不及。方侍郎之获谴也，时在戊戌八月十五日，由刑部解赴兵部，遣戍新疆。刑部司员押解侍郎者，为其同乡区君。此君夙与侍郎不相能，匿怨已久。特在部求派押解差使，计由提牢而司而堂，经历五六处。区君均坐堂点解，不肯稍留面子。侍郎亦无如之何。当解到兵部时，余适在职方司，此案应由武库司办理。因系秋节，司中阒无一人，余急往库司与区君周旋。区君守取回文，悻悻而去。怨毒之于人甚矣，可不惧哉！余送区君出，即往司堂东偏屋内慰问侍郎。侍郎满面流泪，并云："我非康梁一党，不知何以得此重谴。"余惟以圣恩宽大，早晚必可赐环安慰之。侍郎谓，日已过午，腹中饥甚。讵是日秋节，饭庄未经开市，仅买得月饼少许，为侍郎充饥。侍郎甘之如饴，谓一饭之谊，将来必报。余送侍郎署外，看其上车。饬五营承解弁兵，沿途小心伺候，不准稍有大意。后谒李文忠公，公曰："不料张樵野（侍郎号）也有今日！我月前出总署，几遭不测，闻系彼从中作祟。此人若不遭严谴，是无天理！"相与嗟叹者久之。

侍郎获谴后，又三日，吾乡李尚书端棻亦遭严谴。尚书学问渊雅，性情笃厚，徒以为人所累，致罹党祸，都人士莫不怜而谅之。新会某孝廉，乃尚书典试粤东所得士，继之以婚姻。戊戌会试，寓尚书宅，地近则言易入。当变政之前数月，新政逐日举行，朝野震骇。尚书时为仓场侍郎，封奏独夥，均系变法维新，与平素旧学宗旨大不相符。门生故旧，纷纷訾议。余目睹党祸已成，窃代忧之。七月杪，礼部堂官不为司员王照代奏事件，奉旨六堂同日褫职，尚书超擢礼尚。八月朔，由通还京，余谒之于邸第，谓公曰："交非恒泛，不作谀词。今日为公贺，恐明日将为公吊耳。"公愕然。时公门人贻司业谷亦在坐。公曰:"然则何以教我?"余曰:"时局如此,成败利钝,未能逆料。只有谢病辞官,尚是保身一法。"公曰:"初三日到任,已传知阁部曹司,并发谕帖,此事岂能中止?"余谓:"从前乾嘉时代,和珅擅权用事。闽中某中丞时为苏抚,与和素通声气。后知和将败,恐罹党祸,亟思请疾,而又无词可措。爰于大朝会时,观瞻所系,故作失足昏晕状,具折请假开缺,卒免于祸。公盍仿而行之?"公踌躇未决。贻君曰:"此计甚妥,师座若肯弃此官,门生亦愿弃微职,从公优游林下。"越日,公赴部履新,部中土地祠祀唐韩文公愈,例须行礼。公于行礼时,故为失足不起,众目共睹,匆匆扶归。即缮折请病假二十日。贻君亦同日请假,风义可佩。此假期内,波谲云诡,幸在旁观。迨十五日,张侍郎荫桓奉旨遣戍。南城外士大夫群相议论,全集矢于公。公不得已,具折自行检举。奈是日适有内监他案发生,东朝震怒,阅公奏疏,谓为有心取巧,仍从重论,发往新疆,效力赎罪。余以公咎虽应得,而情有可原。从前原系托病,经旬日中之激刺震撼,公真病矣。而发遣不能缓期。窃不自揣,欲急友生之难。翼日,独诣军机处,面谒刚相,述尚书患病实情,求代展期起解。刚相意不谓然。余复谓:"尚书原请病假在未获罪之先,并非获罪后方始请假,希图逗留。"刚相谓:"此系旨意,我不能代请旨。"声色微厉。余亦忘却此乃密勿重地,小臣不能在此任意喋喋,几成僵局。幸荣文忠公出而言曰:"君等所谈何事,何尚未解决也。"刚相色稍霁,谓文忠曰:"君瞧筱石为人太好,现为同乡李苾园遣戍事,求我展假。此何等事,你我何能擅便!"文忠略一沈思,笑谓余曰:"发遣系奉严谕,即日启行,岂能展缓?刚相之言甚是。惟有一通融之法，尔速到部传谕，即日起解官员，遣戍首站多宿天宁寺，已算遵旨出京。如实病，再具呈城厢司坊官吏，请假一二日，未尝不可。公义私情，岂不面面俱到？"语未竟，刚相拍手赞成曰："此计甚好，尔即照此办去。"余到部不移时，尚书已到，敬候发遣。余送尚书至天宁寺，情话一夕，又为通融请假二日，部署行装。自惭京员清苦，无力厚贶。越日，车声辚辚，尚书竟赋西征。此戊戌八月事也。迨庚子七月，某邸参中外大员情通外洋十五人，余竟附骥尾。折虽阁下，上忽询及余。刚相先言曰："陈某曾在臣部当差，人极正派，且有血性，能办事。"天颜亦为之霁。文忠出语余曰："此数日内，我与庆邸亦犯嫌疑，说话不灵。刚相说你好，尤足以动天听。"后知刚相谓余有血性，盖指当日尚书遣戍，余与彼在军机处门外争持之事云。

　　光绪戊戌政变，言人人殊。实则孝钦并无仇视新法之意，徒以利害切身，一闻警告，即刻由淀园还京。维时皇上尚在勤政殿接见日相伊藤博文，宫中、府中不暇传宣警跸，慈驾已回西苑。越日，允皇上之请，出而训政。步军统领、五城番役拿获案犯康广仁、刘光第、杨锐、谭嗣同、林旭、杨深秀六人，世所称"六君子"者。奉旨以案情重大，著军机大臣、内阁大学士会同刑部，严行审讯。嗣复命御前大臣督同审讯。定例：御前班次在军机内阁之前，众推庆邸领衔（时官御前大臣）。天尚未辨色，邸堂忽命材官来余寓所，促入府商议要件。余遵谕趋往。铁君良亦至（时为工部司员，后官江宁将军）。邸云："康广仁等一案极为重大。吾忝领班，不能不借重两君，速往刑部会讯。"并谓："同案六人，情形亦复不同。闻杨君锐、刘君光第均系有学问之人，品行亦好。罗织一庭，殊非公道，须分别办理。君等到部，可与承审诸君商之。"余等趋出，时甫上午九钟。爰往译署，先行片文咨照刑部，略述奉派会审缘由。讵余车甫至西交民巷口，部中番役来告，此案因今早某京堂封奏，请勿庸审讯，即由刚相传谕刑部，将六人一体绑赴市曹正法。缘外间讹言孔多，有谓各公使出而干涉，并谓一经审问，恐诸人有意牵连，至不能为尊者讳，是以办理如此之速。余不曾亲莅都堂，向诸人一一款洽。过后思之，宁非至幸。时戊戌八月十三日之事也。

已革端亲王载漪，少不读书，刚愎自用。自己亥冬间，其子溥儁，立为大阿哥，朝中视线均集于该邸。满大臣中竟有先递如意，希冀他日恩宠者。所管虎神营，于神机营外独树一帜。庚子拳匪乱起，一意提倡之。维时某相国、某上公均授溥儁读，皆笃信拳匪，恃以仇教灭洋。漪遂深信不疑，谓拳可恃。步军统领已革庄亲王载勋，右翼总兵其弟载澜，复附和之。凡拳民入京，赴庄王府挂号，即为义民。旬日之间，乱民集都城不下数万。均首缠红布，手持短刀，杀人放火，昼夜喧嚣，有司不敢过问。各公使馆由天津调兵入京自卫，苦于兵数无多，仅于东交民巷东、西巷口设卡驻兵，与我相持。董福祥一军经调扎正阳门、东安门一带，保护内廷，严饬不准与洋兵冲突。董福祥带武卫后军归荣相节制。讵载漪暗相结纳，引为己用。福祥亦以灭洋自任，荣相再三戒饬，竟不听命。实则福祥虽号知兵，仅与西域回匪结过硬仗，而泰西节制之师，彼实未经尝试。因之相持数月，拥数万之众，乘势攻取，竟无如千余守使馆洋兵何。朝廷亦以攻使馆为非计，特叫大起三次，凡近支王公大臣、内阁六部九卿，均蒙召见，面询方略。许侍郎景澄、袁太常卿昶力言衅不可开。言次激烈，竟触载漪之怒，当面申饬。杀身之祸，即肇于此。嗣闻天津不守，外兵行将入京救护公使、侨民，盈廷士夫均意在从速议和。漪怒甚，遂矫旨先将许侍郎、袁京卿正法，以钳诸臣之口。未几，而徐尚书用仪、立尚书山、联阁学元相继弃市。时距洋兵入城甫三日也。比时朝野震撼，人心皇皇，几有朝不保暮之势。总缘彼有恃而不恐，盖欲早举非常之事，而事与心违，大欲未遂，矫而出此，倒行逆施，致成两宫西幸之局。而国事危如累卵，已亦身败名裂。哀哉！

当载漪恣睢用事时，余适署顺天府尹，有安抚地方之责。五月十八日，拳匪火烧前门外大栅栏某洋货铺，延烧广德楼茶园，竟召燎原之祸。大栅栏以东珠宝市为京师精华荟萃之地，化为灰烬。火焰飞入正阳门城楼，百雉亦遭焚毁。此诚我朝二百年未有之变。炉房二十余家均设珠宝市，为金融机关。市既被毁，炉房失业，京城内外大小钱庄、银号汇划不灵，大受影响。越日，东四牌楼著名钱铺四恒，首先歇业。四恒者，恒兴、恒利、恒和、恒源，均系甬商经纪，开设京都已二百余年，信用最著，流通亦最广。一旦停业，关系京师数十万人财产生计，举国皇皇。余适入内奏事，忽奉旨，令于召见军机后入见。向例臣工叫起，均在军机之前，此次忽命留后，不知上意所在，心切惴惴。亟趋诣朝房祗候，晤庆邸，略谈数语。忽苏拉来报，端郡王已到门。余素无一面之缘，无从款叙。渠入门横目以视，故为不屑之状。庆邸亟谓彼曰："此是顺天府尹陈某，在此预备召见。是我们衙门旧同事，署任京兆，现在地面上事全亏他。"渠唯唯。余甫与周旋，内监已传旨命余入见。两宫问地方安靖否，后问所管近畿各州县有无民教相仇之案续行发生。末谓："昨日四恒因炉房被毁周转不灵，呈请歇业。四恒为京师金融机关，岂可一日闭门？我命步军统领崇礼设法维持。他与四恒颇有往来，又系地面衙门，容易为力。讵彼只有叩头，诿为顺天府之事。尔是地方官，本难卸责，此事究应如何办理？我想四恒本非无钱，不过为炉房所累，一时不能周转。如以银根见紧，官家可先借银给他，从速开市，免得穷民受苦。尔可回署，传谕该商等妥筹办法，以三日内办好为妥。"承旨出，刚相候于门外，对余曰："四恒事太后曾向我谈过，我谓非君不办。但奉托一言，勿论如何，切勿牵累当铺。至嘱至嘱。"余奉命已觉毫无办法，聆刚相言更不知其意何在。当即回署，传见大、宛两县。讵两县均系油滑老吏，不献一策。治中王君系忠厚长者，询之，亦不得要领。此事关乎民生市面，又奉特派，讵能任意延宕、空言搪塞？经历邢君进而言曰（尹署有事，治中两县经历同见）："接济四恒，先须筹款。京师城厢内外，当铺约一百十余家，均系殷实股东。若命两县传谕，每家暂借银一万，共有一百十余万，可救暂时四恒之急。且当铺均有殷实股东，闻刚相亦有当铺三处。"始悟刚相切托"毋牵累当铺"者以此。余谓："市面如此恐慌，当铺与四恒风马牛不相及，岂可以官势硬借？"邢谓："四恒局面恢阔，各家当铺均借有四恒之款，此时不过借官面为渠等划拨耳。"余谓："君言甚善，惟早间奉上面谕，允拨官款佽助。既有官款，何必累及当铺？现与诸君但商此时如何承借，将来如何归还，暨如何分配，如何抵押种种手续耳。自维一介穷京曹，与四恒素少往还，不知该商等内容底细。今奏借官款，勿论内帑，勿论部帑，责任均由顺天府一人担负。万一四恒将来不能归还，又将奈何？"佥云："此层可不必顾虑，京中大宗商务，如木厂、洋货庄、山西票庄、粮食铺、当典铺，均借有四恒银两，必有借券为据，即以借券作抵押品。如奏请一百万官款,即令四恒将各商借券一百万,存入府库备抵,岂不切实?"余以为可行,斟酌再四。票商殷实,并有山西老号为根据,当商纵令关闭,架上有货,亦较他商为切实,卒以二者借券为抵。议定,余挑镫自行削草,漏夜缮折。翼早奏上,奉旨允行,人心为之大定。查原奏系请官款一百万两,计内帑五十万两、部帑五十万两。内帑五十万,越日即行发出。部款五十万,余请于王文勤公文韶(时官户尚),比时户部为董福祥驻兵,司员星散,部库亦被封锁,无从领取。而四恒需款甚急,文勤亦无所措手。适遇戎曹旧僚友某君告余曰:"闻君处分四恒事甚好,商民莫不感诵。户部现驻董军,部款未能领出,自系实情。但该部有内库在东华门内内阁后门东偏,闻之先辈言,庚申文宗幸热河,濒行,敕户部提银一百万存入内库,此时当尚存在,何不一查?"翼日,入见文勤,备述始末。文勤曰:"微君言,吾亦忘之。"立时传谕所司,开库发款,分交四恒领讫。厥后,两宫西幸,洋兵入京,东华门为日兵佐守护。全权入京,百事待理,部库五百万余款,均由某国捆载东去(赫德为余言)。而全权办事处设立,需款孔亟,余犹密令陶君大均权商日官,将内库剩存五十万两联车运出,以济急用。事后思之,诚为始愿所不及云。

端邸挟贵倚势,盛气陵人。汉大臣中稍有才具者,必遭忌克。当拳匪火烧正阳门,中外衅端已启,朝廷犹不忍毅然决裂,特于五月廿一、二、三等日连叫大起,召见王公贝勒、军机内阁、六部九卿,面询方略。每日两次召见于西苑仪鸾殿东暖阁。两宫背窗北面坐,门由西进。座前设御案一,与门相距咫尺。臣工揭帘入,由御案前经过,均往后跪。案前数尺地,由近支亲王、军机重臣环跪，便于参赞密勿，他臣不敢越过。讵是日早起，嘉兴许文肃公景澄进门稍迟，视阁内人数拥挤，无从退后，乃跪于御座旁。军机大臣仁和王文勤公文韶，首言外衅万不可开，使馆尤宜保护。端邸当面呵斥，文勤汗流浃背，俯首不敢再言。皇上紧握文肃之手，谓："尔出使外洋多年，现又在译署当差，必有处置善法。"文肃对如文勤所言，近支王公群相责备，人多言杂，不得要领而退。迨午后二次叫起，各大臣咸在仪鸾门外朝房伺候。袁忠愍公昶忽谓濂公曰（名载濂，端王兄）："围攻使馆，此系野蛮办法，德使已被戕，傥各使再有伤害，各国岂肯干休？弥天大祸，即在目前。请向端邸切说，不可孟浪。"言时声泪俱下，顿失常度。濂公怫然曰："此事我不能管，尔可径向端王说话。"未几，两宫叫起，各大臣慑于天威，咫尺不敢进言，但静候上头处分而已。连叫三日大起，仍不得要领而散。从此端邸切恨许、袁二公，杀机即伏于此。七月初三日，两公菜市正命，举国衔哀。越数日，余谒荣文忠于邸第，商酌弹压地面方略。董福祥排闼直入，谓文忠曰："此事从何说起？顷间端邸传见，令我添兵攻取使馆。我兵已损伤不少，岂可再调？"言次悻然。文忠漫应之。余料其尚有他事，先辞出。福祥告文忠曰："我看陈府尹狠好，不知端邸何以大说渠闲话。"文忠曰："陈府尹与端邸各办各事，如风马牛不相及，闲话从何而来？我见端邸可代为疏通。"越日，文忠入直，两宫发下端邸封奏一件，共参十五人。首李文忠，次王文勤，均请即行正法。余第十五，折中不言余由兵部出身，但言余由总理衙门出身，意余与洋人办过交涉，因以罪余。时文勤甫入直房，文忠即将端折置入匣内，不令文勤阅看。少焉，内奏事太监传旨入见，诸事承旨毕，参折尚存御案上。太后无语，皇上视文忠，冀有转圜之策。文忠奏曰："中外决裂如此，全系载漪作成。今日又有封奏，不知载漪愿将祖宗天下，闹坏到如何地步，方始罢休！"太后矍然曰："我亦不以彼为然。今日封奏，著即阁起，勿庸议。"文忠碰头，回顾王文勤曰："可速碰头谢恩。"文勤重听，此事全不知底细，尚以为获邀赏赐上方珍件也。迨退入直庐，文忠以原折交其阅视，文勤惊喜交集。余以署任人员，日在枪炮林中，力顾考成，代人受过，太觉不值。言于文忠，请令王君培佑回府尹任。文忠初不允奏，嗣以端邸与余有意见，恐蹈危机，因奏饬王培佑回本任。太后谓："陈夔龙署事以来，百废俱举。且经手承办要件甚多，何能听其交卸？"文忠谓："陈夔龙奉办各要件已有端倪，既有本任人员，似应令其到任历练，俾免旷职。"太后始允。既而曰："陈夔龙办事得力，无端令其交卸，未免面子下不去。"文忠谓："诚如上言，查王培佑现署太仆寺卿，亦系三品大员，可否即令陈夔龙署理？"旨曰："可。"余遂于七月十二日卸府尹任。迨二十一日北京不守，两宫西狩，余无守土之责，获免清议，惟有惭汗而已。

董福祥围攻使馆，相持日久。一日，端邸忽矫传旨意，命荣文忠公以红衣大将军进取。红衣大将军者，为头等炮位，国朝初入关时，特用以攻取齐化门者。嗣后并不恒用，弃藏至今，形式仅存。即访当年谙习演放炮弹兵弁之子孙，现存亦属寥寥。炮身量极重大，非先期建筑炮架，不适于用。以地势言，此项炮架，须建立于东安门内东城根，城外即御河桥，桥南西岸迤逦数十步即英使馆。统计由城根至使馆不及半里，各国公使参随各员并妇孺等均藏身于馆内。该馆屋宇连云，鳞次栉比，倘以巨炮连轰数次，断无不摧陷之理。不知该邸何以出此种政策。此炮放出，声闻数里，宫中亦必听闻，亦断不能演而不放。文忠心颇忧之。继得一策，以炮弹准否，全在表尺。表尺加高一分，炮位放出必高出一尺之外。密嘱炮手准表尺所定部位略加高二三分。轰然发出，势若雷奔电掣，已超过该馆屋脊，视线出前门直达草厂十条胡同，山西票商百川通屋顶穿成巨窟。该商等十数家环居左近，一时大惊，纷纷始议迁移。越日，收拾银钱帐据，全数迁往贯市暂住。厥后，洋兵入城，各种商号均遭损失。西号独克保全，不伤元气，未始非此炮之力。各使经此番震撼，益切戒心。当议约时，各使犹复提及此事，意颇悻悻。余私谓李文忠公曰："当日演放炮弹时，尺码若不加高，恐使馆已成灰烬，各使亦难幸存。不过肇祸愈烈，索款愈多。求如此时之早定和局，戛戛乎其难矣！"文忠亦以为然。

海城李鉴堂督部秉衡，以川督奉命巡阅长江。维时拳教相讧，沿江各督、抚会电，略谓内地拳民不可恃，各国战事不可开，洋洋千余言，推督部领衔。朝廷虽不尽从，亦尚未显示决裂也。自日本书记生山杉彬、德公使克林德先后被杀，战事已起。某相国、某上公奏保督部知兵，电召来京。时维七月初三，正许、袁两大臣授命之日。督部入景运门，某上公迎之于九卿朝房。余适有他事与马军门玉崑酌商（军门奉命驰往天津督战），同在朝房。督部昌言于众曰："前次沿江督抚电奏，我不知情，系张香涛窃用我名领衔。李中堂在广东亦有电奏，朝廷任用此种人，焉得不误大事。"某上公闻之，趋奉惟谨。亦若督部一到，前敌指挥裕如。督部亦沾沾自负，不惮顿翻沿江联衔前议。迨其后请训赴津，夤夜驰往荣文忠公邸第，屏退侍从，密谓文忠曰："洋兵如此利害，战事那有把握。我此番往前敌，但拚一死。可速电召李中堂迅即来京办理和议。"文忠愕然曰:"君早间请训,吾辈一同入见,君谓民气不可拂,邦交不可恃,战事必有把握,颇动两宫之听。何一日之间所言自相矛盾如是之甚也?"督部默默,匆匆辞去。讵甫至杨村,所带部曲半已哗溃,督部亦遂吞金自尽。傥于请训之时,以对文忠之语密陈于两宫之前,未始不可回圣意。比时舍战言和,各使适困馆中,转圜较易为力,条款亦何至如后此之虐,西狩之行更可中止,国计民生保全甚大。督部不此之务,始以大言欺世,继以一死塞责。毕命疆场,诚得所矣,而君子不取焉。

余由庚子五月十七日署顺天府尹,七月十二日卸任,为时不及两月,承办要件极多,而奉旨督办京津一带转运事宜,尤为重要。时以衅端已启,成败未定,特命府尹筹备大车二百辆,以备万一翠华西幸之用。爰假转运军需之名,以镇人心而备缓急。都下风鹤告警,京员眷属纷纷南下,日需车马为数不少。既经出京,一时不能遄回,辇下车马更形缺少。而董福祥、余虎恩所带之兵,到处抢掠,京员自有之车马,大半被劫。总以上情形,一时骤办二百辆大车,甚非易事。因思京通十七仓,花户约数十家,夙为仓蠹。彼等气魄甚大,每户以少数计,约有大车数十辆或百辆。若假以词色,令其急公奉上,仍从宽给价,彼既享优价之利,而又得报效之名,宁非所愿!爰令大、宛两县剀切晓谕,该仓户等均各乐从。不三日间,车辚马萧,辐辏于尹署左近。余为编号,暗以兵法部勒,五车为一起,二百车分为四十起。遇有前敌各军应需,车辆更番转运,限七日为来回。然勿论前途所需如何紧急,必留车三分之一,不准拨动,专备内廷临时之用。讵余甫卸任后,本任王君不甚解事,遇有各军需车,尽数支取。而通州一带败兵充斥，掳掠横行，此项车马一去不能复还，三日之间署为一空。余时犹居署内，偶一出门，只见署之左近，空诸所有，不似日前肩摩毂击景象，心窃异之。迨十五日八钟，军机处苏拉传信，谓赵堂请即刻前去谈话。赵堂即赵尚书舒翘，时以刑尚入直军机，兼管顺天府尹事。余疾趋入内，尚书谓余曰："顷间两宫有西行意，问君前办之车马尚存若干？"余谓："前办大车二百辆，因前敌各军转饷孔急，截至十二交卸日止，计发出一百二十辆，留存八十辆，均专案移交后任收讫。顷进内时，目睹府署前后左右，并无车马。不知王府尹如何办法，竟尔一辆无存。"尚书愕然，嘱余回署转告本任，从速预备。余回告王君，渠惊惧之下，手足竟无所措，但有涕泣。余亦无可如何。迨十六日八钟，苏拉又来，谓尚书请我仍到军机处说话。余谓："是否并约现任顺天府尹偕往？"答曰："并不请王府尹。"余心颇不谓然，第不能不往。余谓："昨嘱预备车马一事，已转告王府尹，渠焦急万状。今日公何不约渠商办，而又促我前来，迨另有他事相委？"公谓："上西行意甚切，非车马不行。此事保之（王府尹字）如何办得来？我意请君不分畛域，助予一臂。前雇车马既已载运无存，烦君另行代购二百辆以供上用。"余云："此事此时万办不到。从前人心未去，号令能行。各仓户尚在京中，车马在家，徒费膏秣。一经官家收用，咄嗟立办。今则人心皇皇，仓户避乱，转徙一空。勿论二百辆，即二十辆亦无从雇用。此层请公原谅。尚有为公申明者，从前奉旨命顺天府尹筹备车马，余固顺天府也，自应遵旨承办。今余已交卸，负责自在顺天府尹。第恐两宫不察，谓余系承办之员，此时既有延误，应余执咎。余虽不敢分辨，倘因而获重罪，迨非冤甚！乞公于召见时，代为分别婉陈，免滋余咎。"并谓:"余今日即移家南城,不复寓署内。明日公若为此事,尽可向保之商办,勿再约我。即约我亦不能来。"故示决绝,以免纠缠。实则尚未移家也。诓十七日八钟,苏拉又来传信,谓礼亲王在军机处即刻候余说话。是日,正值徐、立两尚书、联阁学授命之期。昨夜拿交提署,已有所闻。举家正深惶惧,今忽闻礼邸请余说话,妻女相对愁惨万状,不知此去是吉是凶。继而余妻许夫人慨然曰:"事已如此,势难托故不去。君但放心前往,倘有意外不测,家中事我自任之。"余不顾而去。诓知一到军机处,仍系尚书出见。乃知尚书虑以己名约余不来,故特假称礼邸相约也。余疑虑顿释,谓:"公今日约余,又系何事?"尚书执前说,谓:"上问究竟能预备若干?但有数十辆亦可济用,不必二百辆之多。两宫体恤如此,君敢不相助为理乎!"余故询公曰:"今日顺天府来否?"公谓他不能办事,未曾约他。余至此不能不急,且不能不怒矣。因敛容对曰:"此乃顺天府应办之事件,我现在并非顺天府,一切事权不属。公舍现任顺天府不问,而独向余责难,岂以余为可压制,而将坐余以诿谢之罪耶?"正彼此争执间,荣文忠忽由宫门趋出,谓车马之事,上知一时无从预办,太息曰:"既无车辆,我们决计不走便了。"尚书闻之喜甚,余数日忧惧为之顿释。正拟退出,适徐侍郎承煜趋进,与文忠密语。余从旁窃听,大约监斩徐尚书诸人事,顾盼自适。文忠默然不发一言,侍郎喋喋不休。文忠厉声曰:"我尚有事,不必再谈!"掉头回北屋。余亦乘车归寓,许夫人及吾女已望眼欲穿。越四日黎明,两宫竟西行矣。余不能麻鞋间道奔赴行在,迄今思之,辄深内疚。

西林岑制军春煊,以门荫官水部,浡升京卿,因缘时会,出任粤藩。戊戌政变为康梁牵累，几遭严谴，从宽改调甘藩。庚子勤王，带队由蒙古草地，驰廿余日夜达京师。各省勤王兵无一至者，制军一旅不啻从天而降，两宫褒奖逾恒，承恩遂由此始。余适为京兆尹，任京津前敌各军转运事。制军诣余索取车马，意在驰往前敌助战。维时李鉴堂督部甫出京，督带余虎恩、张春发各军驰往杨村等处。军事孔棘，督部惟拚一死以塞责。大局已不可收拾。制军亲率材官健儿，由草地来京，仅百数十人，余军尚驰驿需时。余言之荣文忠公曰："杨村已将不守，通州势成岌岌。李鉴帅全军恐致覆没。若令制军继往，不过同归于尽。人才难得，须爱惜之。"文忠曰："君意云何？"余谓："某奉旨办理转运事宜，阳为接济前方战事，实则专备两宫西幸，不至临时周章。查昌平地近南口，为入宣府、大同要道，不如姑令制军驻兵此地，藉资休息。徐观世变，为异日之用。"文忠谓然。制军不知底细，临行意颇怏怏。余亦不便明告之。未十日，都门飞牡，翠华西狩，道出南口，制军就近首先迎驾。旋扈跸由晋而秦，极蒙恩赉，遂跻开府，总制川粤，官符极其煊赫。后为项城所尼，不安其位。辛亥铁路风潮，全国震骇，特起督蜀。甫至鄂中，武汉已发大难。余时任北洋，电保制军移督湖广，责以规复鄂垣。讵知已微服扁舟，潜回沪渎。卒徇党人之请，首先列名，电迫朝廷逊位。臣节不终，识者惜之。当制军膴仕时，凭恃恩宠，嫉恶如仇，颇有赫赫之名，与南皮、项城相鼎峙。时论南皮屠财，项城屠民，西林屠官。三屠之名，流传几遍中外。又谓南皮有学无术，项城有术无学，西林不学无术。此言殊不尽然。制军幼承庭训，雅负权略。余官京曹时，曾见其受业于吾乡李苾园尚书之门，执弟子礼甚恭。部务之暇，辄手持一卷，拳拳服膺云。

卷一

两宫西狩为七月二十一日。余时尚在尹署,当与京尹王君培佑商酌,谓:"和议即在目前,府尹为地面官,衙署局势极宏敞,洋员必来寻问。君若不远引,余愿偕君同洋员向机应付,徐图补救之法。"王君无远略,但思逃避。余谓:"君若离此地,余无守土之责,不得不先君行矣。"适前敌运输车马遣回数辆,余急乘之,偕妻女出署。许夫人不令余车先行,自为前驱,谓迎面倘遇敌兵,拚作一死,留余身为国家效力。友人胡砚孙观察延,因乱回秦,所寓在黑芝麻胡同,仅派家人看守。当即驱车暂寓胡宅。所见沿途避乱平民,万人如蚁,均往西行,鸦雀无声,景象极为凄惨。困处胡宅三日,一无所知,但闻洋员并无恶念,亟觅庆邸议和。偶思译署总办舒君文,在署资格最深,与总税司赫德颇有交谊,所居东四牌楼九条胡同,与余宅望衡相对,中仅隔于甬道,爰命仆向彼探问各方消息。维时敬尚书信、裕尚书德、那侍郎桐均在彼处[1],苦不知余之住址。闻余尚在京,均各欣然约余速往,会商要事。缘舒与赫德已经浃洽数次,又得日兵驻宅保护,隐然成为办事机关。诸公述赫德言,各公使寻觅庆邸甚急,意在出而议款,甚至邸宅探寻多次。不如据此联衔具奏,请饬令庆邸回京议约,便宜行事,与各国公使浃洽。余谓此论良是。但各国指名请庆邸还京,万一两宫不谅,庆邸亦在嫌疑之地。不若据情奏请钦派亲信大臣,会同庆邸来京开议,较为妥善。金谓为然,由余拟就奏稿。时圣驾已抵山西大同,庆邸因病留滞怀来行馆。稿虽拟定,无人赍投。译署旧友吏部郎朴君寿(后官福州将军,殉辛亥之难)亦在坐,平时颇以白首冯唐为感。余谓朴君曰:"君欲建功立业,此其时矣,盍冒险一行?"众亦怂恿之,朴遂允。

---

[1] 后均升任大学士。

由余另拟上庆邸公函,详述原委,所具奏折,即请庆邸专弁径达行在,守候恩命。折中具衔者八人,崑中堂冈领衔,以次叙列。庆邸接见朴君后,即将原折派弁驰递大同行在。时两宫正启銮幸太原,接到此折件,即命庆邸迅速入京,并未另简他人,但电催李文忠迅速到京会同办理。第驾幸太原时,竟将庆邸眷属全行携去,亦可以测上意矣。此八月初三日事也。同日,并派会衔入奏之八人为留京办事大臣,汉大臣仅余一人,实为惭幸。初十日,庆邸入京传谕,明日午后一时,同在北城广化寺会面,并约赫德同来（庚申恭邸接见洋员即在此寺）。余与诸大臣均到。河山风景,举目悬殊,不禁相对饮泣。款议须俟文忠莅京始能著手。先商之赫德,转告各兵官,先行开放各城门,俾四乡粮食、菜蔬照常入城,以维生计。并戒各国军队强占民房、抢掠奸淫,以保人格。赫德一一允诺。浃旬阴霾,已见一线曙光。此会诚大有造于商民也。赫德谓城内有外兵驻扎,可保无虞。附畿各州县镇市,闻尚有义和团勾串土匪、溃兵,肆行杀掠,外人啧有烦言。此事中国地方官应负责任。倘外兵出而剿洗,玉石俱焚,所伤实多。庆邸谓余曰:"尔可行知顺属各州县,一律设防自卫。"几忘却余已卸京兆任。余谓:"现任府尹王君培佑,不知逃匿何处。大、宛两县消息,亦复寂然,容即托人探访。"庆邸莞尔曰:"我以为尔尚是顺天府。但虽卸任,此事总得帮忙。"余唯唯。邸又嘱将此次会晤情形,详细拟稿,即日六百里驰奏（时电线已断）。崑相起而言曰:"徐中堂桐以身殉国,从容就义,拟请附奏请恤。"庆邸勃然变色曰:"徐相已死,可惜太晚了。倘早死数日,何至有徐小云尚书论斩之事。"因言十七日早间,徐尚书诸人已拿交军署。军机入见,传旨片交刑部,即行正法。荣相碰头吁恳,谓外边消息甚紧，京师岌岌可危，不宜骈戮大臣。即令有罪，亦须审讯明确。况本日系文宗显皇帝忌辰，例应停刑，可否暂交刑部狱中，讯明再办。上不允，而徐侍郎承煜已承命监斩。文忠退出殿外，与我相遇，即曰："今日又杀小云，骇人听闻。此人必须保全，他日议和亦得一臂助，拟与君再行请起，代为乞恩。"又曰："此数日间，吾二人亦犯嫌疑，恐难动听。不如邀同荫轩（徐桐字）、文山（崇绮字）四人请起，力量较大。君在此少候，我立约彼等即来。"先商文山，谓与小云虽无深交，亦无意见，可以同往。迨约荫轩，渠冷笑谓文忠曰："君尚欲假作好人？我看此等汉奸，举朝皆是，能多杀几个，才消吾气。吾子奉命监斩，不能代乞请。"文忠废然而返，曰："事不谐矣。冥冥之中，负此良友，奈何！奈何！"此七月十七日事。小云诸人之命，实断送于此人之手。假使小云尚在，今日议事，多一解事之人，岂不甚善？"渠死事遗折，我不能代奏！"庆邸谈次，意极愤。余等闻之，均各怃然。此为全权入京第一次会晤洋员，商办和议之肇端，余故详为之记。

拳民虽恣睢暴戾，寻仇擅杀，然亦尚知敬重长官。余署京兆尹时，各城门、闹市均设神坛，虽亲贵大臣经过，喝令下舆行礼，不敢不遵也。独余车过时，知为顺天府，谓系父母官，转学西人举一手为礼。一日，余正在宅中与仲山尚书茗谈，仆人来言，有大师兄求见。延之入，立于阶下，持刚相名片一纸，谓："现因会中人数太多，饔飧不给，所寓某寺与府中所设平粜局相近，拟借拨京米二十石备用。俟筹有钱米，即行奉还。"余尚迟徊，尚书谓："彼等亦君之子民耳，不如给之。"当即缮发谕帖，令其持向局中与该局委员浃洽，如数拨用。时天际浓云密布，大雨将至。该拳民仰天太息曰："我等亦系好百姓，傥上天早半月降雨，四野沾足，早已披蓑戴笠，从事力作，那有工夫来京作此勾当？"所谓"盗亦有道"也。翼日，谒刚相，手出军机处交片一纸，系交仓场拨米三百石备用，嘱余就中划还。余谓："将来平粜事竣，于报销册中声叙数语可耳，此时勿庸汲汲拨还也。"

古语有之："塞翁失马，安知非福？"此言良信。当拳匪肇祸时，崇尚书礼时任步军统领，责司地面，与右翼总兵载公澜臭味差池。载公言之端邸，意欲甚之而未有间。适四恒歇业，两宫召尚书维持市面，尚书诿之于余，上意颇不怿。端邸以有间可乘，遂谋去公。奉旨开去步军统领，以庄亲王载勋补授。勋固谄事端邸惟谨，而迷信拳教者也。步军统领又名九门提督，即古之执金吾，管理京师地面，权势重要，骖从尤极煊赫。公卸任之次日，以理藩院尚书入直，遇余于东华门，一同下车进内。尚书往昔入直，材官、箭手、左右侍从约数十人，每过九陌，软尘飞扬十丈，朝野群相艳羡。至是入内，侍者仅仆役二人，与余相似，意颇萧索。顾谓余曰："今日太不成局面。"余谓："京师拳民充斥，弹压非易。提督一官，尤难称职。公已轻轻摆脱，岂不甚善？"尚书默然。厥后，载勋任事，一味纵容拳匪杀人放火，靡日无之，卒造成蒙尘之祸。各国公使在京议约，惩办罪魁，载勋首罹其殃，适为尚书替人。犹忆洋兵入城时，以尚书曾任提督，祸几不测。邸第为东城之冠，已为洋兵占据。原存四恒银七十万两，无从索回，只身寓西北城穷巷养疴。余曾往存问，尚书惟有太息。余曰："当日公若久任提督，则今日罪名恐不属之载勋矣。余方为公贺，公何戚戚为？"

庆邸入京后，各官民避难离京渐次来归。大、宛两县由京西来谒。探知王京兆培佑尚在固安，函约来京，与余同见庆邸。王君贸然曰："此时北京太不成局面，各国弁兵纷纷占据，幸得邸堂到京，请令各公使速将洋兵全数移扎城外，不得在城内居住。"庆邸无词以对，旋即送客。继谓余曰："此人太不晓事，如何能作府尹！"即日专折请以余补授。疏入允准，并令随同全权办理议款。又旬日，李文忠抵京，余遂秉承两全权襄办和议。京师每届冬令，贫民众多，顺天府向设粥厂，兼放棉衣。兵燹之后，库帑无存，不得已，电寄山东袁慰亭中丞、上海盛杏荪京卿，请各助棉衣裤五千套，即日运京。一面商之日本军官，索回禄米仓小米两廒，分设粥厂十余处。孑遗之民免受饥寒，私心稍慰。维时公约未定，俄使请另订俄约，先行结束东三省要案。各使不谓然，日本公使争之尤力。而俄政府不顾也，连电俄公使催促文忠办理。文忠亦以为可，连电行在，乞先允俄所请。虽两全权列名会电，每于发电后，始知照庆邸。一日将夕，庆邸忽令材官促余到府说话。时洋兵分据地段，下午七钟以后不能通行。翼晨往谒，邸以电奏阅看，并谓："李中堂任意坚执，竟徇俄人之请，我可耽不起此项罪名。我拟奏劾之，尔可代削一稿。"余沈思良久，笑谓邸曰："急脉似宜缓受。此项电奏到西安，必难邀允，不过仍饬令两全权合并公约，和衷商办。今贸然奏劾，两宫必疑两全权先不和衷。文忠虽系重臣，究是外臣，邸则皇室懿亲。倘因全权不能和衷，生出枝节，贻误议款，朝廷责邸必较责李相为严。且目前正在用人之际，李相又为中外安危所系。邸纵奏劾，试想两宫能允许乎？既不邀允，试问两全权随时与各使议约，相见之下，何以为情？"邸云："然则如何？"余谓："可将此案详细曲折情形，缮函密寄西安枢府备查，此间仍和衷办理公约事宜。

俄约一事，各国既不允另案先结，行在亦断不允许。于公义私情，庶几两全。"事遂中止。李相亦微有所闻。辛丑三月，余奉简河南布政使。李相告邸，议约需才，会电留余，俟和议告成，再赴本任。五月，各国撤[1]兵，交还驻兵地面。顺天府为日本军官驻地，该军官意颇留恋，不肯即时让出。余故使其长官闻知，饬令交还。甫经接收，即日移寓署中。督同两县查看屋宇，均尚完好。各房档案文卷，一无所有。署外照墙，日官告示张贴层叠，体制攸关，爰饬两县以修理墙壁为辞，漏夜洗刷净尽。翼日，余出署，即有原驻署中之日官带领兵士以拜谒为名，径至署内，逐一查勘。继见甫壁上彼等所出示谕均已除去，颇为惊异。盖彼不料余进署如是之速，办理各事又如是之整肃也。旋奉修理跸路工程之命，同被命者张都御史百熙（后升尚书）、桂侍郎春、景侍郎沣。从事匠作者又三月余。时两宫已由西安启銮，初拟由潼关北渡，继改道先至汴梁，俟万寿后再行回京。庆邸忽奉电旨，速往开封祝釐。意恐各使尚有违言，须庆邸到汴面询底细。邸意迟疑，嘱余往商李相，代为一决。时李相已移居私第，病莫能兴。闻余来，延入卧屋相见。余谓："庆邸现奉召入汴，人心颇为惊皇。"李相谓："两宫召邸，大约不放心来京，庆邸不可不去。"余故谓："现在中堂抱病，庆邸倘再离京，若大京师，何人主持？似多未便。"公强起曰："可告之庆邸，京中议约及译署事，我任之；地方事，尔任之。庆邸可放心前去。总之，庆邸不去，两宫不来。"言尽于此。余转告庆邸，遂定期就道。讵启行之日黎明，各官均在西车站齐集恭送。倏见杨莲甫观察神色仓皇，就余言曰："昨夜外部侍郎徐进斋忽焉病逝。中堂三更呕血

---

[1] 撤，原作"撒"，形近而误，据文义改。

盈碗，神智昏迷。邸堂将行，此后外交事何人承任？"少焉，庆邸到站，即将侍郎病故、中堂呕血升余，一一告知。庆邸颇惊诧，火车开行有定时，难以久留，匆匆上车去，但嘱我辈小心办事而已。先是，李相宣言："陈筱石外放藩司，我不赞成。目今外交才少，此人应留京大用。"余闻之，切切私虑，以汴藩夙称优缺，京僚获简，不啻登仙。若改京职，依然清苦，讵穷命应如是耶？今进斋病故，外部侍郎一席，佥谓非余莫属，姑且听之。讵事有出意外者，武进某京卿，外交、财政均其所长，而尤醉心督抚。一闻进斋之耗，恐被特简，特密电西安政府，谓那琴轩侍郎曾任斯职，必堪胜任。进斋遗折上，琴轩果奉简矣。适跸路工程将次竣工，命余赴汴藩新任，在中途迎銮。未即启行，李相骑箕仙去，两宫震悼。庆邸甫抵汴，即命迅速回京。余闻邸将回，不能不在京稍候。又虑邸到京后，留我襄办俄约。未几，又奉署理漕运总督之命，位列封圻，庆邸亦不便强留。爰即南行，在河南宜沟驿迎銮。两宫召见，嘉劳有加，即日真除。送驾至直隶磁州，跪安后，折回汴梁。取道徐州，赴淮浦接篆任事，余遂为外吏矣。时辛丑年十二月事也。

辛丑和约，肇于庚子之乱，条款之酷，赔偿之巨，为亘古所未有。当时主款议者，几为众矢之的。旁观不谅，责备之严，诚不足怪。庸讵知当局之负诟忍尤，艰难应付，有非楮墨所能罄者。当庚子七月廿一日，两宫西行，各国军队入京，庆邸随扈，因病留滞怀来县。适奉全权之命，八月初十入京。合肥李文忠早经奉命来京议约。甫卸粤督任，权寓沪上，直至闰八月十八日始到京。先行传见总税务司赫德，遍拜各国公使。各国统兵大臣，尚未能接见也。此为议和之始步，各公使与各军官先行商酌条款。有此国以为是，他国以为非者；有各公使以为然，而各军官否认者。类如驻兵及防护使馆，拓充守卫使馆汛地，并营建炮台、兵房等事，均由军官主议者，各使不得干预。纷纷扰扰，三月有余。迨议款粗有成局，各使遣员来告，并出示草案，谓：向各军官苦口商酌，竭力争执，始允如此定议。明知条款之酷虐，但中国铸此大错，亦实无可如何。现有一言奉告，将来条款送到，中国政府万不可一字驳复。须知我等公使责任在重修旧好，各军官则穷兵黩武，意在直捣西安。中国政府若允照款议，自奉旨之日起，战事即为结束。各军官但办交地、退兵等事，军费大宗，即于此日截止。随时再由中政府与各使妥商节目，徐图补救大纲之所不及，岂非轻而易举？若一时嫌条款酷烈，不允照办，各军官闻之，群相起哄，诚恐兵事一起，动员令一发，为害胡可胜言？比时各公使竭尽能力重订议款，原有各条款自难删去，不知又增出几许条件，试问中国尚能领受乎？即幸而仍照原款定议，但经此波折，不知又费几许时日。即以兵费一项而论，恐又加增数百万以上。两全权以各使所论各节，意在关切而非恫喝，爰即密电行在备案。开议之日，先期由领袖日斯巴尼亚公使来照，谓该使馆廨宇狭隘，坐位无多，来宾请以十人为限，意极骄蹇。维时李文忠公病卧贤良寺寓所，不能莅会。庆邸约余及那琴轩相国（时官户部侍郎），并法、英、俄、德、日五翻译偕赴日馆。各公使与参随各员咸集。首由领衔日使将约文节略朗诵一过，面交庆邸。邸答以"今日承各公使面交和约一件，容即电奏西安行在，俟奉有电旨，即行恭录知照"，随将来件交余收存，辞各公使出。各使亦不远送，意谓此乃中国求成也。庆邸谓余曰："端王等迷信拳匪，肇此大祸。今日会议席间令我难受。我为国受辱,亦复何说!尔速将各使交来条约,送请中堂阅看。即日会衔电奏行在,冀邀俞允。此事今日必须办竣,电奏稿不必送我酌定,但于发电后钞稿送阅可耳。"辞甫毕,匆匆乘舆去。余回顾那相,讵知感受他项激刺,兼在使馆中为炉火蒸薰,出馆复经朔风扑面,寒热大作,登时患病,不能偕往。余只身往贤良寺,始知文忠病迄未愈,不能见客。当以此事紧要,讵能延误?商之杨莲府同年（时以道员充文忠幕,后官直隶总督）,先将条件呈文忠一阅,再行请示方略。莲府笑谓余曰:"中堂此时沈沈昏睡,约件集三寸许,讵能一一过目?不如由老宪台代拟电奏稿,呈中堂阅定,即行电发,较为便捷。"余以事体重大,讵可擅便。莲府复曰:"军机迅急,间不容发。今日不办,万难推到明日。此稿宪台不拟,试问何人敢拟?"余正踌躇如何下笔始能动两宫之听。文忠之四公子季高世兄出谓余曰:"家君昨日曾经说过,此次奏件须用重笔。"余笑答曰:"如用重笔,只好请出宗庙社稷,方可压倒一切。"爰即本此意拟一电奏稿,交季高送入卧内,请文忠阅定,即刻电发。迨电讫,余钞稿持送庆邸阅看,时已午夜。化干戈为玉帛,此其发端。至今思之,阅时已二十五年,情事犹如在目前也。

当和约电奏寄到西安,两宫逐一阅视,以偿款数目太巨;惩办罪魁太重;德使克林德建碑京师,有关体制;防护使馆,将六部、翰林院划入界内,堂子祀天重地,亦须迁移,其他各款种种苛求,坚不允行。荣文忠公婉言力陈,以事机迫切,非俯允不能弭患。慈禧愠甚,谓:"请皇上斟酌,我不能管。"次日,北京全权电催,以各使专俟准驳确信,以定师行进止。文忠复据以上陈。慈禧谓:"两全权但知责难于君父,不肯向各使据情据理力与争辩。我既不管,皇上亦不管,由你们管去罢!"言毕,将电稿掷地。文忠皇恐万状，不敢再陈，惟有伏地碰头。皇上徐曰："尔等亦勿庸著急，明日再说。"文忠回邸，私议视此情状，明日上去亦无结果，惟时全权电信又到，情形迫切。文忠喟然叹曰："此事责任在我，惟有淡中著笔，从权办理，庶几有济。默视慈禧之意，未尝不知非允不可。不过允之一字，难以当面说出。"越日入见，此事暂不提及。先将他事请旨讫，继云："前日两全权电奏之件，已阅数日，刻间又有电来催，前已面请圣旨，可否由奴才等下去酌拟一稿，呈请改定，再行电发？"慈禧默然，继而曰："如此亦好。"文忠退出，即与枢府诸公查照来电之意，大致以宗庙社稷为言，姑为允准。拟具电旨，不敢再请起面呈，即交内奏事处总监，呈请睿鉴。旋传旨："知道了。"文忠得旨后，即行电发京中，即日接到。知照各国公使，和议遂由此定局。此系庚子十二月杪之事。迨辛丑十一月，余奉命迎銮，在河南彰德行在，获见文忠，文忠为余缕述之，并云："尔等在北京应付各公使，所处极难。我在西安于两宫前委曲求全，得以了结此事，所处更难。今幸回銮在途，河山如故。然一思去年纵拳诸公铸此大错，其肉岂足食乎？"

和约第二次开议惩办祸首，各公使订期在英馆齐集。该馆屋宇轩敞，并不限定中政府预会人数。维时李文忠公病愈，与庆邸同入坐。随往者仍那相与余及翻译各员，与上次相埒。全权中坐，各使环坐。余与那相坐于全权之后，各使对我情谊较为联络，礼貌亦较前次恭谨。英使首先发言，谓："今日特议严办祸首一条，有名单一纸在此。但某意此案罪魁，确系端王一人。若能将端王从严处置，其余均可不论。不知全权之意如何。"庆邸谓："端王系皇室懿亲，万难重办。各国亦有议亲议贵之条，此事断不能行。我前日于私邸曾对诸君说过,诸君亦无他议,何以今日又复申此说?"英使笑曰:"我亦知其办不到也。"言次将单开各员名及所拟罪名,逐一朗诵,请中国照办。单内人多,难以备录。中如庄王载勋、右翼总兵英年、刑部尚书赵舒翘、山西巡抚毓贤,均请从重论,余以次递减。全权告以庄王、毓贤诚有罪,总兵英年当时并无仇洋实权,不过联衔出有告示,原难辞咎,但讵能正法?至重不过斩监候罪名。至赵尚书舒翘,仅随刚相往近畿调查情形一次,所居地位亦无仇洋之举,更无罪之可科。即谓其不应附和刚相,革其任亦足蔽辜,讵可重论?各公使亦唯唯。文忠复谓:"前数日诸位所言罪魁,并无启尚书秀、徐侍郎承煜在内,今日忽将二人加入,此是何意?"词未毕,义公使起而言曰:"某前日谒中堂于贤良寺,曾问徐侍郎为人如何。中堂告余曰,此人不好。七月初三,监斩许侍郎景澄、袁太常昶,即是他;十七监斩徐尚书用仪等,也是他;二十一日,两宫西狩,逼令其父徐相国桐自尽者,又是他。此种人,中国不办,各国只好代办。"至启秀之罪,日公使亦获有凭据。文忠愕然曰:"我不过随便一句话,尔竟据为实录。"庆邸以他语乱之,义使始无词。时已傍夕,各使谓,今日开议此案未能议结,殊为可惜。请先散会,明日再具照会。庆邸出馆时,私谓余曰:"看此情形,英年、赵舒翘或可减罪。"讵越日,各使联衔照会送到,坚执如故,不能丝毫末减。而德使复怂恿其统帅瓦德西,以急下动员令相恫喝。厥后均如来照办理,罚如其罪者固多,而含冤任咎、舍身报国者,不得谓无其人,只有委之劫数而已。

戊戌变政后,慈禧临朝训政。电召北洋大臣直隶总督荣文忠公入辅,命以大学士管理兵部事务,在军机大臣上行走。所有近畿各军统归节制，责任优隆，仿佛惠邸之于咸丰朝，恭、醇两邸之于同治朝。公以余为兵部司员，素谙兵制，特派赞襄戎政一切事宜。余受知最深，谊应赞助。顾有不得不长虑却顾者，窃以枢臣既操用人之权，不宜更预征伐之柄。地近则侵官，功高则震主。虽云殊遇，实蹈危机。爰具呈谨辞特派差使，并请公具折力请收回节制各军成命。呈中有句云"此日之责成既重，他日之责备必严。九重之威福无常，四海之人心难餍"等语，其他则余忘之矣。文忠接呈后，即谓余云："君所言于理甚正，爱我尤深，极可佩感。奈余昨奉命时，两宫谆谆付托，不准固辞。并拟特赏佩遏必隆刀，以肃纲纪而慑群慝。余已碰头力辞。今若再行陈奏，复何说之辞？"上意谓近畿各军，如宋庆毅军，辈行最老；聂士成淮军，勤于操练；董福祥甘军，骁勇好斗；袁世凯新建陆军，专尚西操。各有所长，而均各不相下。非有人督率而鼓励之，不足以集其长而收厥效。嗣复命名武卫军，分为五军：聂士成前军、董福祥后军、宋庆左军、袁世凯右军、公自统中军。训练十年，庶几缓急有备。余复密上一呈，略谓宋庆、聂士成、董福祥均系百战骁将；袁世凯兵事阅历较浅，然意重西操，亦足于湘淮各军暮气之后力求振作。该员等专以练兵为责，固可日起有功。若中堂所处地位与彼等不同，晨参密勿，午理部务，夜见僚属，儳焉日不暇及，试问尚有何时得以细柳立营、都堂肄武？似不若中军但立一最高幕府，仿前代旧制，更番调各军入卫。凡调京操练者，即为中军。彼服其劳，我享其逸；彼分其任，我合其群。相习相亲，庶可收指臂之效。文忠初亦谓然。嗣以武职员弁多所干求，同事者又各利其用。董君福祥复荐其挚友张君俊充任翼长，而中军遂立，日与各军相周旋。文忠间数日一临莅，卒以事冗神疲，适形其苦。余偶一谒见，公辄云："悔不用尔条陈之言。"

文宗晚年，肃顺用事，专权纳贿，盈廷满汉大臣，均仰鼻息。新城陈子鹤尚书尤诣事之。荣文忠之先德，以总兵殉金田之难。公以羽林孤儿，服官工部。一日，内廷某殿角不戒于火，文忠适进内，随同驻门侍卫、护军等，抢先救护。文宗遥见一衣绛色袍官员，询是何人。御前大臣查明，以公名对。即蒙召见，并询家世。知三世为国捐躯，嗟赏久之。未几，户部银库郎中缺出，由各部保送人员候简，遂蒙朱笔圈出。尔时，肃顺任户部尚书，与陈尚书均与文忠先德有世交。肃顺喜西洋金花鼻烟，京城苦乏佳品。尚书侦知文忠旧有此物，特向文忠太夫人面索。太夫人以系世交，儿辈亦望其嘘拂，因尽数给之。尚书即转赠肃顺，并以实告。肃顺意未餍，复向文忠索取，瓶之罄矣，无以应付。肃顺不悦，以为厚于陈而薄于己。文忠无如何也。文忠好马，厩有上驷一乘，特产也。肃顺亦命人来索，公复拒之。综此两因，肃顺大怒，假公事挑剔，甚至当面呵斥，祸几不测。公请于太夫人曰："肃顺以薄物细故，未遂所欲，嫉我如仇。此官不可做矣。"遂援筹饷例开银库优缺过班，以道员候选，闭门闲居以避之。未几，八音遏密，肃顺由热河护送梓宫回京，内外臣工参奏，奉严旨论斩。行刑之日，文忠先赴菜市口候之。肃顺下车仰天大骂，咆哮不休。狂悖如此，可想见当权时之气焰。公目睹其就刑，公愤私怨，一旦尽释，特往酒市一醉。厥后陈尚书因肃顺牵累，为御史奏参，查钞发遣，借寓三藐庵僧房。文忠往视，讵寺僧势利，仅给破房一大间，四方风动。时已冬令，尚书犹著棉袍。谓文忠曰："肃顺获罪，与我何干？不料亦为人陷害。往时至亲密友不少,迄无人来看我。难得世兄雪里送炭,感激之至。天气渐寒,身边尚无皮衣,即日须往新疆,川资全无所出,世兄能为我一谋乎?"文忠慨允之。尚书所住房,以敝帏隔成内外间,尚书夫人在内嘤嘤而泣。文忠请见,夫人曰:"我无颜面见世兄。我早知肃顺凶很,必贾大祸,力劝尔伯父不可与之交往。弗听我言,至有今日。现在悔已无及,不特家产尽绝,尚要充军万里。"言讫泪随声下。文忠蠥然不乐者数日。尚书后抵伊犁戍所,卒为回匪戕害,论者惜之。文忠又谓:"以相法言,肃顺长身玉立,鸢肩火色,头部上锐下丰,全系火形,五行火形最少,亦最贵。但忌声嘶,肃顺豺声,是以不克善终。"并谓"满司员后官一品某君,形貌与肃顺相似"云。

国家大政有二:曰行政,曰治兵。综光绪一朝,荣文忠公实为此中枢纽,文忠没而国运亦沦夷。诗云:"人之云亡,邦国殄瘁。"斯言岂不谅哉!穆宗崩逝,德宗入承大统,圣躬仅四龄耳。文忠时以工部侍郎、步军统领兼总管内务府大臣。内务府一差,权位与御前大臣、军机大臣三鼎峙。御前班列最前,但尊而不要,军机则权而要,内务府则亲而要,武侯《出师表》所谓"宫中府中,俱为一体"也。文忠负权略,敢于任事。当穆宗上宾时,夜漏三下,两宫临视,痛哭失声。内务府诸臣均在殿前屏息伺候。少顷,慈禧语慈安曰:"事已如此,哭亦无益。我们回去歇歇罢。"文忠跪奏,谓:"此时尚有宗社大事,须两宫主持,万不能回宫。请召军机、御前并近支亲贵入见。"两宫命文忠传旨。适恭邸已到,贸然云:"我要回避,不能上去。"不知其用意所在。枢臣文文忠祥扶病先至,宝文靖鋆、沈文定桂芬、李文正鸿藻继到,同入承旨,德宗嗣立。醇邸闻之,惊惧失常度,昏扑倒地。懿旨令扶出，横卧殿角，无人看顾也。登时凄皇惨状，迨不如庶民家。御前大臣夤夜迎德宗入宫。恩诏、哀诏，例由军机恭拟。文定到稍迟，由文文忠执笔拟旨，因病不能成章。文忠仓卒，忘避嫌疑，擅动枢笔。文定不悦，而无如何，思以他事陷之，文忠亦知之，防御尤力，两端遂成水火。文正与文定不相能，颇右文忠。党祸之成，非一日矣。某月日黔抚出缺，枢廷请简，面奉懿旨："著沈桂芬去。"群相惊诧，谓："巡抚系二品官，沈桂芬现任兵部尚书，充军机大臣，职列一品，宣力有年，不宜左迁边地。此旨一出，中外震骇。朝廷体制，四方观听，均有关系，臣等不敢承旨。"文靖与文定交最契，情形尤愤激。两宫知难违廷论，乃命文定照旧当差，黔抚另行简人。文定谢恩出，惶恐万状。私谓："穴本无风，风何由入？"意殆疑文忠矣，然并无影响也。南中某侍郎（后官至尚书），素昵文定，与文忠亦缔兰交，往来甚数。文定嘱侍郎，侦访切实消息。侍郎遂诣文忠处种种侦视。文忠虚与委蛇。一日，侍郎忽造文忠所曰："沈经笙真不是人，不特对不起朋友，其家庭中亦有不可道者。我已与彼绝交。闻彼恚君甚，因外简黔抚事，谓出君谋，常思报复，不可不防。"文忠见其语气激昂，且丑诋文定至其先世，以为厚我，遂不之疑，将实情详细述之。侍郎据以告文定，从此结怨愈深。会京师大旱，谣言蜂起，谓某县某村镇邪教起事，句结山东、河南教匪，克期入京。九门遍张揭帖，贝子奕谟据以面奏。两宫召见醇邸，询问弭患方略。醇邸因德宗嗣服，开去一切差使，闲居日久，静极思动。奏请电调北洋淮军驻扎京师，归其调遣，以备不虞。文忠为步军统领，方在假中，醇邸所陈方略，一切不得知也。以讹言孔多，力疾销假，出任弹压。两宫召见，谓："京师人心不靖，浮言四起，诚恐匪徒生心，拟调北洋淮军入卫。"文忠力陈不可，略谓："京师为辇毂之地，旗、汉、回、教五方杂处，易播流言。臣职司地面，近畿左右，均设侦探。如果匪徒滋事，讵能一无所知？倘以讹言为实据，遽行调兵入卫，迹涉张皇，务求出以镇定。"事遂寝。醇邸闻之怒甚。文忠后知前议出自醇邸，亟诣邸第，婉陈一切。而醇邸竟以闭门羹待之，交谊几至不终。内务府大臣一缺，亦遂辞退。文定知有隙可乘，商之文靖，先授意南城外御史条陈政治，谓："京师各部院大臣兼差太多，日不暇给，本欲藉资干济，转致贻误要公。请嗣后各大臣勤慎趋公，不得多兼差使。"越日，文靖趋朝，首先奏言宝鋆与荣禄兼差甚多，难以兼顾。拟请开去宝鋆国史馆总裁、荣禄工部尚书差缺。时慈禧病未视朝，慈安允之。时论谓国史馆与工部尚书一差一缺，繁简攸殊，讵能一例？文靖遽以朦奏，意别有在。然文定意犹未餍，复摭拾文忠承办庙工，装金草率，与崇文门旗军刁难举子等事，嗾令言官奏劾，交部察议。照例咎止失察，仅能科以罚俸，加重亦仅降级留任，公罪准其抵销。所司拟稿呈堂，文定不谓然。商之满尚书广君寿，拟一堂稿缮奏，实降二级调用。文忠遂以提督降为副将，三载闭门。未几，文定病逝。醇邸笃念旧交，欲奏请起用，文忠笑却之。适德宗春秋已富，试习骑射，醇邸备有上驷八乘，作为文忠报效。奉旨赏收，加恩开复处分，旋补授京旗都统，骎骎大用。又为枢臣礼亲王世铎等所裁抑，外任西安将军。甲午万寿庆典，特令来京祝嘏。维时中日战起，京师震动，居民纷纷迁徙，流言遂多。步军统领福相国锟病不治事，人心皇皇。恭邸重领枢廷，扬言于众，谓九门提督非借重仲华不可。公谓："提督一差，十年前曾任过，方今国家多难，本不敢辞。但昔为宝、沈媒糵朦奏，先开去工部尚书。今如以尚书兼差，始能承命。否则，愿回西安本任。"迩时，无尚书缺出，不得已奏请以步军统领兼总理各国事务大臣。翼年乙未，遂任兵部尚书。丙申四月，以协办大学士驰往天津查办事件，兼阅小站、芦台军队。凡袁世凯新建陆军、聂士成淮军，均归节制。戊戌新政之前，文忠奉命以大学士署直督，兼北洋大臣。八月，慈禧训政，召文忠入辅，兼督武卫五军，宋提督庆豫军、董提督福祥甘军，亦归节制。督练甫年余，庚子拳教启衅，翠华西幸。文忠初命议款，继命赴秦，仍直军机。和约签字，固由两全权因应咸宜，而文忠造膝密陈，委曲求全，厥功尤伟，外廷不得而知也。回銮后，奏设政务处，百废待举。不幸鞠躬尽瘁，希踪武乡。窃尝论之：甲戌德宗入承大统，仓卒之际，文忠实预其谋；己亥大阿哥几干大位，危疑之际，文忠能寝其议。综计一身仕止存殁，实与光绪一朝相终始。文忠逝后不数年，两宫龙驭上升，国体亦遂改革。白发老臣，荒江卧病，追维昔款，不知涕之从何出云。再，以上所言半系亲闻之文忠者，不敢一字假托也。

荣文忠公精柳庄术。光绪丙申五月，余随公赴天津查办事件。公谓余五年内必邀大用，时尚未补主事缺也。迨庚子升京兆尹，辛丑持节淮浦，适符五年之数。嘉定廖仲山尚书，余娅兄也，丁酉七月由仓场侍郎升任左都御史兼总理各国事务行走，与公同署办事。一日，公忽谓余曰："昨见仲山额上紫气透顶，相书主外简封疆，内升清要。昼日三接，恩遇优隆。然其驿马并未发动，或者入直军机。不出数日，定有分晓。"甫及五日，尚书果奉命在军机大臣上行走。公与许筠庵师应骙（时官都御史）奉派密云查办事件。奏调余及恩君良（号骏叔，时官兵部职方司掌印），筠师奏调刑部司员左君绍佐（号笏卿，后官御史，外简广东南韶道）、陈君昭常（号简墀，后官吉林巡抚）为随带司员。治事之暇，公谓"左君性情正直，遇事不肯迁就人，人亦不乐就之，与侍卿一官最宜，必任监司"。谓"陈君相貌丰腴，将来可望大用，财运尤佳"。余谓："骏叔何如？"公曰："骏叔才气开朗，满洲人员中亦少见。论其作为，虽那桐、端方亦不过如是。惟紫须黄目，与相不称，将来命运，究不及那、端等。"后恩君洊升副都统。庚子之变，赍志以没。又本司同事某君已记名一等，以道府用，佥谓指日必邀特简。公谓："此人面部下半瘦削，且左偏，相法最忌。能保首领，已属万幸，且运行已终，讲不到外任之事。"未几，值庚子之变，其父某侍郎拟殉国难，正犹豫徘徊间，某君叱之曰："不死何待！"急推其父入井中，邻人深恶之。后洋兵入京者，驻侍郎宅内，知其不孝，竟遭枪毙。公有先见之明，历历不爽又如此。

国朝官制，军机处为最要，始设置于雍正朝，历五世至咸丰。尔时，天子当阳，乾纲独断。任是差者不过秉承意旨，撰拟诏谕，靖共凤夜，即为尽职。文宗末造，洪杨倡乱，糜烂至十六行省。每遇疆吏奏报，及统兵将帅六百里加紧奏牍纷至沓来，日不暇及。文宗每日召见枢臣，询问方略。佥云："敬候皇上训示。不敢妄参一议。"闻某中堂年已衰迈，造膝时久，俯伏青蒲，竟至鼾声大起。文宗闻之太息，但令内侍扶出，不忍加以责备。卒由上当机立断，某事如何处分；某股贼匪责成某大臣剿办；某疆吏有意推诿，力加申饬；某将领剿匪出力，破格奖励，一一处分讫，枢臣承旨而出。当时圣躬忧劳如是。厥后两宫垂帘，亲贤夹辅，一国三公，事权不无下移，各有声援，党祸遂因之而起。同治末年，穆宗亲政未久，龙驭上宾。德宗冲幼，仍请两宫垂帘。比时恭邸领班，长白文文忠、宝文靖、吴江沈文定、高阳李文正，均一时贤辅。第和而不同，虽为美政，卒至群而有党，未克协恭。文忠多病，文靖但持大端。当时推吴江主笔，高阳不肯附和。吴江势孤，急召门人湘抚仁和王文勤相助。仁和赋性圆融，不敢为左右袒。吴江病逝，高阳柄政，意在延纳清流，以树羽翼。南皮张香涛阁学（后升大学士）、丰润张幼樵侍讲（后升学士署副宪）、宗室宝竹坡学士（后升侍郎）、瑞安黄漱兰侍读（后升侍郎）均以清流自居，慕东汉士风，辄以平章国故，摩厉群僚为己任。文正一一延揽，假借讲官之力，排斥异己，仁和竟不安其位而去。当时清流横甚，文正亦为所挟持，声望顿为之减。法越事起，朝野佥责枢府处置失宜。甲申三月，适奉严旨，枢廷五大臣全行退黜，降罚有差，北屋为之一空，诚百余年来未有之事。另简礼亲王世铎，阎丹初、额小山两相国，张子青尚书（后升大学士）、孙莱山侍郎（后升尚书）同直军机。诸臣均不谙内廷规制。越日，复命前充军机处领班章京仁和许星叔侍郎（后升尚书）入直。时内政清明，八方无事，饶有太平气象。然借海军为名，营建园居，糜款至数千万，亦枢臣将顺之过也。朝鲜事起，中日失和，时则许尚书已物故，阎、张、额、孙诸大臣先后退出。甲午冬，仍起用恭邸暨高阳李文正、常熟翁文恭两相国。丁酉，高阳病殁。戊戌春，贤王薨逝，常熟被逐，朝局又为一变。八月训政，特召直督荣文忠公入京柄政，并统武卫五军。庚子民教启衅，两宫蒙尘，卒能钟虡无恙，法驾回京，固由两全权因应咸宜，而文忠造膝密陈，默回天听，其功为尤巨。盖枢府得其人则治，不得其人则乱。此中机括，间不容发。迨文忠病逝，继任非贤，争权纳贿，伐异党同。不及十年，大盗窃国，阳借共和之名，暗窥神器。国既不存，而军机处三字，亦遂无人过问矣。

　　从来报施之说，儒者不废。无心求报，其报愈神。前在蜀幕中，谈及文诚在籍治乡兵办贼、毁家纾难事。公慨然曰："昔年袍泽效命疆场者，不下数千人。久思奏请优恤，立祠飨祀，曾倩王壬秋孝廉代拟一稿，不合奏疏体裁，搁置未用。忽忽又数年。久窃高位，无以慰死者于地下，言之心怛。"尔时，公并未命余削稿，即余亦无心见好于死绥诸君子也。第年少好事，特就公所述大概情形，率成一疏呈阅。公谓中后段文义悱恻缠绵，微嫌前段叙事尚与当时事实未能符合，因略加改窜。并将唐中丞炯前在川所带援黔各军阵亡将士，一并叙入，另行清稿，交缮折处缮发。由拟稿至封发，时甫三日。折弁回，已奉旨准于死事地方建祠。昔日黄沙白骨悉化青磷，诚宇宙间至惨之事。至是而春秋享祀，获以升俎豆而荐馨香，公心为之大慰。继余辞公北上，适经某逆旅，夜中梦至一官廨，堂上设公案，中虚一位，余旁坐，案左右陈列各名册，高可盈尺。堂下武装军士累累，群向余叩首讫，欢欣鼓舞而去。醒后语计偕马君柘村。马君曰："君殆积有大功德，故得此梦兆，今科必中无疑。"到京应试，首场第一日，夜三鼓，接到题纸，首题为"子张问行"，全章节目层出，头绪纷烦，略一构思，竟无从著手。自维久惯落第，恐又虚此一行矣。姑假寐，忽梦中有人告曰"速起"。天甫明，正拈毫属稿，第觉笔尖飞动，不假思索，汩汩其来，三艺一气呵成。冥冥之中，殆有神助。二三场亦如之。榜发果获售。后二十六年余升授川督，请假回籍省墓。戊申元日敬谒文诚公祠，昭忠祠即在其右。入祠虔拜，不觉百感交集。时唐鄂生中丞丈致仕家居，约余于文诚祠相见。余述兹事始末,中丞亦为嗟叹不已云。

余与嘉定廖尚书寿恒,先后随任黔中,同为泰和周氏婿。嗣缔姻钱塘许氏,又系尚书作伐。许夫人为尚书夫人之胞妹,重重姻娅,交谊弥敦。尚书由翰林洊升卿贰,扬历遍六曹。第宅东华门外,东偏有余屋数楹,约余同居。地近舣棱,远隔南城十余里,可谢绝一切酒食征逐。散衙之暇,得以半日读书,尚书之赐也。以文字受主知,凡春秋二试暨殿廷考试读卷、阅卷各差,无役不从。第尚书不专以文学擅长,尤能洞达政术,力持大体。丁文诚前官蜀中,改订釐章,剔除中饱,百余万尽数归之公家。奸商不便,屡嗾言官条列细故,冀翻旧案。适蜀中另有他事,上烦圣虑。甲午夏,命尚书与满洲某尚书驰驿查办。溯川盐改章之初,文诚但持大纲,其间恤商便民、酌盈剂虚一应事宜,均前四川建昌道升任滇抚唐中丞炯力主其事。中丞先德湖北布政使威恪公树义,与某尚书父某巡抚同官鄂省。维时武昌不靖,滇督吴文节公移节湖广,奉命督师,檄威恪另领偏师杀贼。时兵饷未集,应展师期。某巡抚惎文节,兼嫉威恪,连檄催战。文节愤甚,径往黄州授命,威恪亦殉节京口,军势为之一挫。曾文正公为文节弟子,腾章上诉,并陈某巡抚种种陷害状。严旨责问,某巡抚畏罪自裁。此咸丰初年事。不图某尚书今日乃集矢于中丞,检查旧案,吹毛索瘢,全案几为翻覆。尚书力持不可,谓此案如铁铸成,久经风雨,迄不动摇,后之人惟须率由旧章。公家已收无穷之利,即有一二承办之员奉行不善,但当补偏救弊,济法之穷,而不可首先坏法。议遂寝。虽触满尚书之怒,不顾也。尚书官译署久,一领京仓,旋升台宪,遂擢礼部尚书。甲午中日一役以后,政府意见不无差池。常熟逐去海盐,特保尚书入枢襄助为理。刚相甚之。戊戌夏，常熟被逐，尚书势遂孤。时仁和在政府，与尚书情谊甚笃，而旨趣不同，每语人曰："吾党中人，仲山火气太重。"可想见正色立朝之概矣。变政事起，荣文忠公入领枢垣，一意扶持善类，尚书安于位者年余。迨文忠有事东陵，刚相遂以他事中之。枢、译两差先后开去。庚子中外肇衅，董军与拳匪大逞淫威，东半城尤甚。徐相国桐、孙文正家鼐第宅，悉遭抢掠。余适任京尹，移居府署，第与尚书同居十二年，岂可不顾而去！遂约尚书暂时同寓署内，以避凶锋。三忠授命，谣传尚书亦有嫌疑，几遭不测。两宫西幸，尚书避乱昌平。两全权入京议约，余再为府尹。爰派弁持护照，迎尚书来都，相见怃然。扁舟南下，获遂莼鲈之愿，亦云幸已。年华荏苒，尚书久骑箕尾，余亦衰病侵寻。刻以公子君时避兵来沪，怅触余怀，昔梦前尘，历历在目。不觉其词之芜而感之深也。

尝读《论语》，于令尹子文之忠、陈文子之清，低徊往复，不能置之于怀。求诸近世，于吾乡丁文诚公，如或遇之。公起乡兵，毁家纾难，厥后率师勤王，褒奖之诏凡六下。惩办私出内监安得海，中外震惊，勋名尤为赫赫。侯家林、贾庄两次合龙，省费以数百万计，均东抚任中事。督蜀时奏改盐法，剔除中饱，百余万悉数归公。虽奸商勾结言官，腾章奏劾，谣诼繁兴，至钦派大员查办，初革职留任，继以三品顶戴署任，继以四品顶戴署任。卒赖朝廷鉴公无他，始终倚畀，绩用有成，可谓忠矣。以上数大端，彰彰在人耳目，勿庸覼叙。至公之清，有非他人所能及，亦非他人所及知者。余谒公于蜀中，蜀为天府，地大物博，总督名位煊赫，宜其取精用宏矣。讵知公一清如水，夔关每岁例解公费一万二千两，川盐局筹定每年公费三万两，均一介不取，所入者仅恃养廉一项。官虽制府，每年止养廉一万三千两，不及江苏、河南巡抚养廉之数（两省巡抚廉银每年万五千两）。自奉部章减成发给，实计所得仅一万一千两。藩司按月分解不足千两，一切幕僚薪工，均取给于斯。加以公自奉甚俭，待人甚厚，亲戚故旧所识穷乏，希冀恩泽者不计若而人。公日在窘乡，曾备衣箧一，用印文封固。每值缺乏，命材官赍入质库，质银二百金济急。俟廉银收到，即行取赎。曾见厨役向公索帐，出言不逊。公忿甚，欲驱遣之，而又无钱清还旧欠。正拟持衣箱付质库，适成绵道王莲塘观察祖源来见，审公气色改常，徐谓曰："公何忧之深也？"公谓："实不相瞒，刻与厨役淘气。藩司本月廉俸尚未送来，我又不便函催，是以窘耳。"观察回署函知藩司，立将廉银送到，乃得解此纠结。合署幕僚佩公清风亮节，均能敦品各自刻苦。每值年节及公诞辰，群相趋贺，至不能备官衣，但以双靴一帽，支应典礼而已。公自奉每食四簋，而宾、祭独丰。平生嗜好与和峤适相反，身后一棺萧然，几不能自给。呜呼！晚近以来，沽清名以欺世者多矣。实励清节如公者，吾未之见也。乃叹公之忠不可及，公之清尤不可及。

仁和许恭慎公，武林望族，科第传家，一时乡里有"五凤齐飞入翰林"之誉。公以壬戌进士，殿试高列二甲第二名，例用庶常，时充军机章京。南天烽火，飞书羽檄，沿江各将帅一切进止征调，均取决于中枢。公仰承旨意，俯筹方略。邸枢各堂，倚为左右手。公亦感激驰驱，虽列上第，仍呈请归中书本班兼军机处行走。仲父文恪公以公不入玉堂为憾，公弗顾也。甲子五月，简放福建乡试副考官，时八闽未靖，疆臣疏请暂停考试。继而兵事粗定，仍请如期举行。得旨："正考官仍著原派之员去，副考官另简他员。"而公留京不遣。翼日,入直,恭邸一见即道歉曰:"昨福建副考易人,惭无以对君。只因江南军事得手,金陵省城即日可望克复,论功行赏,枢府必有许多应办之事,非君莫属。故特奏留君襄赞一切,典试学差,下科再行倚重。"公无如何也。未几,南京克复。捷音到日,时已过午,公与直班王大臣均未散直,遥见外奏事处司员手捧鸡毛檄文,由景运门入乾清门,面交内奏事处宫监,恭呈御览。公等从旁窥看,系八百里加紧公文一件,缀以夹板,大书"克复南京省城"六字。露布风驰,万民称庆。公自谓任差南北两屋垂三十年,每日在忧勤惕厉中,所称心适意者,只此"克复南京省城"六字耳。惟时枢臣恭候召见,公急向恭邸曰:"此番召见,皇太后、皇上必询问金陵省城共若干门,何门濒江,何门倚山,暨东、南、西、北各方向。似须先有预备,免使临时张皇。"邸云:"我未到过南京,一切茫然。上如问及,凭何以对?"意颇焦灼。公袖出一书曰:"此乃高宗《南巡盛典》第几卷,详绘金陵省城地图。曾中堂攻取金陵已非一日,何处驻兵,何处挖壕,何门包围,何门进取,屡次奏报,曾经叙明。某均于此图中拈有红签,并列小注,阅之一目瞭然。请携带手旁,以备顾问。"恭邸大悦。迨召见趋出,对公一揖曰:"今日召见,全仗君先有预备,敏练之才非某等所及。"指枢垣中坐,谓公曰:"将来此坐定属君矣。"既而果然。此系公亲告余者,遂笔诸书。

丙戌正月,余由伯兄谷城县署北上应试,道出光化,与马孝廉柘村偕行。马君为伯兄乙酉湖北乡试分房所得士也。行经河南荥泽口渡河,南省公车纷纷竞渡,车多船少。由辰至午,竟难击楫中流,势须头批船只运达彼岸,回空船到,方可成行。维时朔风肆虐，尘沙扑面，重裘几不能支。遥望渡旁，数十武有一小村落，驱车往询，知为邵家庄，同居一姓，为康节先生后裔。当令仆夫暂将车骡卸下，以惜马力。余与马君坐于车箱避风候船。庄内一老翁悯余等劳苦，特约至宅内烘秫秸火，并以小米粥相饷，意极可感。左屋设一药肆，司事者另一翁，工柳庄术，顾谓余曰："君等上京求名，不辞辛苦。观君额角满现黄气，此番到京，定卜高中。异日名位，不可限量，可为预贺。"询柘村能联捷否，笑而不答。自维潦倒风尘，忽焉十载。此来河干待渡，徘徊渡口，但有憔悴可怜之状，敢诩鸢肩火色，希冀宾王？闻翁所言，亦姑听之。少顷，舆人来告，黄河中流泊有一船。当辞邵翁，立即驱车唤渡。日已向夕，匆匆上船，但闻河冰东下，打船有声。仰视半轮残月，掩映天际。迨登北岸，夜漏已交亥矣。舟中以梅村"一鞭夜渡黄河宿"诗句为题，与柘村各赋试帖诗一首。礼闱榜发，果然获售。马君暂时铩羽，均如所言。后十八年来抚中州，驰往河上查工，道出荥泽口，为昔日停骖问渡之地。邵翁之子来见，询其父，已委化多年；药肆善相之某翁，早经他适，若存若没，无从问讯。怅触前尘昔梦，不觉感慨系之。俯仰之间，如同隔世矣。爰于工次为邵翁之子位置一事，藉资饘粥，大河南北，一时传为佳话。今忽忽又二十年矣，拈笔述此，不尽怃然。

宁乡刘忠诚公坤一，以军功起家，历任封疆垂三十年，惠政甚多。庚子拳匪之变，公适任两江总督，倡议与沪上各国领事，互签保护东南长江一带之约。不动声色措天下于磐石之安，其功尤伟。而虚怀雅量，尤有不可及者。余与公素无一面之缘。辛丑冬奉命督漕，甫抵徐州，公侦知，即由南京来电，谓脾弱多病，两江地大事烦，实难胜任。徒以时艰恩重，未敢恳辞。江南地方自揣可照料，江北地面辽阔，界邻数省，伏莽最多，实难遥制。特请余迅速到任，督率镇道府县严办冬防，以慑贼胆而镇人心。如镇道有不率教者，尽可先行会衔奏参。缘同官一方，均有地方之责，切勿稍存畛域。一面严札镇道，所有江北一切剿匪、治河方略，就近请示漕帅办理，不必远道请示，辗转需时，徒滋贻误。公如此推诚相与，匪特镇道服从维谨，即余亦不敢以客卿自居。莅任一年，盗戢民和，为淮上积年所未有。未几，而公在江督任内病故，余亦调任中州。回忆同舟共济之雅，讵可复得。而继任者，遂难乎其人矣。

庚子京师拳匪之乱，正阳门城楼化为灰烬。辛丑两宫回銮有期，余奉命承修跸路工程。以规制崇闳，须向外洋采办木料，一时不能兴工。不得已令厂商先搭席棚，缭以五色绸绫，一切如门楼之式，以备驾到时藉壮观瞻，然费帑已数万金。余旋外任，此项工程无人过问。漕督岁支养廉约九千五百两，公费亦有万两。余素崇节俭，不尚奢靡，当节省岁入一万两，作为报效重修正阳门城楼之需，以为各疆吏倡。计全国二十一行省，大省报效二万，小省报效一万，可凑集数十万，何难克日兴修？讵皆置若罔闻。迟之又久，某督入觐，面奉懿旨，谓："门楼为中外观瞻所系，急须修建。漕督曾报效银一万两，各省督抚受恩深重而竟置之不理，不知是何居心。"太息久之。某督承旨后，始行电商各省，多方凑集，得银三十余万两，克期兴工。经岁而工告竣，都城百雉顿复旧观。惟查各省所筹之项，均系提用正款，并求一解私囊而不可得。南省某督素负盛名，至谓如此巨款，可惜徒事工作，何不移作兴学之用，较有实际。宁知学堂之害，于今为烈。

试问今日革命巨子，何一非学生造成。弃礼蔑义，无父无君，恐非某督九京之下所能预料者耳。

米粮私运出洋，为江南一大漏卮。余官京朝时已有所闻。抵漕督任后，凡僚友至维扬来谒者，昌言不讳。奸商句串官吏，通同作弊。由某人过手，由某口出洋，舳舻衔接，一季运出米石难以数计，而扬州守令阴主持之，以致不能穷诘。余派员驰往，密为侦察，获有实据。漕督有管辖淮扬地方之责，原可直接参办。第江督刘忠诚待我厚，谆谆以江北诸事相委托，知而不告，公义私交均有未协，况此事应由彼主持，当即咨请查办。忠诚接阅后，登时震怒。以私运米石出洋为地方大害，扬州府县胆敢庇纵。江宁仅隔一水，院司道府盲然无知，致烦漕督来文询问，尚复成何事体。于面子上亦多未便。初拟命材官持大令至扬，将守令拿往江宁，严行处治。嗣恐人心震骇，姑从宽先行撤任，即交运司程雨亭都转仪洛，归案审讯。霹雳一声，贪吏震慑。一府两县同时撤革，官方为之一肃。讵扬州府石守与鄂督张文襄系属至戚，文襄欲为缓颊，已来弗及，但诿过于余，谓漕督多事。厥后忠诚仙逝，文襄继任。检阅案牍历历有据，无从与该守开脱。复谓人曰"即令实有其事，惟系江督责任，与漕督何干？仍不免多事"云。不图公忠体国之大臣，竟出此等论调，窃所不解，而忠诚之遗泽远矣。

梦蕉亭杂记 ◎卷二

常熟翁协揆,学问家世冠绝班行。两充帝师,名高望重,而祸亦随之。当戊戌廷试后,德宗御太和殿,传胪礼成,驾还宫,召见军机,谓协揆曰:"今科状元夏同龢与师傅同名,诚为佳话。"足见君臣一德,遭际攸隆。翼日,为公揆辰,两宫先期赏赉,亦极优渥。讵公入直谢恩,忽奉严旨:"驱逐回籍,即日出京,不准逗留。"霹雳一声,朝野同为震骇。公到籍后,闭门谢客,日在山中养疴。迨八月政变,康梁获罪。刚相时在枢府,首先奏言:"翁同龢曾经面保康有为,谓其才胜臣百倍。此而不严惩,何以服牵连获咎诸臣。"维时上怒不测,幸荣文忠造膝婉陈,谓:"康梁如此横决,恐非翁同龢所能逆料。同龢世受国恩,两朝师傅,乞援议贵之典,罪疑惟轻。"上恻然,仅传旨交地方官严加管束。协揆奉严旨后,始知夏间获谴,系由刚相构成。因谓人曰:"子良(刚相号)前充刑部司员,由余保列一等,得以外简。厥后以粤抚入京祝嘏,适额相奉旨退出军机,余即力保子良继入枢垣。虽不敢市恩,实亦未曾开罪。不知渠乘人之危。从井下石如此!"嗟叹久之。客有告协揆曰:"刚相识汉字无多,闻在直时,每称大舜为舜王;读'皋陶'之'陶'字,从本音;并于外省奏折中指道员刘鼐为刘鼏。经公当面呵斥,渠隐恨,思报复久矣。"公熟思良久,曰:"是吾之过也。"

甲午中日之役失败后,军务处王大臣鉴淮军不足恃,改练新军。项城袁君世凯,以温处道充新建陆军督办。该军屯兵天津小站,于乙未冬成立。当奏派时,常熟不甚谓然,高阳主之。讵成立甫数月,津门官绅啧有烦言,谓袁君办事操切,嗜杀擅权,不受北洋大臣节制。高阳虽不护前,因系原保,不能自歧其说,乃讽同乡胡侍御景桂,摭拾多款参奏。奉旨命荣文忠公禄驰往查办。文忠时官兵尚，约余同行。甫抵天津，直督王文勤公文韶，传令淮练各军排队远迓，旌旂一色鲜明，颇有马鸣风萧气象。在津查办机器局某道参案毕，文忠驰往小站。该军仅七千人，勇丁身量一律四尺以上，整肃精壮，专练德国操。马队五营，各按方辨色，较之淮练各营，壁垒一新。文忠默识之，谓余曰："君观新军与旧军比较何如？"余谓："素不知兵，何能妄参末议。但观表面，旧军诚不免暮气，新军参用西法，生面独开。"文忠曰："君言是也。此人必须保全，以策后效。"迨参款查竣，即以擅杀营门外卖菜佣一条，已干严谴；其余各条，亦有轻重出入。余拟覆奏稿，请下部议。文忠谓："一经部议，至轻亦应撤差。此军甫经成立，难易生手，不如乞恩姑从宽议，仍严饬认真操练，以励将来。"覆奏上，奉旨俞允。时高阳已病，仍力疾入直，阅文忠折，拂然不悦。退直后，病遂增剧。嗣后遂不常入直，旋即告终，足见其恶之深矣。袁逾年升直臬，仍治军事。戊戌四月，文勤内召，文忠出领北洋。袁君凤蒙恩遇，尚能恪受节制。维时新政流行，党人用事，朝廷破格用人，一经廷臣保荐，即邀特简。袁热中赋性，岂能郁郁久居。倩其至友某太史入京，转托某学士密保，冀可升一阶。不意竟超擢以侍郎候补，举朝惊骇。某学士以承筐菲薄，至索巨款补酬，辇毂之下传为笑话。袁君遵旨来京，预备召见。入见后，传闻有旨，以文忠大逆不道，令赴津传旨，即行正法。所有直督一缺，即以袁补授，并带兵入京围颐和园。袁谓："天津尚有芦台聂士成一军，曾经百战，兵数倍于新建陆军，围园之事，万不敢办。至传旨将直督正法，亦恐办不到。或俟九月两宫赴京阅操，相机进行。"八月初三，袁探知朝局将变，悃悃回津。文忠佯作不知，迨其来谒，但言他事，绝不询及朝政。袁请屏退左右，跪而言曰："今日奉命而来，有一事万不敢办，亦不忍办，惟有自请死。"文忠笑谓："究系何事，何匆遽之甚？"袁袖出一纸呈阅，并观文忠气色行事。文忠阅竣，正色告曰："大臣事君，雨露雷霆无非恩泽。但承旨责在枢臣，行刑亦有菜市。我若有罪，甚愿自首入京，束身司败。岂能凭尔袖中片纸，便可钦此钦遵。"袁知事不谐，乃大哭失声，长跪不起。文忠曰："君休矣，明日再谈。"因夤夜乘火车入京，晤庆邸，请见慈圣，均各愕然。越日，奉朱谕以"朕躬多病，恭请太后训政"，时局为之一变。首诏文忠入辅。慈圣以袁君存心叵测，欲置之重典。文忠仍以才可用，凡作乱犯上之事，诿之党人，并以身家保之，袁仍得安其位。慈圣意不能释，姑令来京召见。袁最机警，诌事东朝，前事不惮，悉诿之主坐。而宫闱之地，母子之间，遂从此多故矣。上用非其人，转蒙其害，一切无以自白，遂郁郁以上宾。冲皇御宇，监国从宽，褫职放归，不能锄恶务尽。武昌难发，特起督师，犹以为长城可恃。卒至一入国门，遂移汉鼎。恶贯虽满，竟获善终。匪特天道难知，抑亦文忠所不及料者已。

淮安关监督署在板闸，距清江浦十五里而近，榷收运河南北商货，税率为内地各关之冠。例由户部奏请简命满员充作监督，大都内务府得力司员任之。榷斯关者，随任笔帖式一员，作为副关。遇监督有丁艰病故，就近由漕督委副关先行代理。每于代理时间，句串该关书吏、番役，朋比勒索，舞弊分肥。病国病商，几至莫能究诘。余任内，适监督某君因病出缺。余维该关经收税款每年约数十万，现值洋商三联货单内河行船，每因各厘卡刁难勒阻，各国领事屡有责言，致烦辨论。笔帖式职司奔走，不谙交涉约章，断难当此巨任。爰电商署江督张文襄公，会委淮扬道沈观察瑜庆署理，檄令先行到任。诚恐该副关大失所望，暗中勾同书役人等，朦蔽阻挠，复严札训迪而申儆之。观察署理三阅月，力除弊端，征收较前为旺。文襄闻之，谓僚友曰："陈漕督初膺外任，不图处理淮关一事，竟能洞达政体如此。"余并非故违成例，不过审度时势，权衡事之轻重与人之胜任否。但使于公家有济，虽身为怨府所不敢辞。区区淮关用人一事，乃其小焉者耳。

辛丑冬，迎銮河北。适有人奏淮扬运河高、宝交界处马篷湾，年年淤塞，亟应疏凿。奉旨命余酌办。余到任后，扬州堤工局总办丁观察葆元来谒。观察熟习河工情形，此项要工，甚愿效力。第须开岁秋汛后，始能筑坝动工，估计需帑银十万两。余函商江督刘忠诚公，极以为然。但苦经费难筹，意在延宕。惟系奉派交办之件，该地三十里河身淤浅，每届冬令，有碍舟行，万难置之不办。漕署又无他款可资挹注。正深焦虑，适淮关监督某榷使来谒，知余主办此工，而又无款可筹，密谓关署尚存不动杂款六万两，可以济用。但须奏经俞允，即可照拨。两淮盐运使程君仪洛因公来浦，谈及此项工程，允筹二万两。余急电商忠诚，略谓难得关监督、盐运司不分畛域，以公济公。此项工程需款十万两，有著之款已有八万两，札饬两藩司各筹一万，适符前数。忠诚复电照办。当即会衔奏请分拨，并派丁观察驻工督办。此壬寅春夏间事也。入秋水落，正在赶办筑坝、放水、开引河各事宜，备夫购料，逐日兴工，讵忠诚于九月初间病逝，江督一缺，以张文襄署理。观察闻之，惊惧万状，星驰来署辞差。意若文襄一到，功名即不能保，不如早避为是。问以何畏文襄如此之甚，答云："文襄前经某京卿参劾，特旨交忠诚查办。忠诚派员赴鄂，同班中无人敢往,卒令观察往查。案虽奏结多年,文襄至今犹憾之。"余谓:"南皮乃君子人也,前事或已忘之矣。君承办此项工程,乃系忠诚会衔奏派,现已开工,年前必须竣事,岂能遽易生手。君但放胆办去,如文襄假公济私,遇事挑剔,致使承办之员不能放手办事,贻误要工,此责必文襄负之,我亦岂能无言?"观察意终不释,勉强赴工,神形极其委顿。未几,文襄莅任,果有严札前来督责。一般迎合者又复布散谣言,谓观察购料不实,用人不当。观察乃功名之士,利害切身,忧与劳积,身膺重病,此项要工几败垂成。时沈敬裕公瑜庆为淮扬道,本有治河之责。余亟檄敬裕驰往工次,代观察简料一切。并使转达文襄曰:"两江总督参一道员,若摧枯拉朽耳。公果与丁道有憾,何时均可劾罢。目前要工正在吃紧之际,不应横加责备,使彼无可措手。"文襄笑曰:"我不过聊示儆戒耳。请告漕台放心,决不牵动公事。"厥后工程事竣,文襄已回鄂督任,余亦调任中州,奏调观察赴豫差遣,迨余移任苏抚,观察复随来苏,以资深道员,不数年亦补徐州道缺,可谓幸已。

丰润张幼樵学士,庚午乡试中式,出番禺张兰轩师之房(名清华,乙丑翰林)。乙亥,兰轩师典试黔中,余获售,与学士为前后同门。丙子入京会试,曾见于上斜街番禺会馆兰轩师邸,匆匆未交谈。丁丑春,师病没密云,学士往吊,并撰挽联云:"成一代史不可无公,岂期积蠹丛残顿惊绝笔;封万户侯何如知己,剩有素车白马为赋招魂。"措词极其哀痛,余心折之。学士遇事敢言,扶摇直上。癸未奉命驰往陕西查办事件(陕抚冯展云中丞被劾罢),于原参之外,复论列多人。寻常查办,无此认真。学士有句云:"往还五千里,咒骂十三家。"可想见其崖岸。厥后马江一役,自有公论。学士自军台释回,一至北洋,旋作金陵寓公。饱经忧患,绝口不谈时事。庚子两宫西狩,李文忠公入京议款,特约学士入幕。时余以府尹充留京办事大臣,襄办和议,与学士哲嗣仲昭,同为平远丁氏婿。学士行辈居长,诇晤余时,即谓与余先后出兰轩师门下。同门之义甚古,琐琐姻娅不足计也。学士天资英挺,自经迁谪,学养愈复深邃,与余倾盖如故。谓文忠幕中,晦若可谈掌故,而盲于时势。其他某某,委琐恶劣,不直一噱。其月旦峭刻如此。朝廷议行宪政,行在政府奏设政务处,派某某充提调,某某充总会办,学士亦在奏派中。电信传来,文忠喜甚,谓可徐图大用。学士怫然不悦。时仁和王文勤、善化瞿文慎均直军机,充政务处大臣。于君晦若、孙君慕韩,并在会办之列。学士拟就辞差电稿,嘱余代达荣文忠公,稿中有句云"某亦曾近侍三天,忝居九列,岂能俯首王、瞿,比肩于、孙"等语。笔锋犀利,咄咄逼人,犹是当日讲筵气概。和局未经签字,学士已请假回宁。余督漕淮上,犹时通书札。壬寅,哲嗣仲昭入汴乡试,道经清淮,手持学士亲笔函,托余派弁沿途护送。仲昭以世丈称余,谓出自学士意。余万万不敢当,专叙姻谊。而学士之风义为不可及矣。今读《涧于集》,回忆二十四年前,贤良寺内挑镫煮茗,如昨日事。不禁人琴之痛云。

光绪癸卯科河南乡试,余入闱监临,见院中厅事上悬匾一方曰"月华纪瑞",细审为雍正壬子吾乡平越王犀川先生士俊所题。时以河东总督监临河南乡试。八月十五日夜,目睹月华,先生以诗纪事,主司以下各有和章,复手书此四字以留雪爪。诚科场佳话也。余亦撰一联悬之楹间,文曰:"后百十三年雪苑衡才,公赋月华,我书云物;合万一千人风檐奏艺,昔吟桂子,今占梅魁。"是年顺天借闱乡试，本省试期改迟，十月举行，故用梅魁以作佳兆。昔闻科场巨典，神鬼实司纠察，此言颇信。当点名入场后，夜漏三下，监临应至内帘，与主司相见，请发题纸。见时仅作寒暄语。题纸发出，率同提调监试两道暨任差官吏、文武员弁约百余人，赍送此项题纸到至公堂。由余升堂，督饬应差官吏，逐号分给讫。比时场内人数以万计，镫笼火伞以数千计，堂上堂下火光烛天。而凡百执事视动俱寂，几若衔枚战士，万马无声。亦似有文昌魁斗临在上而质在旁者。此无他，功令本极严肃，人心先存敬畏。奋多士功名之路，实隐寓天人感召之机。末世不察，至薄帖括为小技，而未审先朝驾驭英雄之彀，即在乎此。科举一废，士气浮嚚，自由革命遂成今日无父无君之变局。匪特增余感想，亦犀川先生所不及料者已。

  黄河大工，自郑工合龙后，当事者减少秸料，多筑石垛。一望金堤，河流顺轨者十余年。厥后裁撤河督，责成河南巡抚管理，事权专一，收效尤易。余于光绪癸卯秋，抵豫抚任。省中有大王庙四，曰金龙四大王庙、黄大王庙、朱大王庙、栗大王庙。将军庙一，群祀杨四将军以次各河神。巡抚莅新，例应虔诚入庙行礼。越日，黄大王到，河员迎入殿座。余初次瞻视，法身长三寸许，遍体著浅金色，酷嗜听戏，尤爱本地高腔，历三日始去。后巡视南北各要工，金龙四大王、朱大王均到。朱与黄法身相似，金龙四大王，长不及三寸，龙首蛇身，体著黄金色，精光四溢，不可逼视。适在工次，即传班演戏酬神。在工各员佥谓，金龙四大王不到工次已二年余，此次出见，均各敬异。余回省后，时值乡试届期，入闱监临。夜中不寐，偶思河工大王有四，已见其三，不可谓非至幸。独栗大王尚未见过，不识有一面之缘否。

讵至诚竟能感神，翼日，内帘值役之老兵禀报，栗大王已在闱中第几房之窗下。当即率同提调、监试两道，齐集至公堂，派员入内帘，用彩盘赍出，安坐堂上，焚香行礼。并用余所乘大轿全副彩仗，启门奉往大王庙中供祀如礼。初疑何以径至闱中，询之老吏，始知大王系嘉庆朝河南即用知县，曾充乡试某房同考试官。兹之贲临，或亦重证文字因缘乎。因忆前在蜀中，丁文诚公言，昔官山左，于贾庄工次挂缆堵口，亲见栗大王到工，大工即日合龙。翼日，敬诣神位拈香，忽见法身颈上围绕白线一条，为前日所无。正深疑虑，不两日接到礼部蓝印公文，惊悉穆宗毅皇帝龙驭上升，薄海臣民，同服缟素。始知大王精气为神，犹是本朝臣子。哀诏未到，实已先知，缟服临工，示人色相。其神不隔夫幽明，其忠亦无间于存殁矣。各大王、将军姓氏履历，均有专书，兹不备录。

甲辰会试借豫闱举行。余以豫抚派充知贡举，总裁为长白裕文恪德相国、长沙张文达百熙尚书、吴县陆文端润庠总宪、南海戴文诚鸿慈侍郎，满知贡举为长白熙阁学瑛，其余同考、监试、提调等官，均由京奉派来豫，赞襄其事。揭晓日，余与诸公齐集至公堂升座，拆卷填榜。陆文端手持一卷语余曰："此卷书法工整，为通场冠（时已废誊录），廷试可望大魁。"揭封，知为肃宁刘君春霖。其同乡阎太史志廉，亦系同考官，谓刘君平日所书大卷不下数百本。正欣羡间，张文达又执一卷示余曰："吾乡本朝二百余年，三鼎甲俱备，独少会元。场中得湖南一卷，写作俱佳，以正大光明次序而论，我班次居二，例中会魁。科举将停，机会难得，情商裕相，恳将此卷作为会元，庶使吾乡科名免留缺陷。承裕相允让，即此卷是也。"揭弥封，乃茶陵谭君延闿，为前粤督谭文卿制军之少子。咸庆主司得人。迨殿试胪唱，刘君果获大魁，谭君亦以高第入词馆。私揣两君异日文章位业正未可量，讵不数年间，时局日非，国步已改。而此两人者，一则憔悴京华，仍效牛马之走；一则驰驱岭表，徒为蛮触之争，已忘其为故国词臣，先朝仙吏。国家二百余年养士之报如此结局，尚何言哉！

余外任时，每月应奏折件交文案缮写后，必逐一检阅无讹，方始封发。至题本则由幕中拟稿，阅定后恭书题字，即由承办书吏翻清缮汉，即日拜发，不必再行检视。豫抚任内，恭值乙巳年十月慈禧万寿，先期例进贺本，钱谷友人某君以稿呈画。当以循例文字，匆匆一阅，即行书题。第贺本中有恭值"七旬万寿"字样，心窃疑之。以为本年系慈圣七十一岁寿辰，何以叙为七十，减去一岁？询之某君，谓历次贺本均系照上届题本钞录。当检七十万寿贺本阅视，与此稿同。而疑终不释，复检六十九年万寿贺本阅视，则与七十悬殊。更检五十年、六十年万寿贺本与各前一年贺本比对，亦复不同。计五十年、六十年贺本标明"五十""六十"字样，与七十年贺本标明"七十"字样同。其各前一年贺本文字从同，并不言年数，系属通同颂语。复检阅五十、六十万寿后一年之贺本，文字均与五十、六十万寿前一年同。反复研究，恍然大悟。缘寻常万寿庆典，礼部拟就普通贺表一通，先期颁行各省，临时缮写具题，以昭画一。独至整庆之年，部中另拟特别表文，标明"五十""六十""七十"字，仍先期颁行各省照式缮题，以昭郑重。准是以推，本年七十晋一，仍应遵用普通贺表毫无疑义。当将原稿涂销，仍烦某君另照普通贺表缮稿呈画讫。此事若于初画题稿时，稍不审慎，贸然发缮，直待各省表章一齐到京，经内阁看出发回另缮，已赶不及。疏忽咎小，贻误咎大。即科以大不敬，亦复何说之辞！犹幸登时看出，从速改正，获免愆尤。始知凡百执事，不得掉以轻心，此特一端耳。某君经此周折，卒不安馆席而去，虽欲留之，亦无从已。

河南省赋税额每年三百十余万。开封府祥符一县税额十万零，已逾贵州全省之数（共九万余）。自黄河决口后，河占沙压。但以祥符一县论，报荒已及八万余两，岁仅征税一万数千两。习之既久，几成定额。实则数十年来，民间垦荒逐渐成熟。小民但知一己之利，罔计国家维正之供，匪一朝一夕之故矣。余到任后，接准部咨筹饷原奏，"严核各省钱粮"一条，内开：河南一省，共报水占沙压地亩停缓银十六万七千余两。内多指南中工、郑工、兰仪工等处决口所致。其实决口堵塞以后，昔年漫决之地，早经涸复，半属膏腴。而承此业者，多系巨室富商，久踞无粮地亩，官不过问等因。当即设立清源局，札委司道切实整顿。以祥符欠额最多，先从该县入手。凡有已垦荒地隐匿未报者，悉令和盘托出，不究既往。报明以后，分别全熟、半熟、轻荒、重荒、废荒五等，酌定升科减免。去后讵有县属东乡薄镇、冶台等村回民李沅庆，借端抗阻。在该村礼拜寺内煽惑聚众，约近万人，扬言抗粮罢市，拦阻米粮柴草，不准入城。并将茶冈、小黄铺、招讨营等处电杆砍毁约十余里。人心皇皇，风谣四起。当饬常备军翼长袁道世廉，拣派该军分统杨副将荣泰，带兵会同县委驰赴东乡弹压解散。杨荣泰进至该村，忽闻撞钟集众，又见四面火起。该匪等悍不畏法，首先放枪击伤弁兵数名，并抢去砸毁毛瑟枪一杆，势颇汹汹。我兵不得已，放枪还击。登时格毙四五人，余匪始相率溃退。该分统召集乡董开导，旋即一律解散。匪首李沅庆已乘间脱逃，嗣因捕拿甚急，逃至陈留县韩冈白马庄村外旷地桑树上畏罪自缢。经督认明确,将尸身押解来省,饬令戮尸,传首犯事地方示众。经此惩诫后,各乡纷纷开报地亩,极为踊跃。仍饬该县从轻升科,以示体恤。当事起之时,河南同乡京官,以隐粮为绅衿之耻,而输将又非所乐从,不责愚民作奸犯科,反责官府办事操切。虽不敢腾章参奏,而责言之书,雪片而来。余一概置若罔闻,但知绥靖地方,徐图善后。直督某制军,豫产也,贻余书曰:"汴民玩法久矣。经公少加惩创,不至纵成无父无君之局。公之造福于豫民至矣。"余方叹某制军为知礼,岂料阅时未久,某制军行与言违,至成为无父无君之人。可胜叹哉!

戊戌变政,首在裁官。京师闲散衙门被裁者,不下十余处。连带关系,因之失职失业者将及万人。朝野震骇,颇有民不聊生之戚。太仆寺一应事件,应归并兵部,事隶车驾司。刚相以承办司员不能了此,特派余专办此事。余力辞不获,又不愿结怨同僚,爰会同驾司印稿诸君公同办理,当往该寺查看情形。讵寺中自奉旨后,群焉如鸟兽散,阒其无人。匪特印信文件一无所有,即厅事户牖,均已拆毁无存,一切无从著手。因思太仆寺管理马政,与兵部时有公文往来,部寺书吏消息时时相通,乃饬部吏特约寺中得力之书役来见,善言晓谕,以安其心。谓:"太仆寺官虽裁,而吏万不能裁。此时遵旨归并兵部,不过于部中另设一科,仍责成尔等旧人办理。寺中堂司多系满员,余等无从浃洽,尔等可回明堂上,速将信印文件交出,以便接收覆奏。一面即妥筹附设机关,俾尔等不致流离失所。"该吏等谓:"昨奉裁官之旨,堂司等官一哄而散,信印文卷无人过问,已由吏等暂行收存。今日特携带到部,静候区处。"余闻而嘉奖之。一面回明刚相暨各堂，即于车驾司五科之外，特设马政科一科。甫十日，东朝训政，所有裁撤各官署，均复其旧。太仆寺衙门亦在光复之列。此戊戌秋间事。迨庚子七月，余奉命署理该寺正卿，衙署在东城根，已为使馆占据，不能前往，仅假内阁汉本堂到任。不数日，两宫西狩。次年举行新政，太仆寺仍在裁撤之列。兵部衙署亦划入使馆区域。迄今思之，如同梦寐。

　　自来名父之下，难乎为子。朱、均均称不肖；而能承继禹之道，启独称贤。盖善作犹贵善述也。吾乡丁慎五方伯体常，为宫保文诚公之子。方伯尝谓：“吾父之高勋伟略，诚不敢望希万一，而其清风亮节，虽未之逮，窃有其志。”当作郡三晋时，南皮张文襄公适为晋抚。窃疑大员子弟习于纨绔，御方伯独严，多方裁制。自朝至于日中昃，不遑启处。卒以克勤克俭，卓著循声。文襄雅重之，深羡文诚有子。长安薛云阶尚书，前授四川成绵道，原缺为固始丁价藩观察署理，文诚正资熟手，檄令尚书外署建昌道。尚书不悦，而无如何。未几，升晋臬以去。履晋日，方伯以署首府参谒，即遭尚书讽刺。谓"自维才识庸暗，成绵道一缺，已不胜任。不意天恩高厚，洊升法司，尚祈时加照拂"等语。迨署臬使时，长白刚子良协揆来作晋抚，谓前随恩露圃中堂、童薇研总宪入蜀查办事件，事竣后，以宫保系一代伟人，竭诚拜谒，竟不蒙传见。言次意颇悻悻。方伯均婉语谢之，而奉公维谨，夙夜匪懈。刚无可挑剔，卒膺上考。方伯以外补潞安府知府，名不列军机记名单内，卒升河东盐法道。其简在帝心如此。后擢甘臬，坐升甘藩，莅任未久，适粤藩某方伯牵涉康梁一案，从宽改调。上以方伯夙著清操，堪以坐镇雅俗，特调广东藩司，旋护广西巡抚，骎骎大用。方伯蒿目时艰，急流勇退。于卸抚篆后，抗疏乞病，还我初服。闻者莫不羡之。余居文诚甥馆数年，代司笺奏。方伯两次述职来京，又复朝夕与共，乡情亲谊，交非泛常。尝谓："文诚值大可为之日，不恤鞠躬尽瘁，以身许国；方伯值无可为之时，不妨莼鲈寄兴，以病乞身。"匪特乡邦哲人，即求之各行省，如此门望，具此雅量清操，亦恐不多见者矣。

庚子七月廿二日，两宫西狩。八月全权大臣庆邸、李文忠公先后入京主持和议。京畿内外，人心渐定。余再尹京兆，徇顺直商民之请，两次吁恳回銮，均蒙优诏褒答。逾年五月，和约签字，洋兵一律撤退，交还京师地面。适奉旨，定期十月还宫。维时京城残破不堪，急须修理。全权大臣先期电奏，请派大员承修跸路工程。行在枢府拟定长沙张尚书百熙、长白桂侍郎春，奏请派充。慈圣笑谓："此次工程须由在京大员中拣派，情形熟悉，较为得力。我意中已有两人：一兵部侍郎景沣；一顺天府尹陈夔龙。不如一并派充，四人合办。"枢臣承旨后，即刻电京遵照。桂侍郎前在庄王府任差，有庇拳嫌疑，不果前来。张尚书一时不能赶到，先由余与景侍郎召匠选料，赶速开工。初次入东华门，蓬蒿满地，弥望无际。午门、天安门、太庙、社稷坛等处，为炮弹伤毁。中炮处所，密如蜂窠。想见上年攻取之烈，不寒而栗。披荆斩棘，煞费经营。此外如天坛、先农坛、地坛、日月坛暨乘舆回时经过庙宇，大半均被焚毁，急须修理。工程浩大，估计实需工款约百万两。而堂子全部择地移建，与正阳门城楼之巨工尚不在内。景侍郎狃于从前习惯，凡工程估定价目后，堂司各员例取二成节省经费。拟照前例，借工帑余润，以偿拳乱损失。余不以为然，谓："此次拳祸之烈，为二百年所未有。九庙震动，民力艰难，此项工程不得以常例论，应核实一律到工。即所派员司，一律自备夫马，洁身任事。将来大工告竣，准给优保以酬其劳。"侍郎意不怿，谓余有意与彼作梗。适张尚书到京，颇以余所论为是。侍郎无如何，始允会同入奏立案。余等分期率同司员督理工作，历经三月，工程大致完竣。当即电知行在。奉旨："跸路工程现已修竣，陈夔龙著即赴河南布政使新任，在中途迎銮。"讵在京尚未启程，复奉旨署理漕运总督。即日驰往行在，于河南汤阴县宜沟驿接驾。次日扈从至彰德府，复奉实授漕督之命。次日复扈从至直隶磁州，恭谢天恩，送驾讫。数日之间，三次召见，赏赐优渥，并赏白金一千两。旋面谕即行折回河南，取道淮徐赴漕督任。逾年壬寅，接张尚书等函，知堂子业已兴建讫。余复于漕督任内捐廉银一万两，倡修正阳门城楼。各省均提公款助修，计一年余，始行工竣。承修跸路工程之案，乃告一结束。特备书以谂来者。

  蜀为天府国，川东最富繁，川南次之，川北又次之。川西出成都百里，至灌县止，尚属内地景象。灌以西，一望沙砾，广漠无垠。光绪乙酉春，丁文诚公松、建阅武，约余同行。曾经茂州达松潘夷地，为唐时维州一道，李卫公筹边楼、安戎城遗址尚存。穷荒戍卒，犹能谈当日绥边伟略，盖昔贤之规模远矣。嗣由松、茂折回邛、雅，地接打箭炉，乃入前藏要道。明正二十余家土司头目来谒，文诚一一传见，宣以天朝德意，继复慑以幕府军威。该土司等诚惶诚恐，匍匐战栗，谨遵约束，奄有赞皇当日治边才略。继仍诣灌县查勘都江堰工程。按，岷江发源岷山，滔滔东注，直趋灌口。秦李冰为守，特凿山穿埠，名曰离堆。俾江水流入内地，中分内、外二江，资以灌溉成都左近三十六属州县田亩。设立人字堤，并筑分水鱼嘴，约以内六外四为率。春间放水入堰，灌溉农田。秋成以后放水，堰内所积泥沙，淘汰务尽。并铸铁柱三，深埋土中。凡挑治泥沙，以见铁柱为止，所谓"深淘滩"也。当夏间江水入堰，颇虑冲决，沿堤多用竹笼，中实巨石，横列堤间，层累而上。然亦不可过高，以便内江水漫过堤，流入外江，不致为害田亩，所谓"低作堰"也。前贤为民大兴水利，惨淡经营，具有苦心。千百年来，不能改易。川民富庶，实亦半系于此。余随文诚莅止时正春初，亲临该堰，早经官吏率同夫役挑挖净尽。第见李冰所制铁柱以为标准者，一律横卧地上，径约二丈，围五寸余，中经沙水剥蚀，铁质适成龙蛇之势，斑驳陆离，古意盎然。曾命拓工椎拓数十纸，以备稽考。时逾四十寒暑，几经世变，重检敝簏，惜已无存。丁未七月，衔命督川，满冀旧地重来，再访陈迹。讵回黔扫墓，尚未入蜀，复奉移督两湖之命。西望锦江春色，如在天上。忆于贵阳城南雪崖洞丁文诚公祠中载瞻遗像，曾有联云："南来重拜祠堂，是葛相一流，如瞻北斗；东去忽挞鞭策，别谢公廿载，怕过西州。"盖纪实也。今日者，病卧沧江，倏焉一纪，夜凉不寐，前尘如梦。不觉触上心来，爰挑镫强记，拈笔书之。

　　长沙张文达公百熙、善化瞿文慎公鸿禨，余官京师时，均有一日之雅。文达因其乡人杨勤勇、岳斌子嗣争承袭世职事，曾介同年陆文慎宝忠言之于余，恳为斡旋。余执例案力却之。虽不悦，卒亦不忤。辛丑入京，同修跸路工程，力除积弊，意见尤相投，遂结金兰之契。文慎前官翰林，曾于同乡黄再同编修处屡晤之。辛亥以后，同居沪上，文酒往还，把晤尤数。两公同岁举于乡，先后入翰苑，均为高阳李文正公高弟。文正每与长白荣文忠公禄谈谦，极称许两君，不置诸口。文忠爱才若渴，戊戌夏出任北洋，专折奏保人才，曾列举之。庚辛之际，两宫驻跸西安。枢臣端邸载漪、刚相毅、赵尚书舒翘、启尚书秀，因庇拳获严谴，枢府乏人。文忠密荐于朝，特旨令迅速来陕，预备召见。时文达任广东学政，文慎任江苏学政，相约交卸后会于汉口，联辔入秦。文达先到，谂知文慎莅鄂需时，爰纡道回湘省墓。讵文慎到汉，接秦中友人密函，星驰而去。文达由湘返汉，乃知文慎已著先鞭，竟不稍候，有孤前约，意颇不怿。迨赴行在，定兴鹿文端公传霖，已先入政府（亦文忠所保），只须再简一人充数。两宫无所可否，转询文忠择一委任。文忠密奏："圣驾计日回銮，举行新政，可否令张百熙、瞿鸿禨各抒所见，缮具节略，恭呈御览。再求特旨派出一员，较为得力。"上颇然之。奉谕后，文达力论旧政如何腐败，新政如何切用。并举欧西各国治乱强弱之故，言之历历，何止万言。文慎不逞辞华，但求简要，略陈兴利除弊四端。两宫阅竟，谓文忠曰："张百熙所言，剑拔弩张，连篇累牍，我看去不大明晰。还是瞿鸿禨所说，切中利弊，平易近情，不如用他较妥。"文慎遂入直军机，公推主笔，夹辅七年，恩遇独渥。嗣因议改官制，与同直诸君意见不合。北洋某制府复遥执政权，横加干预，文慎遂不安其位而去。时文达业经物故，不读逊位诏书，尚系全福。国变后，文慎不克家居，避兵海上。余适由北洋谢病来沪。乱后相见，偶话先朝遗事，几如白头闲坐，同说开、天。文慎骑箕，忽已七载，思之黯然。余亦老病颓唐，非复数年前之意兴矣。

李文忠公文通武达，出将入相，早依香案，晚博侯封，勋名位业，藉藉都人士之口；独终身不预皇华选士之役，不无缺陷。岂真文昌魁斗不入命宫？抑或珊网玉衡无关鼎鼐？否则，范衣和钵，别有因缘。未种前世之因，自未结今生之果也。公最喜衡文，前充总理衙门大臣，适同文馆学生年终考试。中文一场，试卷多于束笋，各大臣请公校阅，公喜甚，扃门三日，亲手点定甲乙，其勤于衡鉴如此。岁在丁酉，顺天乡试将届。七月杪，公诘朝亲造署刑部侍郎内阁学士瞿文慎鸿禨之门，排闼而入。文慎称公为阁师，平昔绝鲜往还。闻公来，不识何事，急肃衣冠出见。公屏退左右，密告曰："闻今科北闱乡试主考已经内定，我与君均在选中。但我数十年戎马奔驰，久荒笔墨，不知能胜任否。君年优学富，久掌文衡，确系科场熟手。届时务祈主持一切，格外偏劳。"文慎闻公出言突兀，不胜骇异。而又未便辨驳阻其兴致，姑漫应之。讵翼日，八月朔，值简任各省学政之期，文慎得放江苏学政，知公所言不尽确实，然犹盼公仍得充北闱考官也。迨初六日，礼部题请简顺天乡试主考，奉旨圈出四人，公迄未预。始觉前言全无根据，不知何人凭空结撰以饵公，公亦贸然信以为真，致向文慎肫肫告语也。此乙卯年逸社席上闻之文慎者。群叹科场选举主司一席或预与否，均系前定，不能妄有希冀云。

湖南湘潭王壬秋太史丈，余久耳其大名。甲申入蜀就姻，居丁文诚公幕府。太史时掌教成都尊经书院，往来较数，获益又较多。太史论经不主宋学，论文力追秦汉，诗五言崇尚选体，七言奄有李、杜、苏、黄之长，洵为咸、同、光三朝作手。然议论亦有太过者。一日，过我书斋，见案上《吴梅村诗集》，笑谓余曰："此乃《天雨花》弹词，君胡好之甚？"实则太史所作《圆明园宫词》，大半摹拟梅村，不能脱彼窠臼也。太史得名最早，睥睨一世，喜作灌夫骂座。中兴诸将帅，半系旧人，均敬而远之。独与文诚公臭味相投，申之以婚姻。文诚逝世，太史所作诔文，哀感顽艳,其遒丽处恐六朝人无此手笔。性情极坦率,不拘小节。余督湖广时,太史忽由湘中致书,词颇滑稽。略谓:"昔岁端午桥抚湘,曾与彼约,但荐绅不荐官。午桥唯唯。今君督鄂,余拟翻前议,但荐官不荐绅。君意云何?"因胪列多名,纷纷请托。余稔太史久,知其笔已到而意先忘,一概束之高阁。太史卒亦不忤也。辛亥以后,一莅沪江,为余题"水流云在图"长句。适《奏议》刊成,并为制序。诗笔在樊山、止庵之上,序文较之散原、蒿叟,另辟一格,余宝而藏之。未几,应纂修民国史馆之聘。乙丙之际,不恤徇乡人之请,首先列名劝进。晚节不终,识者惜之。然太史亦老态龙钟,不久即归道山。倘早没数载,宁非全福!昔查初白吊钱蒙叟云:"生不同时嫌我晚,死无遗憾惜公迟。"余与太史生幸同时,而太史没后,诚不能谓无遗憾。倦怀亲戚故旧,不觉怃然。

辛丑公约签字后,两宫回銮。维时李文忠公积劳病逝,项城继任北洋。荣文忠居首辅,项城夙蒙恩遇,尚受节制。迨文忠逝世,遂以疆吏遥执政权。一意结纳近侍,津署电话房可直达京师大内总管太监处,凡宫中一言一动,顷刻传于津沽。朝廷之喜怒威福,悉为所揣测迎合,流弊不可胜言。癸卯,张文襄内召,两宫拟令入辅,卒为项城所挤,竟以私交某协揆代之。文襄郁郁,仍回鄂督任。继复推举某某入直枢廷,辇下号称三君,均为其所亲昵。厥后议改官制,北洋所练六镇,应归陆军部直辖。不得已拨出第一、第三、第五、第六四镇归部。以直隶地方紧要,暂留二、四两镇自为督率。朝廷姑允之。以粮饷处赢余关系,与某尚书意见相违,竟尔凶终隙末。荣文忠殁后,善化主持枢政。项城初颇结纳之,嗣因商定中日和约,善化以外务部大臣资格先与日使交际一次，项城不悦，凡事阳推让，而阴把持，善化几无发言权。迨和约告成，两方遂成水火。善化得君最专，一意孤行。适内阁官制成，力排项城援引之某某等，一律退出军机。嗣以枢廷乏人，复召桂抚林赞虞中丞为助。项城暨某某等闻之哗然，思有以报复。善化恃慈眷优隆，复拟将首辅庆邸一并排去。两宫意尚游移，讵讹言已传到英国，伦敦官报公然载中国政变，某邸被黜之说。适值慈圣宴各国公使夫人于颐和园，某使夫人突以相询。慈圣愕然。嗣以此事仅于善化独对曾经说过，并无他人得知，何以载在伦敦新闻纸中？必系善化有意漏泄。天颜震怒。项城探知原委，利啄言官奏劾。善化薄有清名，言路不屑为北洋作鹰犬，一概谢绝。重贿讲官某，上疏指参。善化竟不安其位而去。枢府乏人主笔，特旨召张文襄入辅，项城亦夤缘同时奉诏。时庆邸年老多病，屡经请假，复诏令醇邸在军机大臣上学习行走。然事无巨细，均由慈圣主持，诸臣但唯唯承旨而已。昊天不吊，两宫龙驭先后上升，今上入承大统，醇邸以摄政王监国。项城因事获咎，几遭严谴，赖文襄多方调护，得保首领以归。文襄亦以国事日非，亲贵用事，屡谏不听，赍志以殁。辛亥八月，武昌发难，沿江各行省纷纷独立，复特旨起用项城，冀以支撑危局。讵项城甫出，清祚即因之而告终。辛亥以后之事，余不忍言，实亦无可言之价值已。

定兴鹿文端公传霖，其先德简堂太守，与先光禄公同官黔中。太守殉难都匀，全家尽节。文端只身逃出，获归故里。先光禄公以知县告休，黔乱道棘，致未及归，即捐馆舍。余兄弟时仅数龄，零丁孤苦，惟母氏是依。久之，遂占贵阳籍。厥后抚豫、督川，两次入京陛见，获遇文端。询及往事，公谓："我与张香涛、廖仲山均随宦贵州,旋即回里,忝列科名。君何以久恋黔中,不回本籍?"意以久堕边方,代余扼腕者。余谓:"公等去黔日,年已及冠。比时南中驿路,尚未全阻,故获成行。迨先光禄弃世,余甫八龄。苗匪遍地,生存已属万幸,何能如公等高举远引。且今日博取功名,确系由黔发迹。黔不负余,余亦不可负黔。"公为嗟叹者久之。公昔开府中州,锐意清理粮赋,大拂汴绅之意,特绘《中原逐鹿图》。卒以未竟厥施,量移秦中而去。迨总制西川,苦心经营藏卫,以招抚瞻对番众内附一事,与中枢意旨不合,开缺另简。迨公入居政府,余两谒公于京邸。公道及前事,未尝不悼惜痛恨也。公操守清廉,意见不无偏倚,而于满汉之间界限尤严。然闻善则喜,改过不吝,为他人所不及。当荣文忠以都统外任西安将军,公适为陕抚。将军莅秦之始,巡抚例须出郭跪请圣安,并通款洽。是日公以病辞,仅令藩司恭代行礼。文忠诣抚署拜谒,复托病不接见。将军、巡抚同处一城,时已半载,彼此迄未谋面,文忠亦姑置之。嗣因旗、汉互讼,文忠持平办理,不袒旗丁。又以旗营兵米折价事,一照市价,不为畸轻畸重。公闻之幡然曰:"吾过矣,吾过矣。曩误听他人之言,谓荣公夙有城府,不易缔交。不图处分旗、汉交涉之事,持平如此。"嗣后陕民不受旗丁欺陵,皆所赐也。即日命驾诣军署拜谒。军署材官久不见大府旌旆,至是大为惊诧,即速报知文忠。文忠拟闭门称谢,而公已排闼直入。相见之下,公首先伏地引咎。自陈误听人言,多时未通款洽,此来负荆请罪。并以文忠夫人为宗室艿生相国灵桂之女,相国充壬戌会试总裁,公出门下,以世谊请见,直入后堂存问,交谊弥敦。秦士大夫两贤之。未几,文忠奉命祝釐,改就京职,骎骎大用。言之恭邸,公遂擢升川督。卒以藏事棘手，不安其位。戊戌政变，文忠入辅，承旨起用公为粤抚。维时粤督为茶陵谭文卿制府，辈行在先，公乃再传弟子，俗所谓"门下门生"。谭公挟长，意颇陵公。公复求援文忠，改调江苏巡抚，旋署两江总督。庚子京师拳匪之乱，率师勤王。嗣闻两宫西狩，公遂驰往西安。文忠复援引入枢，同心辅政。未几，文忠骑箕以去。公支持危局者数年。余三次入京，获侍清宴。公提及文忠，尤时抱人琴之痛云。

庚子拳匪之役，余署京兆尹，两月适冒三大险，而卒化险为夷。端邸奏参中外大臣十五人，不才竟附骥尾。倘非圣明保全，几遭不测。此一险也。承办前敌转运车辆，备西狩之用。乃因后任不善酌剂，两宫临时传差，竟缺车马之供。倘因此竟触上怒，责难原办之人，获咎匪浅。卒邀圣鉴，不加罪谴。此又一险也。以上二险，余已载入笔记中。更有一险，言之尤为可骇。当中外开衅之初，总署照会各公使，限二十四点钟一律离京。各使以限期促迫，万来不及，纷纷函请展限。德公使克林德径往总署面商，中途遇害。狙击者乃虎神营旗兵。端邸等以大错业已铸成，不恤倒行逆施，围攻使馆之事起。各使困处使署，水、米、果蔬均各缺乏，具一公函，请查照总署前议，即行离京。但须求兵队保护，并烦得力大臣一员伴送到津，乘轮回国。此函到后，枢译两府公同商酌，事属可行，第派兵恐生枝节，而伴员尤难其选。刚相忽宣言曰："我意中有一人，如令伴送各使，定能胜任。不知渠肯去否。"众询何人，刚相云："陈府尹曾在总署当差，与洋人素相识。现署京尹，又系地面官。京通一带，均其管辖地，呼应较灵。"荣文忠谓："陈府尹现兼武卫中军差使，军事与民事均资熟手，一时恐难离京。"刚相谓："各使来函请派军队护送，陈某现在武卫军,若奏令率同军官偕往,讵不更善?"文忠语塞,但云:"姑与彼商之。"乃谓余曰:"伴送洋员出京,此事诚险。刚相言非君莫属。我看各公使久困馆中,实非了局。彼等愿离京,不如送往天津,搭轮返国,留他日相见地步。君如愿往,可令董福祥派兵一营随同护送。"余谓:"董军前戕害日本书记官山杉彬[1],各使恨之切齿,万不能派往。"文忠谓:"武卫中军右翼统领田总兵玉广,与君同乡交好,派其带兵偕往何如?"余思各使多疑,虽来函自请离京,特故作无聊之词,为希冀缓攻之计。岂肯自寻荆棘,冒此危险!第默察枢府之意,甚愿将计就计,令洋人全数出京。府尹一官,职司地面,傥奉命伴送各使,在我亦复无词可诿,姑作依违之语,以观其后。讵两日后,各使复来一函,果如余所逆料。略谓"前函请贵王大臣派员伴送我等出京,继思由京至津二百四十里,火车已断,沿途溃兵拳匪,谅复不少,节节阻止。试问贵王大臣,有何十分把握,能保护我等一律平安抵津?虽有伴送大员,恐中途若遇险阻,无从为力。我等公同商酌,惟有力守使馆,专俟大兵来援。万一竟遭不幸,各国政府岂肯干休?迩时,大军来华,定惟贵国枢廷首辅大臣是问"云云。前事遂寝。余于无形中消除一大苦厄,各公使自为一身计,实不啻兼为我计。否则,一出国门,溃兵拳匪相逼而来,余与各公使同归于尽。他日议款,不知从何说起。第就余而论,率能化险为夷,诚幸事已。

光绪甲辰冬,中州苦旱,大河南北数千里,望雪孔殷。余率司道府县,设坛虔诚祈祷,消息寂然。时已仲冬,春麦亟须布种,尤切焦盼。忆前署京兆,亲见本任王府尹培佑,奉命至邯郸

---

[1] 误,应为杉山彬。

县龙井，恭请铁牌到京。越日，即降大雨，成效昭著。当派道府大员，虔诣直隶邯郸县，恭请铁牌。维时文武寅僚佥谓，隔省祈祷，豫中向无办过成案，意在阻止此行。余谓天人一理，罔分畛域。但求精诚之感召，何必例案之拘牵！仅用一纸公文，咨行直督备查。时则京汉火车已经合轨，往来甚便。铁牌请到之日，于渡黄河南岸后，距省约十余里，祥符令驿马来报，于夜戌时入城，应先往龙神庙恭候。余出署时，默观天象，第觉微云点缀，淡月朦胧，私念天色如此，恐难立沛祥霡。讵舆甫至庙门，朔风扑面，异常栗冽。嗣将铁牌恭奉神龛，率属行礼讫，已有薄片雪花，纷披满地。众皆惊异。由夜达旦，历一日许，雪厚八寸余。四野沾足，人心为之欢忭。越日，谢降。余率襄祀各寅僚，咸集二曾祠瓣香楼公讌，赏雪赋诗纪事。诗载《松寿堂大梁集》中，赓和者廿余人。曾书楷刊石，嵌于祠之石壁，以留雪爪。余旋别大梁，复丁世变，早已付之过眼烟云。岁在丁巳，豫中使者田焕亭中丞，椎拓远寄，细加审览，已经风雨剥蚀，损缺不完。今又数年，中经兵燹，不知梁园片石劫后尚存在否？客有自夷门来者，拟访问之。

平远丁文诚公，清风亮节，冠绝一时。平生赋性鲠直，不谙世故。持节二十年，与连圻诸将帅有公义而无私交。独于合肥兄弟，深鲍子知我之感。癸酉冬，由东抚请假回黔修墓，道出汉皋。时李勤恪公总督湖广，闻公至，班荆道故，把酒言欢。濒行，谓公曰："我知君官清如水，不名一钱。此番回珂里，亲戚故旧所识穷乏，均须解囊分润。特备银三千两，聊托缟纻之义。藉壮行色，不敢谓豪举也。"当以情词剀切，未便固辞，暂为收受。继思携带现银，诸多不便，且行囊尚可自给，即以原封嘱张樵野观察代存鄂寓。俟回任时就便奉还,遂匆匆往黔中而去。甲戌九月扫墓事竣,遵旨回东,仍出汉皋,拟将原件送还。观察谓:"原封不拆,显见未曾动用,于交情上说不下去。不如全件拆封,另为封固,再行归还。总算领彼人情。"乃拆视原银,平短色低,想系司帐者当时作弊,勤恪不知也。但既经拆动,何说之词,代补足平色三百余金,由观察送还,以全交谊。丙子冬升任川督,入京陛见。驰驿不过天津。文忠专函迎途邀约,坚请至津门一叙。在津盘桓两日,别时,文忠谓:"现今督抚陛见到京,应酬大于往时数倍,知君两袖清风,一无所有,已代筹备银一万两,存京某号。君到京时,可往取用。"迩时,公囊中羞涩,以文忠高义薄云,不忍负之,竟尔收受。讵到京正值某邸某相生日,外吏入京,所望甚奢,手笔不能寒俭。又同乡举子百数十人,留京待试,群望所属,更须从丰佽助。综计一应支出,前款万不敷用。公筹维再四,笑谓一客不烦二主,复函致文忠,再行代筹万金。文忠毫无吝色。公到川后,屡思筹还,而力终不逮。乙酉秋间,公子子美比部在京病逝,公闻之哀痛,百感交集,谈及文忠借银事,自忖归赵无期。乃嘱余代拟函致文忠,略谓"前荷盛情,久铭肝膈。屡思返璧,力不从心。自维此生无报琼之期,而又不愿贻子孙之累,我借我还。息壤在彼,衔环之义愿矢来生"云云。此函发讫,余亦辞公北上。谅文忠接阅后,必有好词以慰公也。当日文诚之清操绝俗,勤恪、文忠二公之重友轻财,均不可及。特述之,以为后世交友者劝。

余抚汴,承某公后,虽不敢谓百废俱举,而凡河务、警务、戎务、农工、商务一切新政,次第举行。历任三载,精神为之疲惫。省中又乏佳山水,足以爽心悦目,意窃苦之。迨调任姑苏,久稔富庶之邦,又系湖山之窟。省会开通较早,文明为各行省冠。官斯土者,第一切出以镇静,狱市不扰,即可培养元气,上理徐臻。爰于公暇先访名刹寒山寺,近而虎丘、山塘、石湖、黄天荡诸名区,远而灵岩采香径、天平白云泉、司徒庙古柏、邓尉梅花,一一均揽其胜。太湖距省仅百余里,东西洞庭七十二峰,尤具天然形势,稽之案牍,前使者安化陶文毅公澍旌节曾经苍止东山古雪居,公曾赋诗《泖石歌咏》,传为盛事。文毅至今八十余年,使者亦屡易人,而足迹罕经,望洋兴叹。余于丙午秋,闻湖中私枭不靖,因决计带队巡湖,藉以建威销萌。乘坐枪划,用汽船拖带。自胥口放舟,先至东山。湖中父老由童而髦,久不识汉家旌旗为何物。瞥睹荣戟遥临,拥道欢呼,顿觉失荫童儿一旦获依慈父母。枭匪远闻,骇为师从天降,霎时为之敛迹。凡古雪居、莫厘峰,登临几遍。道山鼋山,乃上年枭匪肆虐,击败官军,歼毁师船多只处。劫灰历历,犹可搜寻。嗣舟发西山,虽未登缥缈峰绝顶,而石公山一笑迎人,为之低徊不能去。石公为西山最佳处,乾嘉诸老宿登高作赋,雅韵犹存。摩挲碑石,惜半为风雨剥蚀。江山胜迹,我辈登临,不禁感慨系之。计住湖中三日,每晨传集舟师将领兵士而申儆之。嗣由马磧山,经独山门,进内河口,已达无锡境。遂寻惠麓访第二泉,一品竹炉风味。自维平生仕宦,竟日抗尘走俗,何幸承乏吴会。虽为时不及二稔,尚有雅人深致。俞曲园先生曾赋诗志羡,并云昔岁曾随侍曾文正公,一上天平;至太湖东西之胜,文正亦有志未逮也。至省中沧浪亭、拙政园、网师园、顾园、留园诸名区,已习见不鲜,旦暮遇之矣。

平生自惭无才,而爱才若命。外任五行省,所共事寅僚不下数百人,就中才识,推平湖朱竹石观察之榛为冠。观察家学渊源,早岁官丞倅,已有能名,积资洊升,以江苏道员候补,于苏省内政、外交、刑名、榷税尤为熟悉,计署臬司十三次,署藩司二次。历任巡抚倚如左右手,连章优保,徒以病于目,未能骎骎大用。识者惜之。观察虽短于视,一应公牍,但令书记朗诵一过,即能贯彻于心,一一裁决,无不恰中肯綮。任刑名久,总司厘务数十年,遇州县来谒,观察御之严。谓:"某县钱漕进款若干,某卡税厘入款若干,除去应解公家若干,某缺余若干,某差剩若干,均饱尔等私囊。倘再不知自爱,贻误公事,白简具在,不能为尔辈恕矣。"所言洞见症结,吏不敢欺,亦不能欺。余遇大事,决大疑,每商之观察。一经擘画,咸就条理。适淮扬道缺出,江南官多如鲫,负大力者咸存希冀心。余昌言于众曰:"苏省外补道缺甚少,每有缺出,由督抚会商遴员奏补。但商之云者,以其人之可否,尚须斟酌。若朱道才望资格,均推第一,有缺即补,何须互商?倘淮扬一缺,不以朱道请补,勿论另补何员,巡抚不能画稿,即请总督专衔陈奏可也。"某督以难违公论,落得顺风使帆,分宁道员纵多,而分苏道员获补,群相缺[1]望,至讥余谓专揽政权。余惟扶持善类,力主公道。悠悠之口,一笑置之。迨余去苏,观察迄未莅新任,旋即病逝。岂暗中犹有阻扼者乎?不得而知已。

德清俞曲园先生,东南硕学,以翰林罢官归,侨居吴下。所著《春在堂全集》,脍炙人口。湘乡曾文正至有"李少荃拚命作官,俞荫甫拚命著书"之语。内兄许子原观察,为先生婿。先生文孙阶青太史,又出余门下。余抚苏莅新时,出《大梁留别诗》七律八章示阶青。先生见之,即日和成。马工枚速,两擅其胜。

---

[1] 缺,疑为"觖"之误。

余为之惊服。寒山寺古刹，为姑苏名胜。兵燹后失修，公暇往游，蓬蒿满地，即所谓"夜半钟声"者，亦归诸无何有之乡，琳宫宝刹悉付劫灰。爰捐俸醵赀，重建殿宇，并范钟泐石，以存古迹。寺中旧有文待诏草书唐张继七绝一首，碑已半圮，字亦经风雨剥蚀几尽。爰请先生重书。先生谓张句固佳，但"江枫"二字不甚可解。考之《中吴纪闻》，所载系《江村渔火》。因赋一绝辨正，与原诗共书诸石。今尚兀立寺中。余辛亥解组，侨居沪渎，曾至姑苏，偶过枫桥小泊，重寻雪爪，摩挲片石，为之低徊而不能去。先生丙午十二月病逝前一日，余往视疾，时已昏厥，犹强语余曰："《春在堂集》烦多印行。"余允之，临没口拈一绝云："茫茫此恨竟何如，但恨秕糠未扫除。七尺桐棺三尺土，此中了却万言书。"可想见其风致。余奏请入《国史儒林传》，奉旨俞允。《春在堂全集》两次捐资印行，以偿夙诺而广流传，期不负九原知己而已。

丁未七月，余在江苏任内升授川督。所遗苏抚以浙抚张君晓骦曾扬调补。川黔接壤，余去乡已廿六年，爰于具折谢恩时，附片奏乞赏假三月，回籍省墓。时张君以办理秋瑾一案，不无操切，大拂江浙人士之意，抚苏命下，江南士绅专电阻其来苏。张亦请假就医。余入觐情殷，归思正切，专电枢廷，请以苏藩陈君伯平启泰（戊辰翰林），护理抚篆，以便克期交代，入京祝嘏（时值慈禧太后万寿），奉旨俞允。电音传来，讵江督端忠敏公以事前未经知照，意颇不怿。而又无从与余作梗，乃密电枢臣张文襄公，谓伯平嗜好甚深，不堪封疆重任。力保鄂藩李君岷琛，堪以升补。递遗鄂藩，请以鄂臬梁君鼎芬补授。维时文襄新入政府，李、梁二君，乃其旧僚。端意在迎合，希冀动听。文襄持端电传观枢垣诸公,项城袁君世凯笑曰:"伯平是否吸烟,尚在疑似之中,若少东(岷琛字)之痼疾甚深,余在津亲见,讵午桥(忠敏字)竟不知耶?目前已有电旨,令伯平护理苏抚,实任应简何人,俟升任川督陈筱石制军到京,面询伯平精神如何,再行请旨办理。"文襄意亦谓然。其后伯平果拜真除。在余原不敢居功,而江左诸君群起与之为难。伯平忠厚长者,何堪八面受敌,卒之遇事拂逆,赍志以殁。灵榇回湘时,余适在武昌。曾亲诣舟中祭奠,挥泪送之。而与彼作梗者,不数年间,大而祸国,小而杀身,竟无一令终者。伯平有知,当亦含笑于九原已。

在昔后夔典乐,百兽率舞;大汉西京朝会,盛呈百戏;唐则《霓裳羽衣》,传之天上;欧公《五代史》,至特编《伶官传》。戏之由来久矣。我朝恭遇万寿,王公大臣入坐听戏,载于《会典》,诚重之也。余以外吏两次入京陛见,均值庆辰,恭逢巨典,耳聆仙乐,不可谓非荣幸。癸卯六月,以汴抚入京,适值德宗景皇帝万寿。在颐和园随班行朝贺礼。先期传令入坐听戏。上驻跸颐和园,即于园中德和园排演。台凡三层楼,北向,规制崇闳。两宫正殿坐,南向。东西各楹,诸王公大臣以次坐。凡近支王、贝勒、贝子、公、满汉一品大臣,暨内廷行走者均预;在外将军、督抚、提镇适在京者亦预。其京中一品之各旗都统,及二品满汉侍郎,均不得列入。东第一间,近支王公,次军机大臣、大学士、各部尚书、都察院左都御史等。西第一间,御前大臣,次内务府大臣,南书房、上书房翰林。将军、督抚、提镇之在京者,居于西末一间。此其大较也。计获亲盛典者,约五十余人。由内务府大臣即时传单知会,共凑集银二千两,为赏犒内监之需,人约派五六十金,缴呈御览后分给。辰九钟,诸臣先到,各依次跪。少焉，乐作。内监传呼："驾到！"皇上在慈圣舆前步行，后妃、公主、福晋等随舆后。慈圣下舆，升殿坐。诸臣行三叩首礼。传命脱补褂，去朝珠，赏赉雪藕、冰桃、瓜果等物，人各一黄龙盒。由内监亲赍呈，慈圣一一过目，始依次递交。各敬谨领讫，行一叩首礼谢恩。内监承旨，命张大幕二：一由北而东；一由北而西，名曰隔坐。三面各不相见。仅见者，台上歌舞耳。诸臣可于其时休息谈论，各适其适。两宫体恤臣僚，无所不至。余居西第六间，同坐者，为湖广总督张文襄公之洞、安徽巡抚诚中丞勋。维时正演吴越春秋范蠡献西施故事。当范蠡造太宰嚭府第时，投刺二次，司阍不之理；嗣用门敬二千金，阍者即为转达。阅至此，文襄忽失声狂笑曰："太恶作剧，直是今日京师现形记耳！"声振殿角，余亟以他语与周旋，免再发言，致彻天听。时交午正，内监传呼："赐宴。"宴设于仁寿殿东偏殿，凡入席，诸臣随意饮啖。大官厨琼浆玉粒，非复人间风味也。酉正撤幕，各大臣仍须衣冠如礼。未几，乐止。复朝北行三叩首礼，各趋出。翼日，亦如之（皇上万寿，戏二日）。又四年丁未，升任川督，十月到京，恭遇慈圣万寿。先期赏紫禁城骑马，赏西苑门内骑马，赏坐船只赐垫，并赏初九、初十、十一三日听戏（慈圣万寿，戏三日）。时交冬令，即在西苑举行庆典。于丰泽园左另制戏坐，广设帷幕，规制较淀园为狭，以其可御严寒也。适余与马提督玉崑、姜提督桂题、夏提督辛酉，同在西末间。南皮与项城，甫直军机，二君均不喜观戏。辄至西间外房，命苏拉约余出外闲谈，询庚子拳乱事。犹忆台上正演《长生殿传奇》，帘幄之外雪花纷披，想见琼楼玉宇高寒景象。曾有诗云："长生一曲怆心神，凝碧池头百戏陈。乐府旧人谁尚在？不堪回首说庚辛。烟波一舸任游行，三海风光画不成。为报来年丰已兆，雪花飞上御帘旌。"盖纪实也。今则沧桑陵谷，事变日棘，昔时钧天广乐，只好付之一梦。尚何言哉。

天下大镇四：曰河南朱仙，曰江西景德，曰广东佛山，曰湖北汉口。自丰工决口，河流横啮，朱仙化为一片沙砾场，不成商市。景德但营业陶工一部分。佛山近海，市场较大。然据武汉上游，推内地商埠第一，莫如汉口。凡西南若滇、若蜀，西北若秦陇、若豫晋，五方百货，均奔辏于此，以灌输于东南。该镇背湖枕江，一线长堤廿余里，廛市鳞集。惟限于地势，凡细民无力居肆者，咸于肆旁设摊贸易，不下千余家，均借此谋生活，由来旧矣。余戊申四月抵湖广任，前任某制军移交案件约数百起。穷日夜之力，悉加判决。某制军辞赴蜀任，舟维汉上，拟拜答各国领事官。适巡警道冯观察启钧锐于市政，早欲将镇中摊市一律肃清。而又未曾预择广漠之场，为移此就彼之计。遽闻某制军来镇拜客，将计就计，传谕阖镇一律拆摊清道，以备大府贲临。摊商以为暂时拆卸，不得不遵。时已三日，群拟回营生理，冯观察又传谕，摊经拆去不准再设，另各择地谋生。于是大拂商情，群执香向有司衙门请求复业。某制军是日仍复拜客，易舆而骑，正驰驱市中，众商遮拦马首呈诉。某制军傥能妥加晓谕，令其仍旧贸易，移摊一事，从缓解决，该商等无不乐从；即不然，而诿之后任，亦可谕知该商等，谓已经卸事，应候后任酌办，该商等亦无如之何。及均不出此，一见众商拦阻，勒回马头，拚命狂奔，竟驾扁舟而逸。众商见其飞奔示怯，一时人声鼎沸，相率穷追。镇中无业游民最多，所谓"大摆队""二摆队"者，不下千余人。附和滋事，焚烧抢掠，纷扰昕夕。某制军甫离汉镇，而该镇之大乱将作矣。余远在武昌，闻警后立派张统制彪、黎协统元洪，各带军队驰往。先保护铁路、电杆，及一马头等处与租界联属之地，恐匪徒拦入界内，致烦交涉。又虑夜间军队入市，易滋惊扰。凤谂镇中商办救火会最得力，札令该会彻夜巡逻，以防未然。部置甫定，适盛侍郎宣怀来谒。侍郎胆素怯，谓所办汉阳铁厂与兵工厂毗连，合计约数千人，汉口有警，必遭影响，恳派兵弹压保护。余谓："君可无虑，此案乃巡警道办事操切，激变商情。既经准其复业，收拾至易。其余不法之徒，乘机扰乱，已派队弹压，绝不至大起风潮。"并闻沿江某制军幸灾乐祸，越境欲建奇功，已在下关简纠师船，武装待发。余指挥虽定，究以鄂省人心浮动，使者莅新未久，恩信未孚。将士能否用命，均难意测。外虽持以镇定，私衷不无惴惴。乃荷天公做美，由宵达旦，大雨时行，延至次日午后始止。连江烽火乃为一雨洗净，兵气无光。事定后，派员查勘，仅焚毁洋商一二家，华商四五家，洋妇亦有受伤者，略加抚恤，各无异辞。某制军督鄂甫半载，不能为鄂造纤芥之福，几至为鄂酿滔天之祸。清夜以思，何以自解？至冯道之办理不善，咎实难辞。第查其平日勇于任事，并非不堪造就者，薄加谴责，以励将来。此余抵鄂渚接任后第十日之事，特备述之。

武汉据天下上游，夏口北倚双江，又为武汉屏蔽。龟蛇二山，遥遥对峙。岷江东下，汉水西来，均以此间为枢纽。地势成三角形，屹为中流鼎峙。余服官鄂渚，适英、美水师提督乘兵舰来谒，谓："游行几遍地球，水陆形势之佳，未有如兹地者，推为环球第一，不仅属中国奥区，窃兴观止之叹。"地利关系一国之强弱如此。军兴以后，南皮张文襄公服官最久，于省垣分建丝、麻、纱布各厂，以塞漏卮而扩利源。并建甲、乙、丙、丁四栈，奄有碣石招贤、平津东阁遗意。汉阳立铁厂、兵工厂，规模尤为雄阔。惜但能举其大纲，承办者不尽得人，至有美哉犹憾之叹，然一个臣之遗泽远矣。夏口当轮船、铁路之要冲，百货云骈。洋商茶市交易，不集于沪渎，而群趋于汉上，所系顾不重欤。余承乏二载，萧规在望，有愧曹随。第前贤施之博者，辄守之以约，昔日资为利者，颇思救其弊。此无他，意指本不相符，而今昔之情形，亦有所不同也。曾过汉阳，登晴川阁，凭览江山形势。文襄有联云："洪水龙蛇循轨道，青春鹦鹉起楼台。"想见元臣风概，固自不凡。独武昌黄鹤楼久毁于火，迄未修复。窃怪文襄督鄂廿余载，经营建设，不惜浪掷金钱以亿万计。区区一楼，估值仅需十万金，何以靳而不举？得毋文人结习，嫉"崔颢题诗在上头"乎？每与鄂绅柯巽庵侍郎逢时谳集，倡议重修，十万之数不难筹办。甫定议，适奉移节北洋之命，继任者恣睢暴戾，欲尽翻前人成案而刍狗之。坐镇非才，群焉一哄。不一稔而方、召中兴之地，忽易为胜、广发难之区。江汉横流，罔有其极。乃知保邦制治，不惟其地惟其人。后之论者，可以观其变而会其通已。

国家龙兴辽沈，定鼎燕京。援照明制，特开科举，以系人心而光国典。顺治丙戌会试，为开国第一科，选山东聊城傅君以渐为状元。由丙戌截至光绪甲辰废科举之日止，计共得会试一百十三科（乡试同），状元共一百十三人：内蒙古一人，顺天一人，直隶三人，山东六人，河南一人，江苏五十人，浙江二十人，安徽九人，江西三人，福建三人，陕西一人，湖北三人，湖南二人，四川一人，广东三人，广西四人，贵州二人。余东三省、山西、甘肃、云南均无人。江苏一省几得半数。苏州一府计廿三人，几得一半之半。苏、浙文风相埒，衡以浙江一省所得之数，尚不及苏州一府。其他各省或不及十人，或五六人，或一二人，而若奉，若晋，若甘，若滇，文气否塞，竟不克破天荒而光巨典，岂真秀野之悬殊哉？窃尝纵观而知其故，自言游以文学专科，矜式乡里，宣尼有"吾道其南"之叹。南方火德，光耀奎壁。其间山水之钟毓，与夫历代师儒之传述，家弦户诵，风气开先，拔帜匪难，夺标自易，此一因也。冠盖京师，凡登揆席而跻九列者，半属江南人士。父兄之衣钵，乡里之标榜，事甫半而功必倍，实未至而名先归。半生温饱，尽是王曾；年少屐裙，转羞梁灏。不识大魁为天下公器，竟视巍科乃我家故物，此又一因也。综此二因，沿成积习，至国朝，三元仅得二隽。苏州钱君棨三元坊高竖黉宫道左，余抚苏时犹及见之。而广西边远省分，亦有陈君继昌。其人崛起遐荒，如骖之靳。始知文章同此报国，人才不限方隅。笃生非偶，人贵自立，科名一事，特其小焉者耳。通计圣清一代，自博学鸿词科、特保经济科出，而翰林却步。自援例纳粟、军功、保举兴，而正途减色。至广方言馆、宪政编查馆、督办政务处立，而科举遂废弃不复存。状头之名，从此中绝。一朝之国运，亦从此告终焉。重检《馆选录》，为之太息不置也。至由状头登揆席，所谓状元宰相者，有清一代，仅得一十四人（协揆不预）。曾闻之元和陆文端相国所云，爰缀于篇末。

光绪戊申秋，江鄂两省会操，地在安徽太湖县。江南第九镇统制徐镇绍桢，与湖北第八镇统制张镇彪为南北总司令官。张镇辞赴皖境，余告之曰："张中堂经营缔造，不惜糜巨饷，练成此军。故鄂省成军在江南之先，一切军械较他军为完备。壮哉此行，可以实地练习，为将来敌忾疆场之用。"张去后，所有武汉守卫事宜，责成独立协黎副将元洪、署巡警道金道鼎和衷办理。讵皖省新军统带熊成基，乃著名老革命。乘秋操时，皖抚朱经田中丞驰往太湖弹压照料，省垣空虚，煽动阖营兵变，围攻省城。余闻警报，飞电经田中丞立即旋省，并电饬张统制彪速命王协统得胜带队折回安庆，力保邻疆。经田中丞亟图捍御，苦于无兵。该叛军熊成基势张甚。援军一时未到，殆哉岌岌。适鄂省载兵赴皖之楚材兵轮，停泊皖江城外，管带孟宪德首先开炮，击毁叛军营垒炮台。霹雳一声，山鸣谷应。熊成基知事已败，始逃往集贤关北去。余党纷纷溃散。适王得胜军到，省城得以保全。营中未叛者，尚有数百人，即由王得胜率队驻扎该营中，暗为抵制。阅五日而大局粗定，张统制始督率全镇回鄂。当皖中兵叛之时，不幸适逢二次国恤，全国震惊。武汉地方人心浮动，讹言四起。余不动声色，密饬黎协统、金观察多方镇压，得以转危为安。厥后皖省奏报，由江督某制军主稿，铺叙该军靖难情形。而鄂兵轮首先开炮，击走叛兵；暨王协统暂守皖垣，力服降卒，一字不提。但据皖抚来咨，谓："鄂省出力人员，亦应列奖，请开具衔名，咨皖具奏。"鄂军将弁闻之大哗，相率不愿列保。余一面善言抚慰，并专折声叙当日鄂军代为靖乱情形，并称"鄂省援皖各将弁，食禄忠事，于义当然，鄂军历年奉派援湘、援汴、援苏、援桂，幸未陨越。此次以兵剿兵，与平时剿匪不同。且发难即系皖省陆军，首犯熊成基迄未弋获。省界虽殊，军界则一。方以军人名誉攸关，引为愧怍。何敢仰邀奖叙，致抱不安"等语。疏上，奉朱批，饬余查明得力人员，择尤保奖。江督、皖抚闻之，均各惭惶。爰遵旨叙保十九员，楚材兵轮管带首先开炮之孟宪德，业已病故，不及身邀显擢，仅得从优议恤。余深惜之。时张文襄公尚在政府，来电云："君真能为鄂军吐气。"余复电谓："吾辈激励军士，应如是耳。"并非与江、皖连帅闹意见也。

国家整军经武，原以自强之道首在练兵。第此事非可纸上空谈。即以屯营而论，首须查勘地势。省会之区建置营房，宜于郭外择一二高原旷野，或背山，或临水，分营驻扎，不宜专驻一处；但取消息灵通，于同袍同泽之中，隐寓相维相制之意。在昔棘门、细柳，未知若何。以近时而言，凡目所经者，不下十数处，此其大较也。戊申莅鄂督任，下车伊始，首以鄂省屯军处所询之。第八镇统制张君彪、混成协统黎君元洪佥谓，所统各标营，大半在武昌城内蛇山左近。心窃诧之。嗣率同张君等前往查看，所有营房一律仿照西式建置，规模极其崇闳。续查镇营与协营同在一区域，望衡对宇，形势峥嵘。余心更为诧异。省垣繁庶之地，但须警察得力，足以建威销萌。无端聚此赳赳勇士，多则万人，少亦数千人，杂居共处，易滋群哄。万一变生肘腋，为患何可胜言。况此营与彼营，并不同一部分，无端强与合并，意见不免纷歧，接触尤易龃龉，逞私愤而昧公义，诚恐在所不免。不审文襄当日经营构造，何以贸然出此。将欲力加改作，又恐摇动军心。兼之习惯既久，亦虑迁地弗良。展转筹度，无术补救。未几，余调任北洋，继任者恣睢暴戾，变遂生于肘腋之间，无从防御。适作成"武昌起义"之名，玉步因之遽改。谁使神州陆沈？恐夷甫诸人不得不执其咎也。《论语》有之："季孙之忧不在颛臾，而在萧墙之内。"诚哉是言，可深味已。

光绪元年岁纪乙亥，举行恩科乡试，余获售，是为承恩之始。其间服官京师，外任各行省，由藩而抚、而督，均在光绪三十四年中。不幸龙驭上宾，冲皇嗣统，摄政甫经三载，国体更变。余亦因病弃职。旧制新主即位，例须奉卜万年吉地。不知何以当时未经懿旨施行。直至大行之后，仓卒于西陵建造山陵，梓宫暂奉礿于梁格庄享殿。余己酉十月由鄂调直，入京陛见。翼日，敬谨斋戒，驰往西陵，虔叩梓宫。追维圣德神功，泽流中外。微臣渥蒙殊遇，答报无从，辄不禁感激流涕也。大工未集，忽值国变，一切匠作，因而停止。幸南海梁文忠公鼎芬，痛哭陈书，严责当事。拨给巨帑，得以乘时兴工。并函致海内外诸遗臣，量力报效，集成巨款，为山陵种树之需。余报效四千元，内子许夫人报效二千元备用。文忠于事竣后，曾影《崇陵种松图》见寄。承修此项钦工之前直隶布政使凌方伯福彭，复以崇陵寝殿拓印成图寄阅。荒江孑遗，老眼摩挲，不知涕之从何出也。至孝钦显皇后菩陀峪定东陵，前为万年吉地，年久重修，余亦曾任此役。目睹规模崇丽，不比崇陵仓卒兴办，诸形简陋。时会所值，无可如何，惟有委之气数而已。

直隶为各省领袖，屏蔽京师。自五口通商，特设北洋大臣，以直督兼任。形势较他行省为要，体制亦较他行省为肃。李文忠历任廿余年，庚辛议款，上相骑箕。时奉永远停捐之旨，捐输异常踊跃，北洋实总其成。文忠殁后，存款不下千余万金。继任某制军藉以为练兵之用，不三年，支销殆尽。复奏准由各省合筹练兵经费，岁约数百万，竭天下之脂膏，供一己之挥霍，而宝藏竭矣。厥后继任某制军，复踵事增华，取携任便。岁入只有此数，出则层出不穷。余由鄂调直，未到任前，某藩司护篆，一意徇情见好，计一月内札委差使至一百五十余人，闻之殊为震骇。公帑有限，岂能长此滥支。乃破除情面，一笔句之。并将前有兼差者，一律厘剔，以昭核实。开怨同僚弗顾也。旧制北洋大臣履新,各国领事先来拜谒。某藩司护院,力崇谦抑,先往拜各领事。余莅任后,领事团欲援以为例。余笑谓:"中外通商,凡交际与交涉厘为二事。交际以私交言,余与各领事素无交情,何必令其来见。交涉事关两国公件,关道与领事平权,载在条约,尽可互相商酌。渠亦勿庸见余,听之可也。"适美国新任总领事抵津,不以领事团为然,首先来见。德国领事以德商与华商交易,多历年所,华商亏欠德商银至一千一百万两,历前数任,迄无办法。时值岁暮,急求余一言解决,竭诚请谒。其余各领事,目见团体已散,遂亦相率来见。法领事并托译员转述,渠等"一时误会,致拜谒稍迟,请勿介意"云云。余一一应付之。并允德领事所求,商之度支部,为设保商银行,以纾华、洋各商之困。各领事见余此举,均为满意。嗣后交涉不烦言而自解。此余甫履新一月内之事。开岁庚戌正月,枢臣南海戴文诚逝世。辇毂之下,喧传余将内召入辅。忌余者,嗾使言官某侍御,以不根之言,妄行参劾。仰荷圣明垂鉴,令该御史明白回奏。卒以妄行诬蔑,不称言职,从宽饬回原衙门行走。余以时艰莫补,方幸借此乞身,腾章引疾。卒蒙温旨慰留。碌碌滥竽,昫经两载。会逢辛亥之变,适方卧病治事,不能中流击楫,挽东南之厄运,仅克保我疆土,还之朝廷。迨逊位诏下,余亦蒙恩给假。家居海上偷生,匆匆又十三载。追维往事,感激涕泣,不知所云。

宣统初元,设立宪政编查馆,宪法期以九年成立。于第九年特开国会,新政逐年举行。立法未尝不善,奈一般急进派嫌其过迟,訾议政府有意延宕,阻挠宪政。东三省新学家,首先入京,乘机煽动,革党一倡百和,伏阙上书,请立时开国会,并至摄政王府拦舆陈请。朝廷以议定年限,未便遽行允许,而又不能剀切晓谕，以崇国体而戢众嚣。终日纷扰，举国若狂。监国至避居大内阿哥所，未敢公然回邸，以避其锋。正相持间，天津无赖某君，出身寒微。庚子后和议成，外人归还津地，某君乘时崛起，以创办学堂为名，联络当道士绅，居然自命为维新人物。闻奉人在京请愿，事未果行，乃勾串来津请愿，嗾使各学堂各派代表。登时聚集千余人，断指喋血，群向督署陈恳入奏，早开国会。一面力阻各学生上课，借示要挟。并通电各行省各学堂，同时罢学请愿，期宪政即日成立。言之虽亦有故，实则假公济私，意存叵测。津地人情浮动，影响所及，殊于治安大有关系。余不动声色，传令为首代表来见。谕以朝廷预备立宪，决无更改。第有一定秩序，势必分年办理，岂可一蹴而成？今众情既形亟亟，亦系爱护国家，力图早日富强之意，使者亟为嘉许。惟恃众罢课，甚至通电全国，震骇观听，实属大干法纪，亦不得为尔等宽恕。当严饬各学堂校长，传谕学生一律上课。由使者据情具奏，以九年立宪为期较迟，难孚众望，吁恳朝廷提前赶办，期于五年成立。所有奉省各员一律资遣回籍，静候谕旨，不得在津逗留，另生枝节。疏既上，荷蒙俞允，分别晓谕，群情极为贴服。并电知各省晓谕各学堂教员、学生一体遵照。穷三日之力，大海风潮为之顿息。继思析津开学最早，学规本极严肃。自某君混入学界，恃有护符，迹其平日不安本分，已非一端。此次竟敢挟众罢学，通电全国，几至激成巨变，不可收拾，此而不惩，何以端士习而肃法纪。律以两观之诛，亦属罪不容辞。只念立宪时代，姑从宽典。饬署巡警道田君文烈密拿到案，即日电奏发往新疆安置。奉旨后，立派妥役押解起程，不准少有稽延。津门士绅，有为之关说缓颊者，已望尘不及。颇诧使者办理此案之密而且速，而为地方除一巨蠹，则又未尝不心悦而诚服。此宣统二年庚戌十月事。迨辛亥十二月逊位诏成，国体更变，余亦乞病获允，万事不关。而某君何时旋津，是否改过迁善，能否为民国效力，惟有付之不论不议之列而已。

丙戌同年杨莲甫制军向官京师，所居相距窎远，不常把晤，仅于春秋期会，尊酒言欢。君以编修改官直隶道员，庚子随李文忠公来京议款。余时官京尹，襄办和议，与君时相过从。患难论交，情非恒泛。岁杪，通永道出缺，藩司周玉山方伯言之李文忠，请以君奏补。张幼樵学士时在幕府，亦为君说项。文忠终以君到直资格太浅，未经允诺。犹记小除夕日，君匆邃造余，详述前事。以余系府尹，此项奏件例须会衔。并述周、张二君语，谓非余力向文忠陈说，难冀有成。且时甚促，一过新年，正月初五文忠寿辰，保定署臬司某君来京祝釐，资格较深，恐文忠意有所属。语次情形极为迫切。余以同年至好，又系分内应办之事，允于除日往见文忠。讵到时，文忠正会晤德公使，以惩办祸首。未满各使意，德帅瓦德西欲下动员令，径往陕西与枢府面商。文忠极为劝阻，一面电奏行在。迨德使去后，文忠拟暂休息。余揆此情势，恐难进言，而莲甫守催不已，只好姑为关说。文忠谓："莲甫虽系翰林出身，第官直日浅，此缺尚有尽先应补之人，长官亦须稍存公道。"余谓："公言诚是。直省候补人员虽多，但从公于患难中者，目前仅莲甫一人，劳绩亦不可没。公昨谓行在诸公，均蒙优叙。然则从公于贤良寺者，不应得优叙乎？"公笑曰："我已知莲甫托君前来说话。君与彼为同年，又系大京兆，例须会衔。我若奏补他员，恐君不肯画诺矣。请如君议。"余亦笑对曰："某所言，实系力崇公道，并非专顾私交。"比时窗外环而听者多人，知事已谐。玉山方伯趋而前曰："稿已办就，即请书奏。"余亦列衔书奏讫，与方伯退入莲甫室。适吏部尚书嘉定徐颂阁先生在坐，闻之谓余曰："莲甫得缺太便宜。但须说明，如何应酬我。否则，交部议奏时，我必议驳。"余笑曰："公喜食福全馆，莲甫治具尤精，多备盛筵饫公，余亦得叨坐末，何如？"均各大笑。宁知莲甫官符如火，奏到，竟邀特允，不交部议。尚书挟持一饭而不可得。厥后余抚汴，莲甫任直臬，拟保升豫藩，为余臂助。项城阻之。不数年，莲甫已继项城为直督，而余督直转在其后。功名迟速，庸有定乎？莲甫归道山，未经国变，可谓全福。公子辈承其余荫，各自成立。长者尤恭谨，克世其家。故人有子，为之欣喜不置。

　　辛亥八月，武昌发难，总督出走。余适在病中，警报传来，以鄂系旧治，深悉彼中情势。密电枢垣，谓："川督岑君春煊带队入蜀，计时已在鄂中，请旨褫鄂督职，以岑调任，责令收复省会。鄂垣兵变，仅一小部分，速电饬带兵统领督率南湖一带各军，并汉口驻扎军队，力图规复。陆军第二镇第一协全部现驻保阳，即时下动员令，京汉快车两日一夜可达汉口，直逼武昌，以壮岑军声势。彼系乌合之众，人心未定，收复不难。"而枢府不报也。但责令陆军部编一混成镇，有此军步队参以彼军马队者，有彼营辎重配以此营马匹者，混沌杂糅，故缓师期。卒之兵与兵不相习，将与将不相识，迟之又久，始报启程。迨抵汉口时，鄂中叛党，布置完备，羽翼已成，公然誓师抗顺，大局不可问矣。项城赋闲已久，乘机思动。其门生故旧，遍于京津等处，不恤捐集巨款，输之亲贵，图谋再起。监国以彼从前废斥，其咎非轻，不敢贸然起用。该党以监国素重视余，谓得北洋一保，必生效力。某君夤夜来谒,极为关说。余严词拒之,谓:"项城前系一品大员,此时起用与否,朝廷自有权衡,不宜由疆臣奏保,致涉植党之嫌。倘贸然上疏强令出山,不特无以尊朝廷,亦非所以厚爱项城也。"其人嗒然而去,复运动连疆某督、某抚,即时电保。谓非任用项城,不能收拾危局。监国惑之,未能一意坚持。项城一出,而清社遂屋矣。当其奉命督师也,徘徊于豫楚之间,不肯直入鄂境。卒以夤缘组阁,遄回京师,大权独揽,修前日之怨,力排监国去之。政由己出,东朝但司用玺而已。嗣复授意前驱各将领,联衔力请逊位。沪上傀居某督等和之;商界各巨子亦和之;英国公使某君,亦复为之声援。十二月廿五日,逊位诏书颁出,二百六十八年之天下,从此断送。哀何可言。甲子十月,复有冯军入京之举,病中惊起,无泪可挥。瞻望阙廷,神魂飞越。虽纠合海上诸遗老,连电津榆,作包胥秦廷之哭,究何裨于大计。悠悠苍天,谓之何哉!

壬午冬会试北上,以车道艰苦,改由海船入京。先在武昌度岁。比时黄鹤楼未毁于火,旅寓即在其下,时往登临,纵览长江上流形势。觉中兴曾、胡削平大难,即以此为基础,凭吊久之。厥后张文襄公督鄂垂二十年,百废俱举,规模宏肆。第鄂系中省,财赋只有此数,取锱铢而用泥沙,不无积盛难继之虑。觇时者颇心忧之。余辛丑外简漕督,旋调中州,遂临吴会。积资既久,署中宾僚佥以吴楚一家为言,冀为升迁预兆。付之一笑而已。丁未夏,两广总督出缺,枢府拟奏请以余承乏。鹿文端昌言,谓豫抚张安圃中丞曾任广东抚藩,熟悉地方情形,遂邀简任。不数月,川督出缺,余蒙恩升授。为昔年赘姻作幕之地,旧游重来,一时传为佳话。且川黔接壤,风土攸宜。不比五羊滨海之区，新党横行，难以驾驭。迨入京陛见，文襄适以鄂督内召入直枢廷，与继任某制军臭味差池，颇思易人而治。余循例往谒，文襄谓："四川地方遥远，交通不便。如君才地，似与长江一带为最宜。"余漫应之，不识其意云何。嗣陛辞还寓，行有日矣。文襄于丙夜遣价来言："翼日，早十钟散直后，即来寓有话面谈，当在寓静候。"讵文襄到后，项城亦来。甫入座，文襄拂然对项城曰："君言我所办湖北新政，后任决不敢改作。试观今日鄂督所陈奏各节，其意何居？且其奏调各员，均非其选，不恤将我甘余年苦心经营缔造诸政策，一力推翻。"意极愤愤。项城婉言代某制军疏通，以余行将过鄂，嘱传语某制军，谓文襄所办兴学、练兵、理财、用人各大端，极宜萧规曹随，不可妄行更易。余笑应之。项城以文襄盛气相陵，不便久坐，告辞而去。余送之门外，暗忖似此情形，某制军必难终鄂任。文襄今日来寓，有事面商，或恐意将属我。第闻该省财政枯窘，债台高筑，较之川省财力丰富，不啻天渊，岂可以此易彼！爰重入坐，假他事与文襄款洽。文襄意所欲言，一时未便直吐，但云："君此次远别，不知何日再见。可在京多住数日，不必汲汲西行。"余复漫应之。翼日，恐文襄再来絮烦，匆匆乘京汉火车而去。抵汉时，将项城之言，转达某制军。适余先请假三月，回籍省墓。戊申二月届满，正拟由黔持节入川，先驱已到渝州，己亦束装待发，适奉上谕，某制军与余互相调补。未经西上，仍复东行。边远劳臣，诚不知圣意所在。嗣悉督办四川藏卫边务事宜某大臣现护川督，为某制军介弟，稔知余将莅蜀任，特预条陈藏事。谓"藏与川相为表里，一切筹兵、筹饷，责在川督。总督与边务大臣休戚相关，源源接济，藏事自易奏效。否则，无从办理"云云。文襄因持原奏，力陈于两宫之前，谓："边务大臣之意，恐川督非所素识，不肯为力。查鄂督与该大臣系胞兄弟，合办川、藏事宜，公义私情，更属责无旁贷。不如即将鄂、川两督互相调补。"制曰："可。"余回抵鄂省接篆后，即速某制军入川。逾年，江督缺出，政府请以余调补。文襄独谓："方今时势，鄂省据天下上游，轮船铁路，四通八达，较南北洋尤为重要，不宜轻易总督。"事遂中止。迨余调任北洋，已在文襄殁后。此公若在，恐余须久任楚疆。但不知武昌发难时，余傥尚督是邦，又是如何景象耳。

当项城之由鄂北上也，行使内阁职权，前方军事责成冯都护国璋督办。冯军先占据汉阳赫山，拊龟山之背，汉郡收复指日间事。项城京寓电话处学生，与津署电话学生，本系素识，私电传来，余喜甚。以正式电话询之项城。讵复电云："未得鄂中确息。"其志不在恢复，可为骇异。迟之又久，始悉汉阳业已克复。余急电冯都护，请其率得胜之军，直捣武昌。冯覆电谓："汉口江岸缺少船只，不能径达省城。且奉京电，已有英国公使出任调和。北军暂在汉阳驻扎，不得越雷池一步。"余闻之，愤甚。急电项城，略云："所谓调和者，两方居同等地位，始各有开议资格。现今革党，皆我臣民，作乱犯上，自取屠戮之戚。我军已得汉阳，与武昌仅一江之隔。党人已闻风丧胆，汉江沿岸船只何止千艘，顷刻即可飞渡。武昌若复，中外人心大定；沿江下游各行省，亦得所屏蔽，不至望风而靡。即为应酬调人起见，何妨俟武昌收复后，再行开议。声势既壮，折冲尊俎，尤易为功。"项城无从置喙，但云："既经英使调处，不宜径行用兵。"事机一失，连江若赣、若皖、若苏、若宁、若沪，纷纷独立，遂至不可收拾。又以监国临朝，不便为所欲为。贿通贵戚，迫胁东朝，勒令摄政王退位。以余现任北洋，凡事作梗。密遣使以甘言相饵，谓余坐镇津地，于各省独立之会，独能捍卫疆土，最著勤劳，行将有宫衔黄褂之锡。但大势群趋共和，一方岂能立异。与余交谊最敦，近因政见稍歧，各行其是，不能相强。所虑津沽一带，党人密布，手枪、炸弹防不胜防，窃代为忧之。余谓："与项城比肩事主，回忆孝钦在日，项城受恩独渥。现值国家多难之秋，正我辈竭忠授命之日。内阁关系全国，项城任之。北洋领袖各行省，余任之。项城谓与余政见不同，诚为知言。余始终惟知有国家，期不负三朝恩遇而已。"项城虽日以暗杀为能，侦骑密布，卒亦无如余何也。迨至逊位诏成，余已病莫能兴，奏蒙赏给三月假，而国事不可问矣。

奉军张绍曾占据滦州车站，威胁朝廷立宪。结纳新授晋抚吴禄贞，带领第六镇全军驻扎石家庄，据直晋交界之道，拟俟前驱赴太原受事讫，即回戈直赴北京；绍曾亦由滦赴京，两道夹攻都城，图不世之大举。石家庄军队并可阻截项城入鄂之师，不能北上，以免后顾之虑，用计诚为狡毒。幸天夺之魄，禄贞忽为队下乱兵戕害，一说为项城遣人暗杀。后虽奉旨命余查办，卒莫得其实在情形。然先除此一害，绍曾势孤，气为之夺。余乘机遣通永镇田君文烈，以犒师为名，驰抵滦城，代通情款。绍曾谓："凤隶北洋部下，决不敢犯扰天津。"与田君有故，联床话旧，中宵以后，忽以一剑置榻上，若隔鸿沟，竟夕不寐。田君知其气怯，决不能成大事。翼日，旋津覆命，请余勿庸过虑。田旋升任陆军部侍郎，通永镇缺，余檄令王君怀庆先行署理，并奏请实授。王甫到滦，绍曾密令党人，乘其不备，包围斗室中，迫令独立；一面派死党潜来天津，四处埋伏，散布谣言。一闻滦事得手，津郡同时响应。维时津沽猿声鹤唳，租界各国领事，纷纷来署探取消息。余虽连电王君，设法出险，苦难达到。幸王素有权略，阳徇彼党之请，偕往校场行受任礼。匹马当先，乘其不备，一鞭叱咤，风起云扬，驰骤廿余里，群相追逐，望尘弗及。顷刻突围而出，还入军中，带队反攻，生擒数十人，学生居其大半。电禀到津，批令悉数歼除，以示惩儆。陆军部亦派兵援应。滦乱平，曾赋《飞将军歌》以策王君之勋。绍曾兵柄既解，跟跄带数十人，亟夜来天津。以谘议局议员素通款洽，径诣局中止宿。合局大惊。某巨绅及议长阎君仓皇来报，请余饬令所住卫队移宿他所。余笑应之曰："君等昔以张某为义师，不惜为之道地，今竟何如。"爰命材官持令箭传谕，以津地华洋杂处，《辛丑条约》二十里以内不得驻兵。可速将所带卫队解除武装，暂住旅馆，以免人心疑惧。傥因此另生交涉，咎将谁执。绍曾唯唯听命。谘议局全体局员及某巨绅等，均各满意而去。翼日，绍曾来谒，携其六岁子同来，藉明心迹。余侦知其近日举动乃父亦不谓然，因嘱其早归养亲，徐观世变，此事遂告结束。然此数日中，运筹决胜，咸资文武各僚友悉心勖助，获免愆尤，不可谓非幸事已。

光绪末造，新党散布长江流域，第与军队素不相习，致未能揭竿起事。监国时代，亲贵用事，军谘大权掌于纨绔之手。部中主要人员，新旧淆列，习染既深，一朝发难，其祸至不可收拾。余于宣统己酉腊月，履直督任，所辖北洋第二、第四两镇，兵力甚强，足以建威销萌，新党不便，怂恿京师权贵，收归部中直辖。监国贸然允之。疆臣职司疆土，直隶尤屏蔽京师。一旦骤失兵柄，其何能淑？疏凡再上，以去就力争。卒未能收效果。欲另立一镇，苦于财力艰窘。不得已暂编混成一协。以资控制而济缓急。辛亥八月,奉军入关,与部中直辖之某镇,于直属滦州会操。军谘处某贝勒奉命前往校阅,道出天津。余扶病往谒,闻新党已向奉军接洽,约于开操日起事。讵期尚未到,适鄂中某督以严缉党人,办理操切,激变军心,先于十九日在鄂省起义,某督仓皇出走,武汉重地突归党人之手。警报到京,秋操停止。奉军某协统遂占据滦州车站,公然兵谏。乃以所拟宪法十三条,胁朝廷允行。枢府无人主持,不得已交宪政编查馆,拟定十七条,筮日告庙。帝位虽存,大权业已下移。时则武昌已失,沿江各督抚闻风而靡,不降即走,粤、湘、齐鲁亦复纷纷独立,仅直隶安堵如常,不为所动。余病疡已数月,强起治事。激励文武寅僚,多方镇抚。党人有煽乱滋事者,一经侦察属实,拿获到案,严惩不贷。奉军驻滦某统领,扬言率师入京,并来津与余商举大事。析津士绅与谘议局议员等,闻之生惧,诚恐奉军一到,扰乱地方,相率数十人来署求见。余适与天津镇张君怀芝、督练处总参议舒君清阿筹议兵事,闻彼等已集前厅,即请一体入见。某巨绅首倡,言余坐镇天津,军民爱戴,地方蒙福。但自武昌起事,曾不几时,各省均已独立,直隶首善之区,乃各省领袖,闻风兴起转在他省之后,如人格何。请余俯顺潮流,从权独立。不过易一名义,一切治军行政,仍由余主管,决不干预。但求提高直省人格,兼免党人攻击等语。一倡百和,情形激烈,有立待解决,迟则生变之势。余笑应之曰:"君等所言,余亦熟思至再。武昌起义,各省独立,潮流所届,亦岂不知。但直隶情形与各省不同,岂能独立?"某巨绅大为诧异,诘余不同之故。余谓:"各督抚管理该省之事,独立与否,能自主之。直隶范围最广,包括北京在内。北京现有皇上,如此大事,必须秉承谕旨,岂能效各省私自独立。"某巨绅云："此层我等何尝不知。"余曰："君言是也。前日已奉旨，将来国体应否更改，俟开国会时公诸舆论。煌煌诏谕，中外皆知。此事稍迟必有办法，目前尚谈不到。余忝任直督，当此人心不靖之秋，惟以保卫地方为宗旨。勿论新党旧党，或官或绅，遇有作乱犯上，扰害地方者，杀无赦。他非所知。"张总戎起而言曰："予系武人，只知带兵，不知宪法为何事。'独立'二字，更不知从何说起，某作天津镇，津地治安系某之责。制台本驻保定，近二十年来改驻天津，保护制台，尤我之责。有人破坏天津，侵害制台，某惟以兵力制伏。《天津条约》租界附近不得驻兵。二十里以外已严阵以待。"该绅等以目相视，默然不语。复晓之曰："余与张镇台之言，诸君想已听悉。刻间，惟有官绅一体，妥筹保卫地方之事。津地华洋杂处，毗连租界，无险可扼。党人倥无知妄逞，诸君一味盲从，难免匪徒不乘机肇衅。余责在守土，惟力是视。万一力有不继，何惜一死以报国。总督为一省长官，不幸以死塞责，试问津郡治安，何人担负？势必纷纷扰扰，戈刃相寻。诸君不获党人之利，先受党人之害。回忆庚子一役，津民受虐最酷，创深痛巨，窃恐再见于今日矣。"言未竟，某巨绅矍然曰："效死一节，于今非宜。惟求大公祖政躬康复，保艾津民。即事到危急之时，文信国成仁取义之言，亦可不必拘泥，千祈以地方为重。"遂相率嗒然而退。日已向夕，津桥南段巡警已被煽惑，袖缠白布，乘机思动。所幸北段巡警，由练军改编，管带刘君锡钧系江苏旧属，忠事于余。得以互相钳制，不至生变，然已殆哉岌岌。直隶一省，于全国分崩离析之秋，卒能烽火不惊，诚属徼天之幸。直至逊诏将下，余适乞病获请，得以完全疆宇还之朝廷。痛定思痛，有余恫焉。一卧沧江，岁序忽周一纪。海桑陵谷，万事皆非。衰病余生，不图于劫火灰中，重温旧梦。自今以往，为元遗山之忧愤欤？为杨铁崖之旷达欤？抑求为文信国不获，而姑以仁义两言留作千秋正气欤？余不能自知。今之人亦不我知。后世傥有知我其人乎，则其我知视我之自知，为较真切已。

辛亥十二月，余在直督任内乞假得允，移寓津沽德租界养疴。越岁八月，就医南来，即在沪上作寓公。闭门却埽，万事不关。迄今岁甲子，匆匆已十三年。此十三年中，约计上至总统及阁员，外而督军、省长，非当年部曲，即旧日寅僚，从不愿以尺牍往还，借通情愫。一切目见耳闻，离奇怪异，几不知人间有羞耻事，不屑笔之记载，污我毫端。盖三纲五常之沦斁久矣。本年十月，忽有冯玉祥反戈入京，废斥总统，波及皇室，冒大不韪，致有仓卒逼宫之事。恶耗传来，无中外，无男女，无少长，均斥其荒缪绝伦。余卧病沧江，闻之尤为愤懑。时段芝泉徇各方之请，入京执政；张雨亭躬率劲旅，战胜入关。主持公道，于两君是赖。爰会合海上诸遗老，公电京榆两处，作秦庭包胥之哭。其文曰"报载，京政府以阁令擅改优待皇室条件，迫迁乘舆，逼索宫禁，众情皇骇万状。辛岁逊政，优待本属国民公意。此项条件昭告中外，为民国成立公据，屡更政变，恪守不渝。若一二人可任意推翻，则何法可资遵守。影响极大。芝公群伦属望，综领机钤；雨公倡义兴师，奠安畿辅。必先坚守盟约，俾天下信其可恃，大局方易维持。切盼先行电京，速复优待皇室原状，免致根本动摇，人心疑惧。全国幸甚。夔龙等庚叩"等语。嗣得雨帅覆电云："庚电诵悉。优待条件载在盟府，本诸舆情，凡属国人，同此心理。敝军行师讨贼，不愿干政，夙有宣言。前驱甫及津沽，距京尚远。都门近日举动，事前毫未预闻。辱承垂谂殷拳，颇苦无从置喙。不日海内明达群集论政之时，当能主持公道也。作霖佳叩。午印。"言外之意可耐寻绎。段虽无覆电，闻对天津遗老言，自任力为保护。迨入京后，首先撤退防守醇邸卫兵，一切得以自由。第阅昨日各报，圣驾已驻跸东交民巷日本公使署中，脱险难而入坦途。此后惟祈各友邦之共同保护而已。余草笔记讫。不忍载辛亥以后之事，仅载此条以增余痛。而夫己氏之肉，讵足食乎！甲子十月十五日记。

把芬庐存稿

目 录

自序/153

把芬庐存稿　戊寅

戊寅元旦即事/157

元日书红示孙辈/157

南屏寄示元日感怀诗依韵酬之/157

初四日朱聘三太史来谒赋简/158

初五日立春喜福儿由沪至港率赋叠前韵/158

南屏示立春试笔诗依韵酬之/158

南屏预示人日诗枨触旧游答如其韵/158

子有寄到除夕即事诗率和即用原韵/159

谢子有馈肉松/159

南屏又示人日书怀诗仍依韵答之/160

人日喜九侄昌浠至港/160

南屏寄示宋王台怀古诗依韵答之/160

倒叠前韵/161

徐蓨玉夫人以岁暮杂感见示率赋奉答并简季龙太史/161

南屏寄示春寒十日诗答如其韵/161

十三日祝圣礼成恭纪约南屏同作/162

南屏太史寄示元夕书怀诗依韵和之/162

春晴和南屏韵/162

春夜和南屏/163

元夕接章一山太史津沽书却寄/163

春吟和南屏/163

上元后二日携儿孙辈重游宋王台率赋长古即以留别/163

赠南屏太史叠前韵/164

将别港海倒叠前韵/164

新春杂咏/165

题赵少昂蝉嫣画卷邀南屏同作仍叠前韵/167

留别徐季龙太史沈蒨玉夫人/167

即日回沪留别南屏/167

港海舟中临发有作/168

舟中赠晦之观察叠前韵/168

闻西人度曲三叠韵示晦之/168

舟中遣怀四叠前韵/168

归沪偶作/169

一山以诗见怀依韵奉答/169

感怀用一山韵/169

花朝前三日花近楼宴客赋简坐上诸君子/170

甫归沪渎简金子才大令如在九龙客寓中也/170

花朝日秋帆午岑鹿生榕卿招饮/171

二月望后常会第一集子才大令有诗依韵酬之/171

十八日子有伯夔招饮仍叠前韵/171

越日味莲镜清招饮仍叠前韵/172

春分日虞琴尧卿万平假坐招饮赋谢/172

廿三日鲁青拔可招饮赋简/172

一山太史以诗见怀依韵奉酬即寄天津/172

目录

章谒云女士集一山太史属题/173

寄怀徐蒨玉夫人兼示季龙太史/174

廿八日渭英子怡假坐招饮赋谢/174

上巳书怀简虞琴/174

一山寄怀诗有桃花佳句因忆往岁龙华看桃花事仍依韵奉酬/175

寿张豫泉太史八十/175

哭蕙若长孙女/175

周氏园林看海棠有怀南屏九龙/177

挽周石臣观察开封/177

叠韵寄一山天津/177

春晚遣兴有怀荟亭高邮/177

花近楼夜宴即席赠梅畹华并示姚玉芙/178

谷雨日戏作六言诗寄怀南屏九龙/178

云麓闻馨孙女之丧以诗慰问依韵和答/179

春暮叠韵简云麓/179

叠韵简豫泉并示子才/179

子才大令以诗见赠三叠韵奉酬/180

忆旧游四叠前韵/180

偶于敝簏检出香槟酒二瓶十五年前曹让之司马所赠物也启封
　独酌喟然兴叹/180

南屏寄到春暮见怀诗依韵酬之/181

春尽日鹿生寓斋宴集赋简/181

潘对凫春禊会上凡卅余人一山赋诗有也有支离章一山句喜赋
　一律依韵驰寄并示云麓/181

一山以津上荣园雅集诗见寄依韵和答眷怀旧治不知作何语

也/182

得一山书理兼旷奥词杂庄谐是晋人新语非宋儒卮言也率赋四
截用博一粲/182

立夏日作四月初七日/183

生朝将届渭英子怡招饮赋谢/183

立夏后六日鹿生秋帆榕卿伯夔招饮赋谢/183

望日午岑招饮赋谢/184

浣花日味莲子才镜清招饮赋谢/184

阅云麓太史读三国志笔记赋赠/184

廿三日虞琴尧卿子有招饮赋谢/185

对凫老人以诗寄怀仍叠韵赋答/185

寄和对凫即步其韵/185

五月朔日公宴雅集子有即席有诗依韵赋谢/186

答子才/186

南屏寄示江上清游诗读之增慨仍叠韵奉酬/186

佩瑜寄诗为寿依韵寄答/186

兼巢太史哲兄藻卿大令遗绘文官果画卷题词/187

对凫以诗为寿依韵赋谢/187

南屏以诗为寿依韵和答/188

一山远寄寿诗依韵酬之/188

和韵答章一桐世讲/188

和答虞琴/189

和答子有/189

和答钱镜平/189

一山寄到赵幼樵明经和章马工枚速兼擅其胜作此奉酬/189

和酬荟亭大令/190

再叠韵奉寄/190

卢慎之庭长以诗为寿赋酬二首/191

子怡假坐招饮即席赋简/191

叠韵简幼梅/191

三叠韵简幼梅/192

息侯少保一山左丞寄到一息吟上下册读罢赋酬/192

幼梅又寄和章四叠韵奉酬/193

叔迁都护远寄旧京丁丑守岁诗奉酬七言长句/193

廖劼闲训弟子振镳格言题词/194

鲁道人用杜少陵北征诗韵撰句远贻情义兼胜即用少陵赠卫八处士韵答之/194

张志迈以诗为赠赋此寄酬/194

李颂臣都护以诗见赠却寄/195

高彤皆学部以诗为赠却寄/195

和曹靖陶村居避乱遣兴/195

息侯乞题琴心集却寄并示一山/195

和酬陈一甫观察/196

和酬朱燮辰观察/196

姚俪桓部郎以诗见诒作此奉酬/197

荷花生日有作/197

南屏寄到香海归帆图并题句依韵答谢图为赵少昂手笔/198

龙城踏月图题词和南屏韵/198

一山有诗见怀依韵和答/198

酬幼樵直刺/199

息侯为女伶金芙蓉集乞诗率赋/199

寿子怡观察并贺文孙周晬大喜/200

卢慎之评事慎始基斋校书图题词/200

自题八十二岁小照/200

杨遵庆女士就学沪上执尊人荟亭大令手书来谒赋赠一律即寄大令高邮/201

十八日月夜作即八一三日/201

朱燮辰观察以七十自寿诗寄示依韵奉酬/201

四叠韵柬一山/202

徐尧卿大令旧藏虢子白盘拓本属题/202

南屏以吟秋诗见寄依韵和答/202

余自香海归有半淞重著钓人衣句一山谓诗中有画大可绘图征题报之以诗/203

二十五夜梦中得句醒后足成之/203

二十八日鲁青太守招饮即席赋简并示坐中诸君子/204

云麓索题四明李东门先生曹娥江龙舟诗轴得绝句三首/204

忆西湖钱王祠五叠前韵/205

韩子峤侍御同年遗像题词/205

秋感和鹿生大令韵/205

圣迹图洁泉太守索题/206

二十五日花近楼夜宴即送姜生逊华回里/206

子才招同梅南子有尧卿坐花品竹均壬申同年生以诗属和是年为余入泮之年老态可想赋酬一粲/206

和子才韵/207

闰秋客感适接荟亭大令佳作依韵寄怀/207

目录

志韶太史重游泮水以诗督和爱用东坡泮宫初采鲁侯芹句成辘轳体诗五首录正/208

一山太史本岁重游泮水书来不拟赋诗征题作此调之/209

杨梅南属题吴小仙流民图图仿唐六如本/210

再题梅南所藏彭雪芹梅花画轴/210

半淞垂钓第二图题句/210

中秋夜宴即席简渭英子怡秋帆并寄怀荟亭高邮/211

天津严范孙侍郎书扇遗墨赵藏斋为弟慕尧乞题/211

以半淞垂钓两图印本寄南屏太史并附长歌奉怀/212

九月初三日子才招饮赋简/212

重阳前二日子有招饮赋简/212

重阳日大中华旅社七层楼登高公宴即席赋简坐上诸君子/213

和韵答云麓/214

和韵答鹿生/214

南屏寄到九日见怀诗依韵奉酬/214

望日南楼失慎幸免焚如子才以诗慰问赋酬一首/215

廿日子才招集寓斋作展重阳会即席赋简/215

廿三日味莲寓斋赏菊/215

程母崔太夫人挽词/216

子才一再和赏菊诗适买得秋色数种兼诵佳什足供欣赏仍叠前韵/216

江楼感事/216

寿荟亭七十有一初度十月廿四日生/217

十月九日秋帆招饮大中华七楼作展重阳会即席赋谢并示坐中诸友/217

和韵答一山/217

明杨忠烈公遗札姚虞琴属题/218

李达孚乞题黄山图同治初画家胡珊所绘/218

徐璧君夫人绘寄半淞垂钓第三图小诗奉谢/218

寿沈鲁青太守十月二十三日生，年八十一岁/219

长至书怀/219

长至后一日五孙南春新举一子于是老夫再抱曾孙矣喜赋/219

祝刘镜清观察双寿十月初九日生/220

十一月十日口号/220

十一月十五日子有寓斋雅集带月夜归因忆此夕为月当头得辘轳体诗五首/221

十六日虞琴招饮即席赋简集杜句/221

即夕大雪喜赋用东坡韵/222

仲冬廿九日纹女五十冥寿佛寺讽经感赋/222

嘉平二日第二曾孙行烈弥月汤饼宴宾喜赋叠前韵/223

岁暮怀人绝句/223

前寄一山诗有半淞重著钓人衣句一山谓诗中有画爰嘱江万平汤定之绘半淞垂钓第一第二两图杨荟亭桂南屏均有诗爰次其韵/227

前诗吟就意有未尽适一山寄到徐璧君女士所绘第三图再叠前韵/228

元作/228

和作/229

吴县曹崧乔世讲手写华严经张南坪乞题/231

寿袁伯夔世讲六十二月十四日生/231

食腊八粥有感示子有/231

子有提学馈酱油肉松皆闽中佳味赋谢/232

荟亭大令为德配施石生夫人五十生日乞诗奉祝二首十二月初五
日生/232

接子有和章再叠前韵/232

少石大兄殁已十稔萧寺讽经感赋/233

江楼音尊式宴为伯夔预祝得五截句/233

雨夜时代歌场遇许秋帆赋赠/234

十七日立春渭英寓斋小集得句奉简/234

越日伯夔招饮赋赠/234

东坡生日长歌志感/235

以酱鸭南腿赠子有媵之以诗/235

许翕斋先生七秩正庆/236

和一山移居诗/236

伯夔世讲和章有窗烛重翦山厨蕨肥之句是何好客之殷也仍叠
前韵用坚后约兼示秋帆渭英子怡诸君/237

伯夔又招集寓斋小饮赋谢三叠前韵/237

岁不尽五日子怡观察假坐花近楼宴饮赋谢四叠前韵/237

林谦宣世讲六十正庆诗以祝之/238

除夕五叠前韵/238

把芬庐存稿续编　己卯

题词/241

元日书怀/243

元日寄怀南屏荟亭即用荟亭前寄诗韵/243

元日接一山诗函长篇以短句报之叠前韵/243

志韶太史元日赋诗见怀依韵和酬/244

榴生以诗贺岁依韵奉酬/244

元日荟亭以诗见怀依韵奉酬/245

初五日得之观察七十晋一揆辰承以寿筵见惠即约耆年会友人共饮纪之以诗/245

荟亭复以元日书怀诗索和却寄/245

人日移尊得之寓斋补祝寿釐即席赋赠并示同社诸友/246

同日接读南屏元日书怀诗却寄即和其韵/246

十三日祝圣礼成恭纪/246

陈一甫七十正庆作此祝之/247

黄子健夫人玉照题词/247

燕九节花近楼春宴宾主计十一人杨小荔同年喻志韶太史沈鲁青太守与余年皆八十以上席间共摄一影纪之以诗并示坐中诸君子/247

燕九后十日作/248

燕九春宴迟拔可大令未至爰赠此图附之以诗/248

花朝日以燕九春宴图寄南屏太史九龙得句题于图左/248

题金西崖二十八岁画像壬戌年作/249

天津李子香封翁墓志哲嗣颂臣都护属题/249

花朝感事/249

寒食接荟亭寄赠半淞垂钓第三图长句走笔答之/249

清明书怀/250

挽潘洁泉太守/250

目录

清明后二日游兆丰花园感赋长句/250

题吴养臣观察玉泉山寻梦图/251

和子怡春日游兆丰花园诗韵/251

上巳日花近楼禊饮与杨草仙百一翁吴养臣观察合摄一影题为三老图附以长句并示坐中诸君子/252

重三禊饮伯夔以诗纪事依韵酬之/252

天台褚九云广文八十寿志韶太史代乞诗/253

上巳修禊与杨叟草仙吴叟养臣合摄三老图得年二百六十六岁子有提学引道光庚寅正月阮云台太傅任滇督时年六十七于署内宜园约刘叟庭植百零四岁王叟崧榜七十九岁宴集得年二百五十岁相较计赢十六岁赋诗纪盛有尚输一十六年春句作此酬之/253

上巳后四日榕卿约集寓斋赏牡丹即席赋简/254

得许情荃书作此奉怀即以代柬/254

丙子秋余游旧京获晤福开森君于文华殿陈列所忆戊申秋君来武昌官署请谒忽忽卅年矣今春沪上大新第四楼特开书画展览会君曾在会所见余维时士女云集履舄交错不克握手道故嘱李拔可大令代致情款感君雅意怅触老怀诗以纪之/254

上巳后八日花近楼宴集赏藤花子有即席赋诗余亦依韵继作录示坐上诸君子/255

和韵寄酬荟亭并怀香海旧游/255

以花近楼三老图寄赠南屏太史并题诗于左端/255

一山寄展禊诗依韵酬之/256

丙午从戎纪念会席上赋赠孙筹成同事并示坐中同事凡九人/256

初夏遣兴/256

荟亭令嫒遵康女士于归大喜赋此赠之/257

荟亭又寄怀女遵庆诗赋此慰之即和其韵/258

渭英赠芍药是旧京中央公园移植嘉种赋谢/258

生朝将届聘三榕卿先期四月九日招饮赋谢/259

十八日渭英子怡招饮/259

十九日子有伯夔招饮/259

廿日味莲镜清招饮/259

廿三日鹿生午岑招饮/260

廿五日拔可崑三招饮/260

廿七日斗文约午饮/260

廿八日秋帆子才招饮/261

虞琴病起以诗索和即步其韵/261

奉贤朱遯叟家驹己卯重宴鹿鸣以诗索和依韵赋酬/261

阆孙筹成戊寅游苏十日记率赋/262

荟亭远道以诗为寿依韵答谢/263

遣怀/263

题叶诵清隶品四种集句/264

再题诵先沧浪亭题咏册子/264

生日述怀/264

五月四日赠张啸林/265

杨文敬公丙戌会试卷哲嗣琯山世讲乞题/266

端午即事/266

题孙筹成松下独立图/267

端午后二日晦之履安招饮晦之并出家乐款客赋谢/267

任孝庭进士本年重赋鹿鸣蒙赏御书行为士范扁额以诗驰贺怅

触汴闱放榜时也/268

十三日尧卿小堂招饮赋谢/268

大端阳日仲奇招饮赋谢/268

阅崔云潜世兄陈励英女士潜励集喜赋/269

十八日虞琴剑丞移樽招饮赋谢/269

二十日耆卿招饮赋谢/269

琴初参议以辞官感遇诗属和寄酬二首即步其韵/270

小荔同年寄示六逸引年图诗依韵酬之/270

二十五日仲良招饮/270

味莲寓斋铁树开花此奇瑞也作此张之/270

天贶节日子怡假座宴客酒半忽忆是日为亡友李伯行侍郎生日越日为余尧衢京卿生日昔年置酒称觥忽忽若梦感赋长句录示坐中诸君子/271

和答琴初楼望思归二首即步其韵/272

六月十一日伯夔寓斋雅集即席赋简/272

越日和章适至奉酬一律并申近局之约/273

接凌惕安贵阳书却寄/273

新秋有怀叠前韵/273

读云麓悼亡诗仆本恨人亦难自遣勉赋奉慰/273

秋夜怀南屏太史/274

丙辰六十初度梁节庵嘱汪洛年为绘松寿堂诗话图并约逸社诸老赋诗为寿旧图重检感慨系之爰赋此诗/274

荷花生日味莲寓斋赏荷即席赋简并示坐中诸老/275

耕亭先生遗墨子怡观察乞题/275

落花诗由伯夔首唱子有继之余未能和也顷读琴初和章怅触余

怀率赋奉答/275

秋夜杂咏/276

题许情荃双池避地图/277

潘澄波赠昙花赋谢/277

郎静山世兄招饮新雅酒楼即席有怀先德锦堂军门特赋长句赠之/278

岑母张太夫人机灯课子图有常世讲乞题即以为寿/279

寄怀一山天津兼述鄙状得诗二首/279

荟亭以诗寄怀依韵奉酬/280

七月望后五日澄波招饮寓园赋谢/280

吴湖帆先室潘静淑夫人绿遍池塘草图题词/281

荟亭书来备述近状并以奉怀周石臣桂南屏金子才诗寄阅惜石臣已于客岁捐馆矣感赋一律/281

接一山书详述天津水患感赋/281

朱聘三太史七十双寿诗以遥祝/282

寿朱斗文观察/282

八月十四日渭英赠昙花感赋/282

中秋日鬗云四十初度赋此赠之/283

读琴初感事诗率和仍叠前韵/283

题荟亭七十二岁小照/283

惕安远寄和诗叠韵奉酬/284

接惕安书知前诗为覃生世兄推许殊愧三四叠韵奉怀即寄贵阳/284

排字韵诗已四叠韵忽忆南屏九龙仍四叠韵寄之/284

惕生寄到中秋无月诗奉酬二律即步其韵/285

目录

慈护世讲以两世先德司勋公司空公遗墨属题敬赋/286

慈护复以近两世先德遗墨属题感赋二截/286

敬题小湖太年伯双桂读书图/286

九月初三日花近楼雅集率赋/287

初六夜有怀叠前韵/287

重九日大中华七楼公谯抚时感事率赋长句录示坐上诸君子/287

子怡以九日登高长古见示即用元作首句为起句奉酬一首并简是日坐中诸友/288

望日秋帆招饮大中华七楼作展重阳会得句奉谢仍叠前韵/288

伯夔和诗凡三易稿何其慎也并筮期招饮先此志谢/289

越日伯夔高斋小集叠前韵/289

挽庄得之观察/289

秋不尽三日率家人游法国公园感赋/290

题瞿季刚诗礼永怀图/291

接惕安贵阳书知与黄君伯厚桂君伯铸山居夜话皆故人之子也盼余早作归计雅意足佩奉酬一律临楮神往/291

沅叔提学以六十八岁初度述怀诗寄和依韵酬之/291

寿崐山世讲五十十月初十日生/292

闻一山末疾已愈作此奉慰/292

荟亭以七二诗寄和奉酬一首/292

十月十有三日味莲寓斋赏菊赋赠用客岁赏菊韵/293

节高屡寄诗篇勉赋一律/293

过镜清新居/293

筹成伉俪招饮不赴/294

望后二日福儿五十生日书此示之/294

一山天津书来以志韶编修前阅遏云女士集载润琴修撰诗神为之往今秋于海上翰怡内卿席上获见遏云书来致幸一山赋诗索和余以遏云曾为花近楼中客爱依韵奉酬并示志韶润琴/295

意有未尽复成一律/295

旧藏先大夫石刻二方一镌一官妨尽百年身一镌家在双峰文笔间均旧作名句也今值福儿五十初度特授之保存以期世守并以诗勖之/295

东园老人以诗寄怀不通音问已三年矣依韵酬之/296

寿沈鲁青太守十月二十三日生/296

沅叔提学以诗寄怀依韵寄酬/297

云麓太史书来附寄近作孟子绎思旧录二种并寿房师怀西编修诗函内兼述辞谢友人征题艳体诗事是何说理之精用情之挚而措辞之婉也喜赋二律/297

题廉建中惠毓明双栖图/298

明刘廷美佥宪山水画卷弃尘主人属题/298

覃生世兄用余九日诗韵赋句寄怀依韵和答/298

感事叠前韵仍寄覃生/299

荟亭书来瓦仓不靖势难久居以诗志慨作此答之/299

荟亭复寄入梦诗仍依韵赋酬/300

履安太守寓斋雅集喜晤郑冰如于素莲两女伶即席赋赠/300

一山书来于遏云歌舞事累牍不休诗以调之/300

赠友人仍用前韵/301

伯夔以哲弟仲颐所藏王石谷绘狮子林图索题率赋三绝句/301

徐积馀随庵学佛图题词/301

目录

南汇周浦南荫堂姚氏丛刊题词/302

惕安远寄和九日诗叠韵寄答并示覃生/302

长至感赋/303

至后一日鲁青太守招饮赋简/303

月当头歌示林子有/303

十一月二十二日花近楼即事/304

越夕聆遏云女士演白蛇传合水斗断桥合钵祭塔四出名剧于数小时中演毕何其音之美而力之猛也得六截句遥寄一山太史天津/304

言仲远诗集题词用集中赠莲舫诗韵/305

仲冬望后一日子才以壬申周甲纪盛诗卷乞题爰用旧作诗韵得句题于卷尾计阅时又八年矣/305

书怀/306

东园寄冬柳词遥和四截句/306

荟亭寄到冬日即事六律余亦继作录正/307

汪允中徽州书来并赠曹溪红豆奉酬二律/308

题倪远甫双修三影图/308

黄石屏世兄预定腊八日雅集作裙屐盛会临期爽约即日另约数友荒斋小叙食腊八粥排遣嘉辰兼怀旧宴率赋/308

寄怀胡琴初长春/309

寒夜沪光影戏院观演明季葛嫩娘故事有感/309

腊月十二日约秋帆渭英味莲花近楼赏雪喜赋/311

越二日把芬庐张宴即席赋呈坐上诸友/311

和韵答荟亭高邮/312

挽伯夔部郎/312

岁暮感逝/312

鹿生大令失足一蹶以诗慰问是日适假坐敞斋宴客也/315

祀灶日感赋用东园寄怀韵/315

廿四日又得大雪诘朝起视江天一色洵大观也喜赋/316

大雪后简津门诸友/316

秋间郎静山世讲招饮出示客岁在蜀手映成都灌口伏龙观离堆全图
    是余乙酉春随侍丁文诚公查勘水利处披图兴感曾赋长歌静山顷
    又入蜀如过观中烦语旧日僧寮俾知数千里外尚有颓然一老追溯
    五十年前旧梦他日河山无恙飞鞚重来又添一重佳话也/317

送静山世讲入蜀/318

寄怀南屏九龙/318

题袁树珊命谱/318

寿龚怀西太史七十/318

镜清斋中小集/319

寿吴养臣/319

补作东坡生日诗/319

寒夜即事/320

题吴子通大令思范录/320

二十八日立春阖家食春饼喜赋/321

除夕书怀/321

把芬庐存稿三编　　庚辰

自序/325

庚辰元旦口号/327

疑年录载昔贤张俭管宁均八十四岁余名德不及古人但以年论亦符其数感赋/327

鹿生以元日诗索和依韵酬之/327

和答云麓元日即事/328

和南屏立春见寄之作/328

和子才除夕寄答东园之作/328

初五日有悼庄得之是日为其诞辰/329

人日有怀林子有/329

人日接一山新正二日诗函率赋奉酬即步其韵/329

南屏元日书怀诗有姊妹花开朵朵匀句注云姊年八十妹年七十殊可羡也然又增余感矣率赋寄正/330

谢吕著青赠茅台酒/330

明代忠节名贤遗墨程学川太史属题/330

和韵答荟亭/331

子才和余寄南屏兄字韵诗复成一律仍寄九龙并示子才/331

汪孝文世讲聪训草堂图题词/331

题毛纯卿松下独立图五十画像/332

十三日祝釐礼成恭纪/332

无锡杨氏百岁寿母龚太恭人家传题词/332

燕九节晦之招饮寓庐感赋长句录正/333

二十四日花近楼宴集即席赋呈坐上诸君子/333

一山和祝釐诗并询近状略谓师门祝嘏廿年举行今岁列班旧人几个云云感君雅意触我郁怀得句奉酬仍叠前韵/334

豫泉提学己卯乡试题名录题词/334

题许纯卿剑鸣庐校碑图/334

题刘公鲁世兄我相图/335

读一山叠韵诗情韵俱胜仍叠韵寄酬/335

挽吴东园/335

二月初六日元配周淑卿夫人忌日感赋/335

祝渭英大令七十双寿二月初十日/336

预祝江子诚姻世兄六十正寿三月十一日生/336

阅惕安游滇草感赋/336

伯厚远寄见怀叠韵诗奉酬一首即寄贵阳/337

春夜有怀一山天津三叠前韵/337

以近作二册寄惕安为邮筒所阻作此志感/338

二月二十二日接诵聘三太史和余客岁九月见寄诗何其迟也注云行年七十诗不满百首又何慎也率赋奉酬/338

以荟亭十叠韵落花诗示子有诗中有半淞园外有神仙之句意在寄怀鄙人庸知如此时局神仙何可为也勉赋二律藉酬雅意并简子有/338

清明感怀/339

同日玉霜簃主来谒出所藏十八岁生日书画册乞题/339

题砚秋玉霜簃画卷/340

清明后二日携眷游法公园感赋/340

上巳日子有招同渭英子怡寓斋小集率赋/341

云麓寄示上巳日房师怀西太史公宴同门修禊诗读之增感叠前韵/341

巳后三日简约玉霜花近楼禊饮即席赋赠/342

巳后五日子怡假坐敝斋宴集三叠前韵/342

游兆丰花园感赋/342

检亭秋主人遗箧有感/343

聘三招饮寓园看花即席赋赠/343

荟亭至自高邮喜赠/343

望后一日携福儿径诣榕卿园寓看牡丹主人一笑出迎导游遍赏归后以诗纪事/344

花近楼晚坐用荟亭移家诗韵/344

题张伯驹闺人临渔山雪山图/345

春尽日即事/345

书愤/345

生朝将届预谢朋招匪特卫生兼惜物力小诗奉简同社诸君子/346

立夏日阖家试秤喜赋/346

立夏后二日啸林居士赠本山茶赋谢/346

潘祥生绸庄周甲纪念陆蔼堂代乞题词/347

前约甫申渭英子怡宠招小集势难固却叠前韵时四月五日/347

浴佛日子有招饮以诗代简三叠前韵/347

昨夕榕卿简约观剧不赴却寄/348

初十日虞琴尧卿招饮四叠前韵/348

十四夜花近楼看月有怀南屏九龙/348

望日聘三秋帆召集大中华七楼五叠前韵/348

十七日耆卿招饮六叠前韵/349

十九日榕卿招饮七叠前韵/349

二十日斗文招饮八叠前韵/349

二十三日晦之招饮九叠前韵/350

即事寄杨秋心苏州/350

二十四日镜清凤林招饮十叠前韵/350

二十五日小堂帅南招饮十一叠前韵/351

接季宣杭州函并惠龙井茶赋此志谢即以寄怀/351

二十七日鹿生子才招饮十二叠前韵/351

同日荟亭过访余适内急未克延接越时晤于子才寓中畅谈而别
　　却寄/352

和答荟亭客沪书怀即步其韵/352

二十八日崑三成五拔可汉辅招饮十三叠前韵赋谢/352

二十九日卓群招饮十四叠前韵赋谢/353

佩瑜以诗为寿侬韵奉酬/353

一山以诗为寿情溢于词率赋一律酬之/353

题严仲琳太守先德绍光廉访遗墨/354

生日书怀溯洄前韵录示坐上诸友/354

俞彦文以诗为寿用余丁丑春西湖楼外楼即事诗韵仍叠韵酬
　　之/355

南屏远寄小照赋谢/355

南屏寄赠家藏亭林徵君遗像东塾先生敬题洵可宝也率成短句
　　志仰/356

和豫泉提学八二生日书怀即用其韵/356

十三日鲁青招饮十五叠前韵/357

望日仲奇招饮十六叠前韵/357

销夏书怀和鹿生韵/357

为荟亭乔梓书扇却寄/358

十九日镜芙菊初凌云仲良招饮十七叠前韵/358

花近楼宴客十八叠前韵/359

豫泉提学冒雨过访赋赠/359

目录

云麓前和诗粽字失律一山函示旋即改正作此嘉之/359

豫泉和诗以字重复一再改正何其慎也仍叠韵志佩/360

以鸣原十集把芬庐丛稿就正豫泉承赋诗奖饰依韵酬之/360

一山前寄和文信国庚辰五月初二生日诗云麓和之余亦继作却寄/361

客岁伯夔寓中获见曾文正胡文忠左文襄李文忠四公图像曾拟借重影以光斋壁伯夔慨允未几伯夔物故此约未践然目中无像心中有诗率成四章用志景仰/361

厂桥一首三叠前韵/364

忆昔四叠前韵/364

自述五叠前韵/365

赠豫泉六叠前韵/365

赠姚云江隐士/365

和答一山叠前韵/366

夏夜即事七叠前韵/366

无题八叠前韵/366

变法九叠前韵/367

庭际兰花盛开作此张之十叠前韵/367

忆昔十一叠前韵/367

尚友十二叠前韵/368

咏史十三叠前韵/368

忆旧游十四叠前韵/368

感事十五叠前韵/369

自述十六叠前韵/369

螺矶怀古十七叠前韵/369

销夏十八叠前韵/370

十八叠和韵诗竣戏简豫泉/370

子才太守哲嗣仲乘世讲吉礼告成诗以志贺/370

淇泉太史以病起补和余自寿诗见示奉酬一首/371

郎锦堂军门松间危坐图哲嗣静山乞题/371

六月二十一日花近楼雅集是日为欧阳文忠公生日即席赋诗志仰/371

荷花生日有作/372

缪镛楼师友扎记题词/372

郑康成司农生日江楼雅集感赋/372

乞巧日荒斋小集为子怡预祝即席赋简/373

南屏以七六生日自寿诗寄示奉酬一律即步其韵/373

秋夜有怀南屏叠前韵/373

感事三叠前韵/373

挽杨子勤太守/374

七月初十日夜昙花盛开诗以张之/374

中元即事/374

秋夜即事四叠前韵/375

晒书叹/376

荟亭以秋怀诗乞和依韵酬之/376

中兴一首叠朋字韵/377

一山寄示津门诸友和余自寿诗仍依韵赋谢/377

南屏以诗寄怀依韵奉酬/377

说友叠前韵/378

秋怀三叠前韵/378

简荟亭四叠前韵/379

七月二十九日潘澄波招饮寓园即席赋赠用主人前和昙花诗韵并简子才/379

越日有作叠前韵/380

八月初吉送曾孙行义入塾启蒙喜赋/380

闻荟亭旧疾新愈作此奉慰/381

秋兴叠前韵/381

读史三叠前韵/381

感事四叠前韵/382

跃马五叠前韵/382

献佛六叠前韵/382

遣兴七叠前韵/382

自叹八叠前韵/383

植品九叠前韵/383

闻乐十叠前韵/383

十叠诗成赋柬荟亭大令/384

顾母丁太夫人山水图卷哲嗣允中乞题/384

中秋前一日潘志铨世讲招饮园寓即席赋谢并简尊甫澄波有道叠前韵/384

南屏以中秋感怀诗寄示依韵酬之/385

杨荫北翰西兄弟以家藏李文忠公前平捻时函嘱文案处先德艺方蹉使预制报捷小红旌遗墨影片寄题因忆庚子辛丑间余以京尹兼留守襄办文忠款议贤良寺里与蹉使时共谈谦追维往事爰赋此诗归之/385

中秋后七日花近楼张筵宴客即席赋诗仍叠前韵/386

八月二十一日夜雨盆昙又发三花喜赋/386

十八日追悼亭秋夫人是日为忌日/386

寄粤中圆嵩道友/387

赠周子俊世兄/387

斗文世兄招饮赋谢/387

视沈季宣疾已大愈矣喜赋/387

朱用和世兄至自贵阳承馈乡物感赋/388

怀佩瑜天津/388

挽俞志韶太史年八十四，八月二十六日殁/388

云麓太史过访余缘腹疾失迓报之以诗/389

把芬庐吟稿二编刊成自题/389

纪事有怀李文忠公/390

九月朔日子怡假座花近楼雅集连宵风雨客途艰阻越日子有以诗纪事依韵答之/390

重阳前三日味莲灵帏公奠感赋叠前韵/390

陈涵度去岁于冷市买得余失去旧藏一山太史酬唱诗笺装池锦饰专函奉璧雅意可佩赋此志谢/391

重阳日大中华七楼公宴感赋/391

重阳后一日子怡招同渭英子有假坐小集赋简/392

即事叠前韵/392

情荃远赠画扇赋谢/392

挽凌光庭封翁/393

重阳后三日金滋轩世兄至自长春详述兴京近况越日子有寓斋雅集惓怀故国饱饫宾筵感时抚事爰赋此诗三叠前韵/393

和酬荟亭九日书怀/393

和豫泉九日书怀/394

和酬南屏九日书怀/394

云麓以和房师怀西太史九日诗见示追维甲辰汴闱旧事依韵答之/394

望日耆卿仲奇招饮赋谢/395

怀西太史寄示重阳与云麓联句因忆昔年九月庄得之观察江楼宴集余与太史均坐上客曾几何时观察已羽化矣感赋/395

子有以邻巷五日戒严起居不便事后赋诗遣怀依韵奉酬/395

感事叠前韵/396

论事三叠前韵/396

子鼎大令远寄诗篇奉酬一律即以代柬/396

十月初三日约友人荒斋小集诗以纪事/397

读史四叠前韵/397

子有以巷居不靖假座敝斋谳客即席赋简/397

花近楼遣兴叠前韵/397

白门感事三叠前韵/398

望日花近楼雅集余以病目不及款客命昌豫代作主人诗以志歉四叠前韵/398

南屏太史以咏梅辘轳体诗五律见寄和如其数/398

寿一山太史十一月初六日/399

寿鲁青太守/400

豫泉以诗见怀依韵寄答/400

纪梦二首叠寄怀佩瑜韵/401

立冬日榕卿寓园赏菊即席赋赠/401

以把芬庐续编寄赠小荔同年承赋诗志谢依韵奉酬/401

冬夜有作/402

挽杨荟亭大令/402

诵先以纸索书适以病目勉强应命诗来志谢益增汗惭赋酬一律/402

接杭州友人论事书赋此调之五叠前韵/403

查夏重先生槐阴抱膝图陆蔼堂大令属题/403

海盐陈文勤公纪恩诗卷题词/404

寒夜即事/404

花近楼书怀叠前韵/404

虞琴再赋悼亡诗读之生感爰成三忆仍叠前韵/405

寒夜书怀和虞琴六叠前韵/405

读史/406

与友人夜话/406

十五夜作/406

忆西湖叠前韵/407

冬夜有怀叠前韵/407

冕之仁仲太史赋谢前赠把芬庐续编并于厂肆获见吴渔山三巴诗集为昔客澳门三巴岛时所作谓与余在香港九龙把芬道结庐题集命意先后同符过承奖饰仍赋诗酬之三叠前韵/407

子有提学和诗有平生宦迹欠夔巴句宁知为余五十年前旧游地也四叠前韵/408

声远世讲属题画卷/408

望雪篇/408

寒夜书怀叠前韵/409

怀西太史以和靖陶百物感怀诗寄示奉酬二律并示靖陶/409

一山太史以和放翁八十五岁即事诗二律寄示读之增感依韵奉

酬即正/410

云麓太史寄示敬随房师怀西编修影场谒孔诗读之增感奉酬四截用博一粲/410

柯菊初以旧藏咸丰朝显庙北狩热河时高丽国王李昇所呈请安折子见示敬读一过朱墨完好想见先朝盛事感赋此诗/411

与蔓云夜话/411

腊八感事/412

挽俞琢吾观察/412

嘉平十有二日帅南世兄常会召饮余以病躯勉与诸友竹话未能入席即归作此志歉/412

嘉平望后二日口占/413

东坡生日/413

庚辰腊月余以病目六旬未愈特入红十字会医院延周诚浒医师割治幸获安全计腊月廿四入院日起迄辛巳正月廿日出院日止院中养病凡廿五日逐日赋小诗纪事偶然得句未敢构思有愧清言适成白话得诗若干首题曰银海劫余吟草呈枉顾诸亲友察正并以鸣谢/413

把芬庐存稿四编　辛巳

自序/419

辛巳元旦口号/421

医院纪事/421

正月廿一日与友人夜话/428

子有提学寄示元日诗奉酬一律/428

和友人庚辰除夕诗步元韵/429

琴初姻兄客腊寄诗余适入医院治目不能和也新正廿日归来勉拈枯毫依韵奉答即以代柬/429

廿四日即事书怀回忆客腊入医院治目忽忽已弥月矣率赋示儿子昌豫徐姬鬘云/429

遣兴叠前韵/430

正月廿五日补作元宵节家宴计入医院距今已匝月矣/430

新正廿六日补行元日常会公谦即席得句奉简坐上诸友/430

正月廿八日子有帅南招饮即席赋谢/431

一山仁仲元日寄诗贺岁余适在病院休养今已归寓补酬一律/431

二月六日鹿生大令过访赋赠/431

花朝感事和酬鹿生大令/432

花朝日花近楼宾筵雅集即席赋简/432

豫泉提学和余告存诗仍叠前韵/432

重阅伯驹所藏九青图见某君题句感赋一绝书于卷尾/433

二月五日镜清秋帆小堂榕卿招饮赋谢/433

初八日虞琴子怡尧卿福庵招饮赋谢/433

题周彬仿万年少绘麻姑晋酒图/433

花朝后二日伯驹世兄假坐宴客出示所藏陆平原平复帖四座惊叹纪之以诗/434

再题伯驹所藏北宋蔡君谟自书诗册宝墨即以志仰/434

邻院玉兰盛开赋此志羡/434

程容斋大令重游泮水奉酬二绝句/435

子鼎大令岁寒执研图题词即以为寿/435

庄甲安劫余书画录题词/435

二月廿二日渭英子才招饮赋谢/436

上巳日大中华七楼公谦因忆丁丑是日曾偕虞琴渭英买棹山阴修禊忽忽五年不堪回首即席感赋长古录呈坐上诸君子/436

漳浦蔡文恭公澄怀园二十友图卷冒鹤亭属题/436

上巳公谦曾赋长篇纪事子有子才均有和章叠前韵奉酬/437

上巳后一日女孙南馨忌期辞世已三年矣率儿孙辈佛寺讽经赋此志痛/438

赠顾渭川处士/438

上巳后三日花近楼宴集三叠前韵/438

聘三寓斋张宴即席索诗勉赋一律/439

看花归来意有未尽再成一律仍叠前韵/439

上巳赋诗子有子才均有和章清明已过虞琴适有诗来四叠韵奉酬/440

伯驹世兄远示旧京北海画舫斋禊饮诗奉和一律却寄/440

春晚遣兴三叠前韵/441

十九日口号/441

题姬伯陵书序/441

三月廿一日榕卿寓斋宴集赏牡丹即席赋谢四叠前韵/442

扶醉归来意有未尽再赋四截遣兴/442

花农同年旧藏山谷道人行书手卷自题长跋曾乞曲园先生署额并题诗卷端后归霍邱某氏子才出示乞题感赋四绝/443

云麓寄示伐春佳作奉酬二首即步其韵/443

四月朔镜清招饮即席赋柬/444

帅南世兄以旧藏同治元年祭告南岳御制碑文属题敬赋/444

四月八日子有寓斋宴集赋诗/445

四月十三日渭英寓斋雅集赋谢/445

四月十八日斗文卓群召饮即席赋简/445

十九日子怡召饮赋谢/446

四月廿日聘三特开广宴宾从云集即席赋诗纪胜/446

四月廿四日榕卿召饮赋谢/446

越日耆卿司使召饮赋谢/446

四月廿七日福庵尧卿召饮赋谢/447

四月廿九日秋帆司使招饮赋谢/447

祝震岩省长八秩大庆/447

查德尹归舟双树图姚虞琴属题/448

南屏太史寄和修禊长古奉酬一首五叠前韵/448

良夜奉怀耆卿司使/448

探梅邓尉图秉之有道属题/449

瓶斋仁仲为书花近楼横额赋谢/449

廿五日晦之观察约赏芍药特开午宴即席赋谢/449

五月朔日履安蘅裳伯驹三君特开午宴并约北来女伶张淑娴淑兰姊妹侍坐即席赋谢/450

题吴君木香屋图/450

五月三日八十五岁初度偶拈险韵聊慰衰龄有愧芜词还乞正和/450

初度日怆怀亡友尧衢同年/451

端午口号/452

豫泉提学以八十三岁自寿诗征和依韵奉酬即正/452

翰怡姻世兄六秩双寿/453

淇泉太史八秩大庆/453

五月九日晦之寓斋观剧喜赋奉简履安伯驹两君/453

五月八日鲁青太守拔可大令召饮赋诗/454

五月十二日帅南寓斋雅集即席赋诗/455

五月望日仲奇招饮赋诗/455

五月廿三日仲良凌云招饮赋谢/455

五月廿九日虞琴召饮赋谢/455

六月二日子有招饮新居赋此赠之/456

芜笺甫寄云和纷投马工枚速兼擅胜长溯洄前韵鸣谢即乞吟正/456

子有世兄提学移居余既赋诗驰贺承示感怀元作仍依韵奉酬/457

前诗甫成意有未尽再叠前韵/457

小荔同年九十大庆预赋九言诗奉祝得十句取十全之意也/458

古梅居伴读图题词罗淦清、史久英/458

豫泉太史追忆辛亥八月武昌事变赋诗言志依韵奉酬即正/458

筹成大雅寄赠碧螺春茶赋谢/459

八五初度莲友大令偕女弟子汪式如蘋洲两女士各以画扇并赋诗致祝仍叠韵酬谢/459

袁母金太夫人六秩大庆/460

六月十八夜案头昙花大开阖家欣赏诗以纪盛/460

廿二日纹女忌辰感赋/461

八月十九日欣逢子有世兄提学七十正庆先期赋诗征和依韵奉酬/461

廿六夜昙花又开五朵芳姿绰约洵可赏也喜赋/462

一山仁仲昨寄到和余自寿诗奉酬一律却寄并示云麓/462

新秋即事和酬一山左丞天津/462

夏夜怀人四首/463

闰六月十四夜昙花复开未弥月已三次放矣率赋/464

挽许情荃/464

挽爱泽民大令同年/464

无题四首/465

销夏杂咏叠前韵示子有/465

闰六月廿五日阖家大中华酒楼夜饮喜赋/466

赠罗浮酥醪观圆镜道士/466

连朝雷雨沟浍皆盈感赋/467

题熊述陶世讲生圹图记/467

一山太史写示酬心畬王孙寄赠凌霄菜诗并心畬元寄诗却寄/467

陆放翁像砚拓本裔孙蔼堂乞题/468

与友人夜话志感/468

七月十一日盆昙又开四朵喜赋/469

沈冠生世讲观心堂悼亡图题词/469

一山寄示丁沽乡景诗即步其韵/469

豫泉太史寄示近作四章即事怀人情见乎词奉酬一律/470

七夕有感/470

七月廿五夜昙花又开二朵此为第五次矣仍以诗张之/471

与渭英子有雅集偶阅报载辛亥冬间天津旧事枨触余怀感赋四截/471

南屏太守以七七初度自寿诗寄示依韵奉酬/472

廿二日友人招饮不赴/472

越日澄波招饮病未能赴诗以志歉/472

题清明上河图卷并序/473

题庄甲安所藏时贤后十家画册/473

八月二日携孙辈游法国公园旋诣酒家小饮/474

八月初七夜盆昙又放甫两月已六度开花矣喜赋/474

题庄甲安时贤十八学士书册/475

缦云先生独秀峰题壁诗廿八首纪粤匪之乱也文孙由廑世讲属题/475

魏忠节公绝命书虞琴属题/475

八月十八日亭秋夫人忌期感赋/476

秋夜书怀/476

寿子才太守七十寿/476

喜胡幼渔盐使过访赋赠/477

喜玉霜至沪有怀畹华香港/477

中秋前五日花近楼谶集赋赠玉霜/477

题玉霜芙蓉并蒂图/478

题辛亥午桥尚书与某君书札感赋/478

寄徐来青松樵兄弟/479

九月三日耆卿招饮赋谢/479

云麓斋中黄杨开花喜赋/479

声隐世兄金婚纪念祝词/480

大华医院视鲁青疾/480

宣武世讲五十正庆诗以预祝十二月生/480

重九日大中华七楼登高感赋/480

怀西太史归自旧京时届重阳以诗见寄/481

前诗意有未尽仍和元韵奉酬/481

述怀/481

重九后一日接鹿生见怀之作依韵和答/482

和答豫泉九日登高诗/482

南屏寄和重九登高诗怅触旧游叠韵奉怀/482

锡之先生贼中寻弟记文孙长农乞题/483

十月五日耆卿假坐招陪小荔同年年已九十矣即席赋诗并简小荔/483

越三日简约子有卓群福庵荒斋小集却寄/483

忆黔二首叠前韵/484

接天津一山书知南来有日诗以迓之/484

寿傅沅叔七十/485

江霞庵太史由香港寄到和余八五自寿诗八首在远不遗良深感慰率赋二律报之/485

寿小荔同年九十仍赋九言体诗/486

冬夜花近楼小集赋简子怡/486

琴初函索桐野诗集并寄佳什依韵寄酬/486

朱桂莘远寄傅青馀廉访澹勤室集杨剑潭学博芋香馆集皆乡贤也赋谢叠前韵并寄琴初/487

翼孙大令远和昙花六出诗赋谢/487

题孙筹成优俪秋晴宜乐图/487

花近楼感事六首/488

十月廿三日鲁青太守八四初度余适抱采薪未及驰贺阅旬以诗补祝想尊恙已康复矣即正/489

怀一山左丞津门/489

寿姚母陆太夫人周甲/489

长至后二日得雪喜赋/490

木兰秋狝图题诗有序/490

即事一首/491

感事和琴初韵/492

以把芬庐诗集三编赠朱遯叟承以函谢感赋/492

闻香港近事有怀南屏九龙/492

旧历十一月望即新历元月朔又月当头夕也友人假坐雅集赋简/493

和答叶诵先即步其韵/493

读榴生诗感事怀人情见乎词依韵酬之/493

思治一首示昌豫/494

一山以诗见怀依韵奉酬/494

和答芷升天津/495

即事/495

读史叠前韵/495

嘉平五日云麓函来谓腊三日房师怀西太史简书为寿子肃随侍越日适为师华诞以诗纪事奉酬一律并简怀老/496

寿尧卿大令七十/496

腊八日食案无粥志感/496

前诗甫就因忆昔年饭僧故事复得四律聊以解嘲不缘枵腹败兴也/497

梦华同年曾孙汝旆世讲来谒曾在沪东吴大学肄业即送其年假归里/498

以把芬庐三编寄赠鹤亭乃承赋诗致谢依韵酬之/498

叠韵寄一山/498

十九日立春得诗五首不自知作何语也/499

谢澄波馈岁/500

廿二日近市酒楼小酌/500

冬夜即事/500

养臣以八四纪言见示奉酬二律/501

廿五日第三曾孙行杰周晬喜赋/501

除夕前三日接诵学川太史岁暮见怀诗依韵奉酬/501

感事叠前韵/502

除夕前二日花近楼宴集即席赋诗录呈坐上诸君子/502

除夕有雪/503

自　序

昔人云："凡物聚于所好。"余去官廿余载，客居沪渎，所好惟游。游之所遇，一寄于诗。《花近》八编，《鸣原》十集，半皆游衍之作。丁丑岁秋值沪乱，曾有香海之行，寄庑九龙把芬道。腊尾春头，遇南海桂南屏太史，所居仅隔一牛鸣地，往还最数。抚时感事，酒酣以往，酬唱遂多。戊寅二月，由港旋沪，平日旧姻世好闻余茇止咸来慰问，尊酒之约恒借诗为酬酢，甚而远方门生故吏亦承驰函问讯，诗筒往来尤夥。每借短榻讴吟，聊慰江关萧瑟。积之既久，得诗约三百余首，略加点窜，居然成集，楼居一角，曾题为《把芬庐》，示不忘在莒，兹编即作为《把芬庐初编》，愿以质之海上诸君子。

己卯正月燕九日庸叟自序，时年八十有三。

把芬庐存稿 ◎戊寅

戊寅

戊寅元旦即事

半岛栖迟地自偏，萧疏短发雪盈颠。心驰行殿朝班里，身在他人卧榻前。山展平生当几著，国旗邻海尚高悬。大科久废犹思灏，八十之年又二年。

元日书红示孙辈

招隐崇商皓，行时重夏正。灯花五夜采，爆竹万家声。久客知风俗，蕃生验物情。阳回原有脚，先到九龙城。

南屏寄示元日感怀诗依韵酬之

人惟求旧岁惟新，节候东皇又报春。内院早经崇雅望，他邦今喜接仁邻。幸联韩子云龙契，已是东坡笠屐身。犹忆锦官元日事，曾随节度拜宗臣。乙酉元日余在成都，曾随丁文诚公谒武侯祠。

漫将心力较从前，八秩匆匆过二年。阅世饱经途险易，竭才莫测道高坚。雪鸿宦迹留泥沼，琴鹤归装抵俸钱。敝帚千金还自享，鸣原十集又新编。丁丑诗编为《鸣原》十集待刊。

初四日朱聘三太史来谒赋简

烟景阳春大地回,好风吹送故人来。韶华慨我客中老,讲舍逢君海外开。立雪顿因扬子重,书云早识魏公才。十年一瞥重相见,不话离惊话劫灰。

初五日立春喜福儿由沪至港率赋叠前韵

双桨送孙刚北去,五孙昨日回申。扁舟喜尔适南来。顿忘乱世流离苦,转使衰翁怀抱开。从古时艰需俊杰,却怜汝辈是凡才。添薪且暖屠苏酒,细拨炉边未烬灰。

南屏示立春试笔诗依韵酬之

老笔颓唐怙写春,韶回依旧是陈人。但凭赓和通肝膈,谁复存亡鉴齿唇。图绘鞭牛三辅梦,顺天府立春例进《春牛图》,辛丑余官京兆,曾绘图驰寄行在。醉倾醁蚁四空身。年来湖海豪情减,只剩飘萧白发新。

南屏预示人日诗枨触旧游答如其韵

人日成都我赋诗,草堂韵事费寻思。乙酉人日余在蜀中督幕,曾侍丁文诚公游工部草堂寺有诗。锦江一别浑如梦，香海孤栖又此时。劫火不烧犹剩我，浣花重到讵无期。适接友人约入川近信。少陵祠左千竿竹，料得春来绿满枝。

淮浦张筵忆昔曾，十年作牧例相仍。壬寅督漕，人日于荷芳书院宴集宾僚，后遂援以为例。马枚赋羡兼工速，刘阮才难限斗升。结社夔门怀蹋碛，逸社雅集人日，冯梦华中丞有怀夔门蹋碛诗，余有和章。计偕河口忆观灯。丙戌会试，人日在襄阳老河口灯市看灯，曾赋《人日引》七言古体诗。隔篱近赴邻翁约，醉饮归来夜气蒸。近十年来每逢人日，并荷比邻庄得之观察召饮。

子有寄到除夕即事诗率和即用原韵

大块春回草木苏，河山风景竟全殊。强开笑口歌难续，欲浣愁肠酒已无。岁晚鱼龙皆寂寞，劫余鬓发感萧疏。怀人千里增惆怅，自觉今吾异故吾。

谢子有馈肉松

南下多时忘肉味，双罂远荷故人诒。启封顿觉香盈盖，细嚼还疑味似糜。名松而实泥，闽中珍品也。入馔何须珍海错，含哺权当弄孙饴。客中大可加餐饭，不用无厌索荔支。

南屏又示人日书怀诗仍依韵答之

海涯人日又相逢,甫换新韶感旧惊。幸免北山怨猿鹤,获交东野契云龙。人如凤举空依傍,地隔牛鸣便过从。但使百钱时挂杖,醉乡终老酒盈钟。

客里东风劝举觞,拾遗当日未还乡。三唐以后几诗老,万里而遥一草堂。梅折数枝烦驿使,蓂开七叶绚春阳。岁时作记同荆楚,海志山经纂述详。殊方风俗,无殊内地。

人日喜九侄昌浠至港

客秋赋别剪淞滨,香海重逢涕泪新。破碎河山如此局,乱离身世不成春。沧浪送侄图犹在,汉上题襟迹已陈。人日草堂增故实,异邦欢聚一家人。立春日福儿到此。

南屏寄示宋王台怀古诗依韵答之

片石岿然黛点螺,访碑有客此经过。崖门末日悲投海,留守当年唤渡河。宋室朝廷怜最小,赵家块肉苦无多。一台千古供凭吊,绝似灵光鲁殿峨。

戊寅

倒叠前韵

龙城雉堞郁嵯峨，独对斯台感喟多。衔石那能填碧海，投鞭早报失黄河。一泓天水终成逝，十里春风又此过。遗址犹存邻尺咫，驱车不用绕旋螺。

徐蒨玉夫人以岁暮杂感见示
率赋奉答并简季龙太史

春到寒犹酽，诗成岁已除。如赓小戎什，喜报大雷书。原诗和哲兄孤岛元韵。灯火通明夜，干戈扰攘余。遥知眉案举，浮海乐夷居。

南屏寄示春寒十日诗答如其韵

岁转新韶甫及旬，自惭三舍避词人。玉晨拜罢行春令，五日立春，四日朝玉晨君，载《云笈七签》。人日诗来正吉辰。蓂叶阶前纪成数，豆花篱下宴嘉宾。乡谚：正月十日为豆生日。闭门造句吾宗事，锦字输君慰贴匀。

十三日祝圣礼成恭纪约南屏同作

岁岁春申祝圣釐，东风吹上万年枝。孤臣恋阙虚垂泪，半岛称觥未后时。俯仰新亭愁举目，平居故国寄遐思。玉堂仙吏今犹在，珥笔三天定有词。

南屏太史寄示元夕书怀诗依韵和之

潇潇风雨夜迢迢，良友诗来慰沉寥。才大昆仑开盛宴，交深齐国饮醇醪。二分寒意迟花信，十日春光上柳梢。五日立春。恰喜龙城开不夜，满街灯火闹元宵。元作押通韵，故仍用之。

门钥当年卫上都，银花火树耀康衢。昔延入幕三千客，近绘消寒六九图。由冬至到元夕恰值六九。依斗先期欢祝嘏，十三万寿节。买灯后夜乐忘劬。客途预办听鹂酒，鸟语绵蛮待止隅。

春晴和南屏韵

久盼晴光大地回，岳云今果为韩开。番风祝客递花信，春色娱人宜酒杯。特卷虾须朝爽入，更看鸦背夕阳来。芳游赢得诗盈袖，不似前宵带雨催。

戊寅

春夜和南屏

近市提壶好买春，茶炉烹火候初匀。不图村上素心友，来对灯前白发人。买夜金钱申后约，举头明月认前身。传闻香海笙歌盛，秉烛何嫌往返频。

元夕接章一山太史津沽书却寄

香火因缘忆旧盟，鲤书夜到九龙城。殊方作客催吾老，远道怀人荷子情。华表倍增辽鹤感，津桥不断杜鹃声。张灯元夜昇平事，可奈东南未罢兵。

春吟和南屏

怯同开府斗清新，避世聊为贺季真。何处尚留干净土，与君俱是乱离人。红梅岭上争先发，绿柳堤边半未匀。最是眼前春色好，客途著个苦吟身。

上元后二日携儿孙辈重游宋王台率赋长古即以留别

异乡作客支离叟，除却笠屐别无有。朝来春色满林皋，又见东风遍花柳。巾车昨过九龙城,雉堞嵯峨资世守。溯洄往事八百年,宋王台上吟望久。崖门块肉今安在?尚留片石倚高阜。扪苔剔藓读残碑,剥蚀无从问某某。愁来何处浇胸垒,客中剩有屠苏酒。儿能执御孙扶筇,镜里苍颜忘老朽。与儿辈合摄一影。天水一碧付东流,别意短长台左右。即今无人说赵家,倚装临发重回首。

赠南屏太史叠前韵

九龙城中一老叟,七略三长靡不有。避地惊秋复历冬,濯濯又见春杨柳。注籍群推名翰林,改官共说贤太守。论才视我十倍强,善交逢君廿年久。河山举目感新亭,挂冠归去隐林阜。揭来浮海共居夷,投刺打门先过某。香瓣早为南丰祝,谓陈东塾先生。醇醪如饮公瑾酒。时局蜩螗夫何言,频以佳句酬衰朽。平生惯结山水缘,把袖拍肩列左右。衰翁岂是谪仙人,却对宣城早低首。

将别港海倒叠前韵

青山含笑娱白首,一水潆洄带左右。何人兀坐把芬庐,砍地高歌叹衰朽。感时抚事不为欢,安得中山千日酒。比邻喜多素心人,乐数晨夕某与某。此邦地势界欧亚,楼船表海物力阜。烧烟启衅倏百年,太息先朝割让久。我来避世作流人,小妇雏孙共厮守。东风吹客赋归去,问讯江乡梅共柳。行囊掷尽千黄金,百首新诗袖中有。宋王台上倘题名,八十过二陈庸叟。

戊寅

新春杂咏

满街爆竹似雷鸣，夹岸时闻闹市声。灯影花光红十里，天开不夜九龙城。

天涯犹是转蓬身，梦里朝元夜向晨。礼罢炉香犹未歇，投诗已有打门人。

掩关羁客感离群，茶有余甘酒半醺。惆怅东君迟未至，焚香先礼玉晨君。玉晨君初四生日见《云笈七签》，本月五日立春。

海波浩瀚双鱼少，山色荒寒一鹤飞。行脚竟随春共到，老夫喜极泪频挥。儿子昌豫立春日抵港。

盘登生菜酌新醅，骨肉团圆笑口开。何怪嗣宗诗兴发，阿咸人日赋归来。九侄昌浠人日自汉口乘飞机到此。

祥荚七叶满庭芳，客里题诗忆草堂。同向歌台聆一曲，剧怜蝶影压斜阳。即夕偕观粤剧，蝶影斜阳乃剧名。

收拾羊裘把钓竿，年来惯著客衣单。把芬一夜风兼雨，陡觉炎州特地寒。十一日大风雨，天气陡寒。

朝班回忆旧鸳行，间道麻鞋未办装。花发长春春色早，羽飞遥晋九霞觞。十三日恭祝圣釐。

鳌山烟火梦觚棱，廿载观光记昔曾。夷市今宵成远客，携孙同看上元灯。

闭关仍是太平年，垂白殊方寄一廛。欲选笙歌续良夜，客中未办买灯钱。

旧京日下纪传闻，燕九西郊礼白云。今日香江春酿冽，当垆谁似卓文君。港市酒家均用女招待员，亦颇有佳者。

楼舰纵横海日升，春归心逐浪飞腾。暮年萧瑟庚开府，故国平居杜少陵。即日挈眷回沪。

关山历尽倦轮蹄，已分春宵醉似泥。港市酒家曾识我，百钱容易杖头携。

游泳重经浅水湾，更来赤柱看春山。此间大有勾留意，一日轻车往复还。

文章司命匪雎辰，立雪重来正及春。失却大魁君曷憾，修名原不愧儒珍。朱汝珍太史来谒。

未谷谈诗静夜分，青山对客入斜曛。离情别绪凭谁寄，除却兹峰便是君。

题赵少昂蝉嫣画卷邀南屏同作仍叠前韵

芬庐日课诗一首,笔花飞绕墨池右。独惭绘事我未能,盲想神奇化腐朽。逆旅忽逢赵王孙,论文素不共尊酒。蝉嫣画卷作寒修,乞诗南屏并及某。我诗靡靡奚足道,培塿焉得媲冈阜。君画鸥波有家法,当今此事推衷久。好鸟春喧卓午晴,寒蝉声曳别枝守。大幅泼墨生云烟,余兴随意写花柳。纸价直须贵洛阳,浓淡清奇靡不有。何当一画题一诗,诗成还质南屏叟。

留别徐季龙太史沈葃玉夫人

殊方避地接仁邻,欣见齐眉举案亲。橡烛修书宋学士,簪花选阁管夫人。青山含笑偏愁我,前一日游青山寺。白首言归恰及春。潭水深情贤伉俪。卅年前已识清尘。

即日回沪留别南屏

避君三舍不成军,甫共题襟袂又分。剩有伤春南浦赋,应无腾笑北山文。数行斜字寻泥雪,所乘意舰即客秋原乘赴港者。一幅新图续水云。半剪吴淞风景异,未堪举目感离群。

港海舟中临发有作

骊唱当门未可留,片帆春水送归舟。记曾赤柱湾头住,还向青山寺里游。避世幸容居半岛,转蓬何意到炎州。一生屐缃从头数,处处追寻处处愁。

舟中赠晦之观察叠前韵

客邸香江半载留,今朝归去幸同舟。绿波碧草增离恨,红树青山溯旧游。鼾睡总依人卧榻,陆沉谁复此神州。少陵故国平居感,况复新亭举目愁。

闻西人度曲三叠韵示晦之

西湖春水足勾留,香雪探梅稳载舟。老我感时期后会,与君搔首忆前游。维桑或许恋三宿,聚铁何堪铸六州。遥夜钢琴聆一曲,海天销尽旅人愁。

舟中遣怀四叠前韵

留侯避世愿居留,我似飘摇不系舟。五省疆圻原是梦,两科孝秀许重游。人间无处寻三岛,海外居然有九州。一笑行囊无别物,诗能遣兴酒销愁。

归沪偶作

三秋一别黯销魂,陌上春归幸草存。靖节昔曾怀栗里,少陵今喜返羌村。短篱近接邻分火,浊酒相携客叩门。历尽艰辛吾亦悔,茫茫何处有桃源。

渐舒墙柳长园蔬,半剪淞滨有敝庐。垂老还家欢趣少,频年作客故交疏。梁间燕垒粗安置,壁上蜗涎费扫除。潭水深情忘不得,行囊检点袖中书。

一山以诗见怀依韵奉答

几辈高年近古稀,书来述津门耆旧年在七十以上若而人,并有九十以上者。更钦清节识胡威。近接琴初长春来函。别经南浦牵离绪,瘦似东阳减带围。孤岛暂停游客屐,半淞重著钓人衣。芦笙铜鼓乡关远,梦里还家不当归。成句。

感怀用一山韵

瓶梅非复数枝斜,已届花朝未见花。门外杨时愁立雪,春雪一连三日,是何兆也?云麓适来,同深慨叹。阵前道济苦量沙。晋南战事犹烈。迷途省识今殊昨,近局招邀步代车。异域归来仍作客,登楼王粲倍思家。

残笺剩楮字欹斜,败笔何堪老眼花。细检新诗归邃密,穷搜孤本识麻沙。穿帘月影欺银烛,隔巷雷声响钿车。料得牂牁春水绿,绳床一觉梦还家。

花朝前三日花近楼宴客赋简坐上诸君子

春寒二月雪花粢,雪后放晴春烂漫。宋王台畔客归来,花尽楼头夜开宴。浦江亲友盛洛阳,一片冰心荷深眷。穆如清风胜如云,劫余岂料重相见。酒人谁得似王郎,拔剑高歌酣甫半。近局招邀旧雨集,行厨草草咄嗟办。樽前玳瑁香流涎,塞上胭脂血凝片。厄运无端丁百六,险阻艰难我尝遍。阅世何堪海变桑,纵饮直须昏达旦。只愁警柝肃宵征,醉呵如在灞陵岸。南村同是素心人,一笑还愁绮筵散。回忆香江问酒家,灯火石塘人影乱。商女犹唱后庭花,奈何子野声声唤。半载羁栖半岛留,雪泥鸿爪真耶幻。今宵且叙故情欢,极目万方苦多难。二分春色近花朝,感时花亦红泪溅。月泉吟社倘重开,刻烛更索新诗看。

甫归沪渎简金子才大令如在九龙客寓中也

避地无人伴老夫,到门谈笑有鸿儒。神州惜抱陆沉痛,半岛今为华侈区。百首诗篇酬未谷，在九龙与桂南屏唱和极富。一竿钓艇识长芦。与朱聘三常晤。与君交更忘形迹，兵火余生善保躯。

花朝日秋帆午岑鹿生榕卿招饮

门前三日雪，春色到花朝。芳信传媒使，晴光在柳条。宵深壶漏转，寒甚酒杯消。令节催吾老，翻劳四友招。

二月望后常会第一集子才大令有诗依韵酬之

浦江雪后月华滋，式宴春宵寄远思。书带寒凝新草色，酒筹醉折好花枝。风云战垒漫夷市，香火丛台忆宋祠。九龙宋王台春时香火最盛。雅荷亲朋频问讯，当筵索阅岭南诗。

十八日子有伯夔招饮仍叠前韵

醇酒论交德务滋，劫余相见慰相思。榻前卧雪容三尺，林下看梅发几枝。典学上承朱子训，乡心遥寄贾生祠。良宵佳宴开春酌，刻烛催成七字诗。

越日味莲镜清招饮仍叠前韵

芊绵春草满庭滋,帐触余怀有所思。樽酒共邀今夜月,瓶花犹放隔年枝。相逢严叟神驰濑,此地刘公旧有祠。愿绍宗风延世泽,勉陪清宴赋新诗。

春分日虞琴尧卿万平假坐招饮赋谢

开径喜来三益友,当筵不数五侯鲭。复庄东道称贤主,孺子南州副盛名。更羡江郎花绕笔,自惭海客口谈瀛。子遗尚有朋尊乐,所苦中原未罢兵。

廿三日鲁青拔可招饮赋简

港岛归来箧遁爻,申江春宴集堂坳。东阳美政称贤将,北海高名本素交。瑶席连茵新置酒,精庐对宇旧诛茅。白头自愧陈惊坐,行脚如僧惯打包。

一山太史以诗见怀依韵奉酬即寄天津

万劫虫沙一客归,行囊幸未典春衣。已拼袖手观棋局,幸不量腰减带围。尺素缠绵凭鲤信,秘书珍惜守龙威。白头师弟今犹在,千里相思晤面稀。

破碎河山何处归,廿年前早遂初衣。陶松摇落荒三径,桓柳婆娑剩几围。纵使还家乘款段,那堪在室有伊威。多君耿耿丹心壮,慨我星星白发稀。

章遏云女士集一山太史属题

樊榭当年咏玉台,雪儿亲捧锦笺来。雪艳琴昔来沪度曲,手携樊山信来谒,为彼征诗。而今又作章台赋,太史书云五色开。

盈盈十五艺初成,子弟梨园擅盛名。听到春莺声呖呖,秋娘毕竟是秋声。十年前与新艳秋、雪艳琴齐名。

阳春白雪解人难,秦女吹箫蔡女弹。若使庐陵续新史,定应先写女伶官。

花貌由来称玉肤,华妆催上锦氍毹。八旬广宴宾朋盛,妙舞清歌寿老夫。丙子五月事。

流转江湖一秃翁,生涯权寄管弦中。枯毫勉赋云璈曲,不及樊山选韵工。樊山昔有诗极工。

寄怀徐蒨玉夫人兼示季龙太史

春水桃潭送我情，剪淞回望九龙城。齐眉鸿案仙争羡，比翼鸥波梦亦清。风月为邻同作客，干戈满地未休兵。裁诗读画成追忆，南海扬帆壮此行。

廿八日渭英子怡假坐招饮赋谢

故交劫后几人存，二客停车叩我门。豪气酒尊开北海，素心綦履集南村。帝京昔赋曾联骑，上年与渭英重游故都。祖训亲承喜抱孙。子怡客秋抱孙，顷始知之。花近今宵公宴盛，醉余重认旧襟痕。

上巳书怀简虞琴

高会兰亭喜盍簪，去年此日在山阴。方期丝竹延觞咏，岂料风云变古今。歇浦春归三月暮，鉴湖波照两人心。元龙豪气除难尽，秋禊还思雁宕临。

一山寄怀诗有桃花佳句因忆
往岁龙华看桃花事仍依韵奉酬

塔铃声断日西斜，夹道桃林几著花。古寺金轮惊换劫，战场铁戟感沉沙。乱红尚阻游芳屐，浮白还来载酒车。独客寻春春已暮，清明又届倍思家。

寿张豫泉太史八十

曾和南屏百首诗，酥醪献寿又摅词。孑遗柱下编丛稿，大老磻溪作钓师。周雅重赓鸣鹿什，晋祠留得去人思。九龙羁客归非晚，夏日初长好介釐。

哭蕙若长孙女

黄竹编成哭女诗，乙巳年事。罡风今又折孙枝。龙钟双袖无多泪，茹痛聊为悱恻词。

九龙风月浩无边，半载幽栖得地偏。歇浦归来曾几日，何期送汝及黄泉。
堕地欢腾蝶桂楼，生于武昌节署蝶桂楼下。祖庭二老意绸缪。不希光彩生门户，膝下含饴足解忧。

短发鬖鬖侍讲帷，衰翁亲授二南诗。拈毫妙写簪花格，余技犹工一局棋。

喜结青庐岁在辛，清和四月夏如春。猩红泥印鸳鸯牒，岂料偏逢薄幸人。

石上三生错缔缘，啼妆容易损花钿。艮宫一索怜生女，遗弃而今有孰怜。

生来自恨不为男，祖砚亲承女教谙。读到谷风阴雨什，始知荼苦不曾甘。

汝父年来亦少欢，悬鱜中夜影形单。提携弟妹伊谁责，从此江天雁字寒。

达观一例视彭殇，愁上心头只自伤。筏渡迷津登彼岸，重慈相见话家常。

三十年华亦考终，春鹃秋蟀太匆匆。全家都在兵戈里，羡汝云车返碧空。

周氏园林看海棠有怀南屏九龙

半岛空萦别后思,名园还赋海棠诗。春阴乞借怀前度,劫火不烧又一时。莫道无香吟望久,转因多难到来迟。裁笺寄与龙城叟,料得晴栏发几枝。

挽周石臣观察开封

吟魂入梦往来频,恶耗传闻事果真。汉口夕阳曾送客,梁园旧雨更无人。空怜棠舍留遗爱,苦忆花时赋冶春。卅载相思千里别,泪痕飞越大河滨。

叠韵寄一山天津

燕云何日送君归,惯著征人短后衣。兰禊今犹传韵事,来函上已潘对凫斋中修禊,计三十人。棘闱昔已突重围。本师吴下俞春在,博物山阴胡稚威。两地相思不相见,纵然入梦总依稀。

春晚遣兴有怀荟亭高邮

门巷苔深少过从,饱经忧患养疏慵。偶沿坏壁寻遗镞,适听危楼度远钟。茶罢风生香细细，花间月上影重重。秦邮未报平安火，避地盍来半剪淞。

花近楼夜宴即席赠梅畹华并示姚玉芙

华灯初上酒微醺，促席清谈静夜分。生草池塘犹剩我，先兄少石方伯酷嗜畹华度曲。落花时节又逢君。成句。杭州抛却留残梦，席间犹述及廿年在杭州西湖谈宴事。香岛归来隐片云。海上潮音天上曲，劫余禁得几回闻？

谷雨日戏作六言诗寄怀南屏九龙

两地春逢谷雨，廿番信数花风。扶荔宫中仙吏，梦蕉亭上秃翁。

半岛半年为客，七言七字输君。只为贫于一字，不妨六字成文。

已过清明佳节，复逾上巳良辰。一院花开花落，饯春却又留春。

赓唱居然百首，精力突过千夫。他日刊成合稿，粤游不让查朱。

我已惯居夷市，君犹留滞海涯。年逾七秩八秩，一般客里思家。

花近时来旧雨，严滩曾访客星。君一权严州守。画手无董北苑，拟绘龙城踏月、香海归帆图,难觅画手。诗情寄桂南屏。

云麓闻馨孙女之丧以诗慰问依韵和答

大好糊涂学吕端,遣怀安得酒杯宽。最怜薄命丝难续,犹幸危巢卵尚完。鸠鸟为媒良眷少,关雎罢读废书叹。芳华易歇春将晚,狼藉东风纸帐寒。

春暮叠韵简云麓

底事空空竭两端,寸胸开拓海天宽。园经陶涉欣成趣,室美荆居幸苟完。弈局劫逢争一角,琴徽抚罢发三叹。征衫已卸棉犹著,始觉春江特地寒。

叠韵简豫泉并示子才

龙城昨寄六言诗,又诵张华丽则词。遥共南屏称老宿,总缘东塾是名师。荒亭纂述遗山史,故国平居子美思。湖海易除豪士气,九龄敢冀锡鸿釐。来诗有预祝九龄之语,蒙何敢望。

子才大令以诗见赠三叠韵奉酬

排比邮签日寄诗，特偿旧债赋新词。相逢意气为君饮，到处云山是我师。均用成句。齿迈八旬惭潞国，文潞公八十一岁犹平章军国大事，此何时也。才长七步愧陈思。记曾宣室虚前席，夜半传呼感受釐。

忆旧游四叠前韵

碧纱笼我壁间诗，黄绢惭非绝妙词。九畹湘兰宜作佩，万竿淇竹奉为师。匡君山色供吟啸，西子湖光入梦思。最忆绿杨城郭里，繁华非复旧蕃釐。

偶于敝簏检出香槟酒二瓶十五年前曹让之司马所赠物也启封独酌喟然兴叹

缸面新开慰郁陶，宛如齐国饮醇醪。青州从事宜招我，黄土长埋惜汝曹。白玉壶中轻竹叶，夜光杯里落葡萄。元龙老矣毋多酌，太息年来酒价高。

戊寅

南屏寄到春暮见怀诗依韵酬之

桃李无言春去也,河山异色客归来。纵然避世非忘世,自愧无才转爱才。劫后棋枰妨败着,坐前炉火拨残灰。玉函浣诵惊人句,顿使衰翁老眼开。

春尽日鹿生寓斋宴集赋简

频年交谊结云龙,今日登堂策短筇。别久忽逢先问柳,劫余重抚后凋松。巷深过耳传宵柝,寺近关心报晓钟。华烛两行开广谠,新诗盈袖酒盈钟。

潘对凫春禊会上凡卅余人一山赋诗有也有支离章一山句喜赋一律依韵驰寄并示云麓

片舸才离浅水湾,_{香港胜地}又饶诗兴动江关。久居燕市拼谋醉,同作殷遗不讳顽。一自梁园知贡举,几人蓬岛领仙班。四明尚有高云麓,最忆支离章一山。

一山以津上荣园雅集诗见寄依韵
和答眷怀旧治不知作何语也

惭对津沽十万家，当年甘雨未随车。党争徒陨安民泪，筹唱空量道济沙。一病北门虚掌钥，卅年藏海未看花。_{园在津署。}烦君寄语荣园客，辛苦挥戈日已斜。

得一山书理兼旷奥词杂庄谐是晋人
新语非宋儒卮言也率赋四截用博一粲

作诗贵有幽燕气，饰貌还资内府妆。独怪先朝章检讨，逢人犹说旧潘郎。

我似师丹久健忘，君如司马擅三长。谢青往事堪援例，不敢屈居弟子行。

文通笔退已无花，雅爱如君尚嗜痂。何似遏云歌一曲，白头相对按红牙。

龙头拾得岂无因，宋瑞而今少后身。可惜岭南朱榜眼，策名当日误藏珍。

立夏日作 四月初七日

一庭草绿上窗纱，首夏清和客兴赊。忘世好寻千日酒，回甘细品七家茶。衡才未必心如秤，临帖应怜眼渐花。纵使明朝虔礼佛，惜无觉路到龙华。

生朝将届渭英子怡招饮赋谢

乱世身为累，良朋肯见招。长才文伟略，高义子胥潮。缩地开真率，班荆矢久要。琼楼一夕酒，回望海天遥。

立夏后六日鹿生秋帆榕卿伯夔招饮赋谢

婆娑岁月乱离年，凭藉江风进酒船。芝岭延龄陪四皓，兰亭展禊集群贤。三章伐木先求友，一局闲棋即是仙。淡远斋中开广谦，萧疏白发短檠前。

半淞岂料成孤岛，历尽艰难总不惊。五亩宅犹寄夷市，四先生宛在暻城。敦槃插血通重译，秋帆能外交。丝竹陶情谱正声。榕卿工音律。更向东莱寻博议，中郎一集最知名。鹿生、伯夔著作大家。

望日午岑招饮赋谢

长留老眼俟河清,丧乱经年仗友生。酌我最宜千日酒,知君早薄五侯鲭。耳余合传承先泽,王谢争墩副盛名。回首中原还逐鹿,乡心宦梦不胜情。

浣花日味莲子才镜清招饮赋谢

草堂高宴主延宾,重检襟痕旧酒新。竹下交游共嵇阮,子才时来竹谈。花村嫁娶溯朱陈。味莲、镜清为儿女姻亲。同为樵洞观棋客,已是磻溪罢钓身。忧患经年情更渥,西窗剪烛莫嫌频。

阅云麓太史读三国志笔记赋赠

课程逐日快挥毫,埋首书帷点定劳。论史端须才学识,正名莫紊刘孙曹。雄图鼎峙关存败,大手淋漓寓贬褒。老朽对君惟阁笔,藏身湖海气难豪。

得志青云意自闲,自署闲云。沧江偃卧别朝班。抗怀千载陈师道,君事座主陈瑶圃侍郎风义最笃。低首一生全谢山。已有诗篇传海外,长留书种在人间。读完数卷日知录,抵话西窗十往还。

廿三日虞琴尧卿子有招饮赋谢

难持莩帚扫嚣氛，聊慰愁颜借酒醺。短句甫酬唐四杰，高言如接汉三君。梅花弄是双声曲，竹叶亭题个字文。今夕只谈风月事，勉陪公宴式清芬。

对凫老人以诗寄怀仍叠韵赋答

苍颜不借酒微醺，人表居然过九分。邵尧夫谓温公为九分人，此借序齿。我爱栽花贤令尹，人言掷果旧郎君。晚晴轩里留红日，无垢庵中卧白云。领取西方欢喜法，朔南笳鼓断声闻。

寄和对凫即步其韵

排闷已惭佳句少，年来肠锦断丘迟。读君高咏增惆怅，强握枯毫自写诗。

画诺忆曾资孟博，当年相见未嫌迟。而今各有消闲事，君诵弥陀我赋诗。

五月朔日公宴雅集子有即席有诗依韵赋谢

忝预郇筵作上宾,尚留诗本袖中新。酒尊北海情尤渥,丝竹东山迹已陈。钳口莫谈军国事,画图重认水云身。乱离犹有朋从乐,雅荷嘉招折简频。

答子才

浣薇一再诵君诗,如采湘兰读楚词。才亚随园同小字,经传春在溯先师。重来夷市成迁客,共泛香江寄远思。各有平生千里志,为防差误慎毫厘。

南屏寄示江上清游诗读之增慨仍叠韵奉酬

鹤唳猿啼尽入诗,江山如此复何词。偶携蜡屐逢樵客,愿著烟蓑访钓师。万里车书皆寂寞,十年仕宦费寻思。尹京曾遘红巾乱,衔命东郊愧保釐。

佩瑜寄诗为寿依韵寄答

忧时底事感临觞,求恔全忘亦孔臧。别久倍增情缱绻,身闲顿觉日舒长。旧姻寥落怜君在,短句推敲笑我忙。逆旅光阴须爱惜,莫教岁月去堂堂。

兼巢太史哲兄藻卿大令遗绘文官果画卷题词

香味犹存绿意滋,披图如读孔怀诗。吴梅村后无佳什,梅村有《咏文官果》诗。谢草池边有梦思。冠盖西园争睹快,卷中题句最颗[1]。梧桐东府命题迟。颖滨才望符坡老,各擅生花笔一枝。太史楷书重录哲兄小序精美绝伦。

对凫以诗为寿依韵赋谢

览揆输君迈九旬,卅年久未接清尘。北窗高卧萧闲甚,已是羲皇以上人。

暮年作客天南北,壮岁同官古汴州。上考记曾修荐表,南阳矧有政碑留。

新诗驰驿纷酬唱,淡水论交匪泛常。浮海居夷同一慨,展图非复旧封疆。

我似卢贞陪九老,君如卫武愈康强。香山九老会卢贞年八十二,杜牧寄

---

[1] 颗,疑当作"夥"。

李常侍诗："愿公如卫武，百岁尚康强。"悬知灯火通明夜，礼罢空王谱乐章。一山书来，知君能赴菊部聆曲。

南屏以诗为寿依韵和答

诗如白也敌应无，垆过黄公酒任呼。文字有灵通瘖寐，语言何碍隔方隅。别来每忆花成锦，九龙客舍广植花木。老去还思学愈愚。勉与刘卢同齿录，香山高会制新图。

一山远寄寿诗依韵酬之

一生经得几蟾圆，白头仍倚画楼前。记从港岛春回棹，惜未桐江夜泊船。往岁端午日曾与倪远甫同游严濑。敢冀鹤筹添海屋，闲扶鸠杖看桑田。香山九老吾滋愧，已届刘嘉八二年。

和韵答章一桐世讲

北池子是相公家，退直欣看御小车。此日文孙延世泽，当年阁老筑堤沙。已惭荒径虚悬榻，昨岁南来，竟失交臂。料得荣园共坐花。上巳荣园修禊知君亦坐上客。更羡君家双甲第，门临白米一街斜。文襄寓宅在白米斜街，余时往晋谒。

戊寅

和答虞琴

清言霏玉绝嚣尘，日饮亡何酒半醺。家学近承惜抱氏，豪情略似平原君。大年突过从心矩，凤慧先呈在手文。不薄今人兼爱古，辋川诗画许传芬。

和答子有

一庭带草浅深丛，三面云窗坐好风。已有沧桑归眼底，绝无冰炭在胸中。荸梅俪影眉争绿，乡荔分甘手擘红。湖海自惭豪气尽，浊尊何幸与君同。

和答钱镜平

卅载夷场小住佳，绳床皂帽足生涯。泉明惜已荒三径，安定何曾置两斋。敢冀高名希有道，聊将微尚寄无怀。延龄剩得菖蒲酒，醒醉还思与众皆。

一山寄到赵幼樵明经和章马工枚速兼擅其胜作此奉酬

浣读琼篇韵欲流，当年幕府失应刘。高歌并世谁青眼，晚岁偷生易白头。杜诗："晚岁迫偷生。"李贺锦囊搜险句，莱公锁钥愧前修。何当唾绿亭中住，一榻曾为孺子留。津署唾绿亭为余旧筑，久忘之矣，来诗道及，神为之往。

和酬荟亭大令

流落人间感暮年，那能鸡犬共升仙。空怜楚国存三户，岂料殷都竟五迁。顾我衰颜嗟老矣，知君短鬓亦苍然。草间偷活今何世，前路茫茫莫问天。

宾筵促席坐生春，潋滟金波泛酒鳞。忽漫停杯思远道，转愁投辖失诗人。毋忘清白传家训，珍重艰难在外身。君适避地乡居。寄语关西杨伯起，元龙只合老淞滨。

再叠韵奉寄

虚心师竹各忘年，日报平安即是仙。珠柱平沙惊雁落，瓦仓乔木喜莺迁。瓦仓，君移居地。迟诒画扇神先往，承索画像，尚未寄去。展诵新诗意惘然。安得今宵千里月，羽飞共醉瓮中天。

花近楼居秋复春，种松已作老龙鳞。勉希元结称聱叟，尚有何戡是旧人。北伶南下，纷纷来谒。草阁寒深江上景，蕉亭梦熟客中身。参貂未绝辽南贡，垂白毋忘率土滨。近得长春函。

卢慎之庭长以诗为寿赋酬二首

物望倾河朔，家声起汉南。名原齐第五，径未共开三。宦迹抽簪早，诗情落笔酣。岂因坡老重，谓木斋提学。如晤颍滨谈。

玉堂章检讨，求友必通人。愿学刘中垒，如逢贺季真。载赓难老什，原是苦吟身。已分磻溪隐，埋头理钓纶。

子怡假坐招饮即席赋简

四十年前交谊古，劫余今剩几人存。莫谈橘里残棋局，忆种瓜时旧国门。促席论诗图主客，移樽留饮阅朝昏。荒江草阁寒如许，剪烛西窗话泪痕。

叠韵简幼梅

荏苒年华似水流，平生交谊柳兼刘。菊松绕径开三益，箫管同舟坐两头。家学远能追赵抃，乡评近足媲严修。他时傥作江南客，愿效平原十日留。

三叠韵简幼梅

元白才名齐压倒，骊珠先得独推刘。学通经笥称便腹，人倚笛楼最上头。明月纵教千里隔，梅花应是几生修。吾衰久矣君真健，时有新诗袖底留。

息侯少保一山左丞寄到一息吟上下册读罢赋酬

名山未毕千秋业，绮席先联一息吟。底用楼床分上下，当年桃李绿成阴。

岂续怀人情独挚，正希论史句争传。才名夙著东西浙，老向津桥听杜鹃。

云璈琴铃寄芳思，彩笔同题艳体诗。付与君家两歌女，红氍毹上斗新词。

宝祐科名今岂无，梁园造榜旧留图。二贤久作幽燕客，何日樽前伴老夫。

戊寅

幼梅又寄和章四叠韵奉酬

不作骚坛第二流,兴酣落笔压曹刘。每逢佳处蜡双屐,合放斯人出一头。厦万千间吟杜甫,才三十里愧杨修。水西庄与城南社,定有佳诗壁上留。

叔迁都护远寄旧京丁丑守岁诗奉酬七言长句

沪江莫挽狂澜倒,回首家山隔缥缈。闭门却扫百无聊,只有敲诗兴未了。月泉社侣久飘零,费侯远道投吟稿。咳唾珠玉随风生,邮签飞递急于鸟。新亭举目异山河,伤心人别有怀抱。一篇跳出感身世,守岁诗是编年表。宦迹历历数华资,吮笔挑灯昏待晓。君家阀阅盛毗陵,累叶青缃擅文藻。尊公玉皇香案吏,五凤楼高手能造。宏开珊网勇抽簪,归牧集成妙绝好。哲兄继起亦通才,柔史刚经恣探讨。延誉人争说项斯,题诗我欲避崔颢。君也乐有贤父兄,何怪绮岁驰誉早。不见阿蒙曾几日,宁知琢句愈言巧。锦缆昔乘下水船,软尘今踏长安道。夜阑星斗已横斜,世乱风烟迄未扫。伊余昨者客龙城,故人获晤南屏老。**昨岁客九龙晤桂南屏太史得诗最多。**守腊联吟荐岁诗,赢得百篇远游草。元宵宴罢赋归来,已被香江春色恼。淞滨历劫万虫沙,太平何日返羲昊。燕山景物今何似,料亦非复旧丰镐。五陵裘马君犹狂,八秩须眉吾已槁。几时南下共题襟,花近同看月出皎。

廖劭闲训弟子振镳格言题词

教术箴崇四，师承隅反三。名言赅至理，莫当老生谈。

鲁道人用杜少陵北征诗韵撰句远贻情义兼胜即用少陵赠卫八处士韵答之

兰屈不忘楚，芝皓隐于商。读君寿我诗，彩笔生辉光。端居间南北，结交皆老苍。频烦一纸书，怅触九回肠。缅怀少陵叟，如话浣花堂。重检北征韵，奚止十三行。花近独登楼，多难感万方。望京每依斗，不可把酒浆。挂冠三十载，晨梦醒黄粱。千里隔明月，安得飞羽觞。致身稷与契，相期盛意长。老病无能役，身世两茫茫。

张志迈以诗为赠赋此寄酬

门望清河旧，家居浭水滨。长才膺重寄，余事作诗人。北海怀高躅，东坡愧后身。来诗有"前身玉局是山僧"句。济时公等事，自分葛天民。

戊寅

李颂臣都护以诗见赠却寄

北门前掌钥,早识善人家。大盗潜移国,荣园未驻车。苦秦怀父老,浮海卧烟霞。两世年交在,相思水一涯。

高彤皆学部以诗为赠却寄

审识须眉古,灵帏拜母时。庚戌君兄弟失恃,开奠余往吊即识君容。纵教萝荄异,同是棣棠枝。谓泽畲方伯同官楚。敢博仁贤誉,惭留芰舍思。来诗有"棠下歌留召伯篇"及"不忘故国有仁贤"句。亦思投井辖,飞羽客来迟。

和曹靖陶村居避乱遣兴

七步才长兴未穷,饱经忧患句弥工。一溪烟水空明绿,十里村花烂漫红。晚岁高楼愁倚笛,客秋香海走飞篷。怀人不用伤羁旅,都在艰难险阻中。

息侯乞题琴心集却寄并示一山

客里莫谈温室树,樽前忍听后庭花。两般家国兴亡恨,起视虞渊日未斜。

晋帖唐诗奉典型，黄金铸出女伶俜。丹青驰誉轻阎相，指姓何殊柳敬亭。又琴旧姓阎，柳敬亭曾指柳为姓。

佳话遥传说拜金，随园女弟艳于今。桃花扇底声凄切，谁识江南金素琴。申江女伶金素琴色艺双绝，近演《桃花扇传奇》一坐尽倾。

蔡女清歌谢女娇，红氍一片烛千条。他时重问青杨柳，杨柳青为津门胜地。白发门生许见招。

和酬陈一甫观察

元方原旧识，今诵季方诗。慰我支离叟，多君绝妙词。皖山推望族，颍水溯同支。愧乏琼瑶报，怀人月上时。

和酬朱燮辰观察

海内朱公叔，群推经济才。三山知望重，一骑寄诗来。濂洛资深造，江湖老散材。何时携赐履，怀抱为君开。

昔作劳山客，吾兄时过从。死生棠棣感，图画水云踪。弈局堪消夏，朋簪有抱冬。梨园开夜宴，高会几人逢。

姚俪桓部郎以诗见诒作此奉酬

卅年尘积旧官袍,浣诵新篇慰郁陶。同式乡贤笺莫郑,记游燕市访荆高。学如惜抱文为富,老去元龙气失豪。仰视欃枪何日扫,萧疏短发手徒搔。

荷花生日有作

设帨瑶池溯降神,莲房依旧晬盘新。心香一瓣毫三寸,特为荷花祝寿辰。

百叠云裳影答形,千丝雪藕碧珑玲。一重公案从何说,避面而今有尹邢。

不赋梅妻与海棠,年来减却老夫狂。荷花本是三娘子,媚视何知有六郎。

小立方塘晋酒卮,相当相对长相思。旧游忽忆荷芳院,在清淮节署。风景依稀又一时。

南屏寄到香海归帆图并题句依韵答谢 图为赵少昂手笔

曾经沧海天南北，几见蓬瀛水浅清。一色暮云春树里，烦君为我纪归程。

征鸿一集壮游诗，丁未戊申间由吴入蜀，过家上冢著有《征鸿集》。老泛星槎纵目奇。可惜珠江交臂失，看花载酒讵无期。

龙城踏月图题词和南屏韵

别来重检客中诗，永夜怀人在水湄。半岛忆曾同玩月，宋王台畔立多时。

香海而今是旧游，一时郭李幸同舟。平生只欠罗浮梦，何日偕登镇海楼。

一山有诗见怀依韵和答

年来人与墨交磨，安乐难寻邵氏窠。邻岛记曾留雪迹，钓徒只合署烟波。黄图易改河山色，白发重登孝秀科。神武挂冠三十载，一场宦梦醒春婆。

珠玉诗成几琢磨,知君随处筑吟窠。西园召客呼红友,南浦怀人赋绿波。三径泉明聊寄傲,两斋安定不同科。羊欣白练亲书就,更向裙边逐四婆。

尘可供谈剑任磨,虫吟四壁鸟成窠。风前遥想空山屐,雨后初回古井波。老去温书惭腹俭,狂来脱帽任头科。狼吞豕突今何世,涵养心田一片婆。

酬幼樵直刺

珍荷介眉什,溯洄识面初。春波南浦赋,乡树北山庐。籍隶金华,北山最佳胜。香岛曾为客,长安不易居。扶摇少风力,愧上荐贤书。

息侯为女伶金芙蓉集乞诗率赋

名花合署美人名,城主纷传女曼卿。料得红毹歌舞夜,后庭玉树最凄清。

喜听池头奏管弦,不须桥上感啼鹃。公孙弟子风流在,何止芬芳一再传。

寿子怡观察并贺文孙周晬大喜

清秋佳气接银潢，南极光辉应寿昌。七月九日生。平野星垂贻锦字，生朝酒熟醉瑶觞。频来花径开三益，君宴客时假坐花近楼。富有青箱赠两当。藏书极富，近以《两当轩》初印本相赠。更喜重闱家庆集，晬盘戈印为孙忙。

卢慎之评事慎始基斋校书图题词

学识无惭著作庭，刚柔日对史兼经。使君应是刘中垒，乙夜然藜几度青。

甲乙丹黄校勘精，乱书堆里一书生。抱经雅雨宗风盛，不使双卢独善名。

楚书宝善式前尘，桑梓丛编过眼新。惭愧南楼开幕府，胡床风月失斯人。

自题八十二岁小照

竹丝哀乐供陶写，经史刚柔记日程。宦迹曾临五行省，藏修仍是

戊寅

一书生。登楼王粲怀乡里，居市韩康隐姓名。九老香山图画里，问年或可继卢贞。

杨遵庆女士就学沪上执尊人荟亭大令手书来谒赋赠一律即寄大令高邮

咏絮清才著，簪花小字工。暂移窗砚绿，重蘁壁灯红。远别违扬子，偏怜感谢公。梁园桃李遍，珍护牡丹丛。

十八日月夜作即八一三日

剑化长虹玉化烟，弥天兵气换星躔。共看明月违千里，容易秋风又一年。杜老望京依北斗，公孙跃马入西川。居夷浮海宁初志，灯火香江忆放船。

朱燮辰观察以七十自寿诗寄示依韵奉酬

辩才直可诎平津，劬学家风绍买臣。垂老异乡为远客，端居余事作诗人。重寻朱雀桥边路，已是红羊劫后身。遥企华堂飞寿斝，稀龄锡羡协灵辰。

四叠韵柬一山

楼头提剑倚天磨,槛外垂丝柳万窠。杨千里诗:"两堤杨柳万窠丝。"四壁青山开画本,一泓秋水漾帘波。言行愧续名臣录,甲第惭居进士科。月夜怀人情脉脉,怕闻邻院奏鼙婆。琵琶名。

徐尧卿大令旧藏虢子白盘拓本属题

重轻莫问周朝鼎,完好犹存虢子盘。闻说征蛮供饮马,连翩方召尚桓桓。

廉吏售归轩室里,元戎捆载短亭西。吉金乐石难谐价,文采风流费品题。

毡拓何年剩此图,制奇篆古未模糊。清门雅故成追忆,太息河山举目殊。

南屏以吟秋诗见寄依韵和答

西风江上又鸣秋,回首龙城是旧游。台址我曾吊天水,仙班君久住瀛洲。诗情遥寄山中寺,一游新界青山寺。画本新归海外舟。承绘寄《香海归帆图》。领取香兰清趣味,月移花影独登楼。花近楼秋兰盛开,惜未与君同赏。

梧桐一叶易惊秋,三十年前忆宦游。长夏荷花犹有荡,青春鹦鹉尚名洲。梁园召客狂吟雪,沽口观兵稳放舟。衔命西川曾梦益,只余粤海未登楼。

余自香海归有半淞重著钓人衣句一山谓诗中有画大可绘图征题报之以诗

半淞重著钓人衣,客路青山送我归。千顷烟波舟一叶,年来身世与心违。

愁过新亭举目非,半淞重著钓人衣。挂冠敢拟陶宏[1]景,神武当年早见几。

富春山色挂斜晖,台屿东西拥翠微。慵向严滩寻旧梦,半淞重著钓人衣。

二十五夜梦中得句醒后足成之

断句还从梦里寻,新凉灯火画楼深。围腰顿减愁量带,短发无多

---

[1] 当作"弘",避清讳。

不受簪。铁索拦江连夏口，玉箫隔院启秋心。去年此日南溟道，炮火横飞巨舰沉。

二十八日鲁青太守招饮
即席赋简并示坐中诸君子

七旬不晤沈东阳，感子今宵故意长。梧府诗曾和坡颖，兼悼爱苍。竹林贤幸集山王。坐客一时之隽。江湖满地身先隐，哀乐中年鬓各苍。上寿百龄，我辈年过八旬仍中岁耳。帘卷西风秋一色，两行银烛夜新凉。

放庵不作平斋逝，谓诒书、肖雅。君我犹存谊倍亲。金谷夜酣金谷酒，素心花对素心人。寓斋素心兰盛开。芝颜易老惭称皓，兰禊逢秋宛似春。巷柝无声归去晚，妙香留住苦吟身。

云麓索题四明李东门先生
曹娥江龙舟诗轴得绝句三首

画船箫鼓迎神曲，大孝千秋重女郎。忆我曹娥江上过，拜瞻新庙爇心香。丙子秋曾到曹娥庙。

绝妙诗如绝妙文，东门一老句超群。明珰翠羽依然在，合借新词续旧闻。

女抱父尸终抱痛,师传弟钵并传诗。抗怀三古今何世,触我梁园放榜时。甲辰大梁春试,云麓获隽出龚怀西太史房,余时为知贡举。今共客春申,图为太史赠并题诗。

忆西湖钱王祠五叠前韵

湖上丰碑石任磨,表忠观峙水云窠。迎神曲奏崇禋祀,吊古诗成写衍波。十四州民供版籍,三千弩手奉条科。扁舟曾过钱王庙,景命长留赖有婆。

韩子峤侍御同年遗像题词

曲江宴罢榜花残,审象峨峨獬豸冠。五十年来桑海变,白头何幸再瞻韩。

秋感和鹿生大令韵

十年旧梦成追忆,一卷新诗费校雠。《鸣原》十集已付刊。沧海有人求壮士,香江何日赋重游。辞官早作陶元亮,居市甘为韩伯休。敝帚千金容自享,萧萧落木易鸣秋。

圣迹图洁泉太守索题

圣迹留天壤，光芒烛绛霄。几经车马殆，齐付画图描。祥发尼山祷，颓伤太岳摇。行踪何历历，望古已迢迢。执法力诛卯，成功如见尧。数年卒学易，三月喜闻韶。纵被叔孙毁，能辞阳货招。麟游潜德隐，凤去哕声销。忆昔谒林至，欣承奉祀邀。金丝寻坏壁，衿佩集圜桥。墓左著呈瑞，坛前楷未凋。整冠司寇肃，司寇法冠尚存，余于公府敬观。锡爵上公超。问俗缘观蜡，怀音好化鸮。五朝碑典重，一老杖逍遥。俎豆馨香远，宫墙美富昭。人伦有师表，万世总难跳。

二十五日花近楼夜宴即送姜生逊华回里

蒹葭倚玉托维桑，同客他乡忆故乡。今日祖筵一尊酒，我心随汝到黔阳。

子才招同梅南子有尧卿坐花品竹均壬申同年生以诗属和是年为余入泮之年老态可想赋酬一粲

半蒻淞波进酒船，灯前鬓影各苍然。诸君汤饼开筵日，一老芹香乐泮年。幸保芝颜陪四皓，敢吟霓曲领群仙。风流最是子才子，博得佳人笑语颠。

不向珠江系钓船，子才粤人。春申开宴乐陶然。问天莫解苍茫意，阅世都非少壮年。事去虫沙悲化劫，时来鸡犬羡登仙。石塘忆醉金陵酒，粤女如花任放颠。

和子才韵

等是东西南北人，子遗何幸集春申。中年陶写丝兼竹，近局招邀主速宾。览揆合编同齿录，锡龄依旧苦吟身。忧时各有伤心泪，买醉卢家强笑颦。

天涯一角乱离人，维岳崧高溯降申。林叟鹤梅仙作眷，徐公风月夜留宾。似闻杨恽闲居乐，更羡金刚不坏身。同是媚香楼上客，酒酣亲见翠眉颦。

闰秋客感适接荟亭大令佳作依韵寄怀

幽栖吾亦爱吾庐，持较泉明愧弗如。伯起高名副清白，元龙豪气早销除。传闻乡信无鸿雁，偃卧书丛似蠹鱼，猎猎西风秋带闰，打窗落叶一灯疏。

百战经年未合围，征夫谁与寄寒衣。惊心陌上埋荆棘，悬命山中长蕨薇。曲罢何堪人去远，厨荒翻恐客来稀。太平不少龙门策，细雨春帆早识微。

元运回旋似转轮，几人守旧几维新。是非都付千秋史，容保谁为一个臣。万族虫沙悲劫火，卅年衰病倦风尘。茫茫两戒无安土，何日严滩理钓纶。

不随时俗任低昂，强项高名未可忘。每忆良朋增永叹，最怜爱女客他乡。宅临夷市闲身老，书寄秦邮故意长。筑国宁同张掖远，白头难遣是安昌。

清光遥隔几蟾圆，眠食悬知未逊前。梁苑昔曾同仕宦，瓦仓新荷寄诗篇。十年棠舍留遗爱，一梦蕉亭拟续编。瘦比黄花香晚节，知君原不受人怜。

志韶太史重游泮水以诗督和爰用东坡泮宫初采鲁侯芹句成辘轳体诗五首录正

泮官初采鲁侯芹，老许灵光一席分。斑管无双荣画日，胪声第二快书云。然藜乙夜承恩重，视草丁年励志勤。毋忘秀才滋味好，风流文采孰如君。

浣诵新诗溯旧闻，泮宫初采鲁侯芹。长歌示客俞春在，俞曲园重游泮水赋长古四十韵历述六十年身世。警句惊人钱大昕。钱竹汀重游泮水诗有

"四先生往孰差肩"句,自负绝高。故实子能追老辈,好音天未丧斯文。襕衫一袭今犹在,不数羊欣白练裙。

等身著作佩空群,对此吾思笔砚焚。门馆广栽陶令柳,泮宫初采鲁侯芹。平生雅嗜惟斋粥,大祀还思听鼓鼖。最羡保和亲射策,香分班马觉浓薰。

博士曾充弟子员,先君七载试童军。策瑜同岁心相契,庄惠联交意孔殷。秋闱旧吟韩相菊,泮宫初采鲁侯芹。圜桥再听鸾声哕,可奈南疆战鼓纷。

肖然师范重河汾,人尽推袁我亦云。芝岭尚存人几个,虞渊空慨日斜曛。先朝讲艺崇科举,乱世焚书失典坟。重过璧门温旧梦,泮宫初采鲁侯芹。

一山太史本岁重游泮水书来不拟赋诗征题作此调之

泮宫初采鲁侯芹,廷对他年此策勋。底事抱冬章太史,岁科忘却试童军。

丹桂重攀谢采芹,疆村戏语我曾闻。如何忧乐关天下,慵向辟雍听鼓鼖。朱古薇侍郎以国学生中式,曾戏谓余曰:"他年可望重赋鹿鸣,不能重游泮水。"

拾芥功名首拾芹，襕衫重著便超群。倘援沈淇泉喻志韶征诗例，鼎足成三便是君。

款关欲献野人芹，渭北江东隔暮云。若使一篇先跳出，不辞遥和静宵分。

杨梅南属题吴小仙流民图 图仿唐六如本

展图未竟剧悲辛，鹄面鸠形妙写真。运腕力摹唐子畏，宅心合是郑安民。一朝画院抡元手，几辈穷途失路人。掩卷对君三太息，感时同是乱离身。

再题梅南所藏彭雪芹梅花画轴

梅影移窗雪打窗，名花名将两无双。如何立马英雄概，写到霜枝意便降。

萼仙幸不识公迟，泼墨都成画里诗。记得三潭寻退省，扪碑许我立多时。

半淞垂钓第二图题句

三海乘船礼数殊，北门移病又江湖。笠檐蓑袂他山句，我亦烟波

戊寅

一钓徒。

未盟江水赋归田，老卧淞滨三十年。凭藉一丝系九鼎，富春高躅景前贤。

中秋夜宴即席简渭英子怡秋帆并寄怀荟亭高邮

朋樽桂醑带余酲，客里中秋感易生。警柝三更圆月朗，疏帘一角小星明。是日为矍云生辰。开筵此夕遥飞羽，惊坐当年浪得名。酒半仰天长太息，朔南烽火未休兵。

穷年已分老淞滨，银烛秋光独可亲。桑海曾经千万劫，觚船恰受两三人。偶逢橘叟谈棋局，愿作衰翁理钓纶。《半淞垂钓图》适绘成。忽忆秦邮书未到，鹤梅长伴苦吟身。谓杨荟亭。

天津严范孙侍郎书扇遗墨赵藏斋为弟慕尧乞题

换鹅疑是晋时人，落纸挥毫妙入神。回忆北门虚掌钥，临风深愧奉扬仁。

神武衣冠辞阙早，君去官在余前。津桥风雨识君迟。节楼一夕忧危语，胜写秦州杜老诗。辛亥冬津事孔棘，君来商弭乱策，相对太息。扇中录工部《秦州诗》。

以半淞垂钓两图印本寄南屏太史并附长歌奉怀

港海归来感离索,烟蓑重向淞波著。一竿秋水接长天,钓丝不放夕阳落。江汉滔滔苦征战,华南笳鼓鸣天半。流亡满地人何辜,底事天心不厌乱。昨岁同客九龙城,逆旅逢君倒屣迎。把芬庐里烛频剪,宋王台畔句同赓。我归但洒神州泪,君留半岛空肆志。两地相思百无聊,所恃诗筒往还寄。一年容易又惊秋,难回天地入扁舟。笠檐蓑袂吾将老,不是儿时旧钓游。尺幅双缣寄千里,遥忆美人隔秋水。安得吐气作长虹,执手捉君入画里。

九月初三日子才招饮赋简

豪气难追北海风,年来每放酒杯空。停车时枉高贤驾,罢钓初回霸水篷。作客剧怜乡梦断,论文应与古人同。今宵重检香山句,露似珍珠月似弓。

重阳前二日子有招饮赋简

节近重阳雨间晴,先期折简集朋觥。篱花香晚经霜早,邻火宵深代月明。歇浦新营伯鸾庑,津桥旧听杜鹃声。豪情已减惭惊坐,绮席翻劳倒屣迎。

重阳日大中华旅社七层楼
登高公宴即席赋简坐上诸君子

流离琐尾尚天涯，回首乡关万里赊。劫后余生悲白发，客中佳节负黄花。何人落帽风原古，一老登楼日未斜。破碎河山愁四顾，凭栏犹是大中华。

去年避地海之涯，粤女当垆酒可赊。山上扯旗身近日，壁间题句笔无花。旧岁此日在香港扯旗山登高曾赋诗。一从港岛归帆远，半蓠淞波钓艇斜。更与邻翁隔篱语，寓言秋水悟南华。原约庄得之入宴，因病不果来。

水流云在识津涯，百岁须臾愿尚赊。休问主人缘看竹，不羞年老为簪花。樽中蚁冽心先醉，海上鸿来字半斜。插遍茱萸秋已晚，还须梅柳爱春华。

亦觉浮生未有涯，旧游重践望非赊。孤亭泉冷开图画，壬戌重九与梦华、子修、佩葱、尧衢各同年发光登高，即在灵隐冷泉亭摄照。九字诗成蹴浪花。乙亥九日与诒书浔阳舟中各赋九言诗，时自庐山归。蟹擘银刀双爪活，马衔金勒一鞭斜。地接跑马场。明良遇合怀彭纪，塞上登高侍翠华。乾隆朝纪文达、彭文勤护跸热河，适值九日，御前属对"八十老人处处十八公道旁介寿，九重天子年年重九日塞上登高"一联极蒙御赏。今何时乎？

和韵答云麓

江云著意幻晴峰，高会登楼盛举逢。令节催人吾遂老，新诗疥壁墨方浓。行厨尊酒难为醉，满地干戈未息锋。垂白异乡犹作客，可能如菊淡秋容。

难得碧翁许放晴，长天秋色倍空明。俯看芳甸初盘马，是日余在大中华旅社登高，地近跑马场。仰视银河净洗兵。坐上茱萸方遍插，泽中鸿雁正哀鸣。明年此会人应健，旧雨能来扫径迎。

和韵答鹿生

得句君如贾岛清，品诗我拟续钟嵘。振衣疑上冈千仞，浇垒全凭酒一觥。节到重阳晴更好，书来万里梦先萦。适接黔中家书。暮年未减登高兴，俯视莎厅浅草平。

南屏寄到九日见怀诗依韵奉酬

客里逢秋又送秋，明日立冬。怀人遥夜数更筹。径荒我愧开三益，门望君推第一流。菊圃傲霜坚晚节，龙城踏月忆前游。相思两地作重九，何日偕登花近楼。

望日南楼失慎幸免焚如子才以诗慰问赋酬一首

不分南荣正向离,开轩一顾急然眉。酒尊甫醉酬萸菊,星火何期祸枣梨。仅毁《黔诗纪略后编》版片,深负乡贤。"梨"字检《韵府》收入支韵,与齐韵通。惊坐幸非焦烂客,披图重廑水云思。《水流云在图》多部亦为余炬所毁。投诗雅荷良朋意,兴败深惭得句迟。

廿日子才招集寓斋作展重阳会即席赋简

感时又醉菊花觞,权把他乡作故乡。高会一楼来旧雨,后期十日展重阳。客中尺素迟双鲤,岭外烽烟怅五羊。故事题糕容再续,与君相对惜秋光。

廿三日味莲寓斋赏菊

坊临履道客停车,已过重阳就菊花。寒甚只缘霜信紧,晴空幸不雨丝斜。东篱佳色吟秋晚,北海豪情式宴嘉。便欲与君申后约,雪堂还拟斗尖叉。

程母崔太夫人挽词

大节酬家国，高名式里邻。乾坤留正气，巾帼有完人。始罢流黄织，终成碧血仁。魂归九天上，凭吊泪沾巾。

子才一再和赏菊诗适买得秋色数种兼诵佳什足供欣赏仍叠前韵

迎来寿客驻香车，雅爱霜中盛著花。选胜不嫌坊曲远，寻芳最忆庙街斜。话逢老圃秋将晚，诗寄良朋意孔嘉。试问酒旗何处有，村沽莫误路三叉。

江楼感事

醉魔难遣又情魔，酒渴灯残唤奈何。岂意梅村逢卞赛，那能芝麓聘横波。朱颜好驻祈灵药，白发重搔感逝波。今日江楼一席话，卅年旧梦易销磨。

戊寅

寿荟亭七十有一初度 十月廿四日生

已迈稀龄应寿昌,更从阳月晋霞觞。钓船笑我生涯在,昨寄《半淞垂钓图》。赁庑怜君转徙忙。棠舍旧怀贤令尹,瓦仓今是好家乡。莫愁六处轻离别,述自寿诗意。清白高风驻夕阳。

十月九日秋帆招饮大中华七楼作展重阳会即席赋谢并示坐中诸友

元龙老矣兴难狂,好事欣逢许子将。佳节已随秋色远,行厨翻累故人忙。久居夷市非吾土,同倚高楼接大荒。紫蟹螯肥新蚁绿,后期一月展重阳。九月九日同在大中华七楼登高。

和韵答一山

生涯已分托樵渔,安否翻劳问起居。岂料余年逢丧乱,未堪末运慨沦胥。吟梅东阁情难遣,种豆南山计亦疏。只有儿时书味好,小窗回忆上灯初。

文史三冬积岁余,年来鬓发已萧疏。一生好客思无忌,十种传奇问李渔。恩遇难忘西苑马,诗情还寄灞桥驴。惭无仲举澄清略,乱世荆菅未扫除。

明杨忠烈公遗札姚虞琴属题

排闾一疏起悲风，不料沉冤诏狱中。廿四罪难诛委鬼，九重天早鉴移宫。同完正气左遗直，岂有贪赃杨大洪。浣诵手书三太息，笔花飞溅血花红。

李达孚乞题黄山图_{同治初画家胡珊所绘}

插天一万尺，三十六高峰。未向山中住，先从画里逢。大云连白岳，烈日冷青松。岁晚欲相访，烽烟隔几重。

徐璧君夫人绘寄半淞垂钓第三图小诗奉谢

钓游已分老淞滨，赢得烟蓑雨笠身。百叠云情三尺素，鸥波画里管夫人。

一竿近系绿杨湾，不欠烟云只欠山。为恐钓台无处著，簪花妙腕写螺鬟。_{淞沪苦无山，图中位置数峰，更饶风景。}

长天一色水云铺，破碎江山剩老夫。安得图中添钓舸，浮家全挂片帆蒲。

寿沈鲁青太守 十月二十三日生，年八十一岁

扶藜来晋寿人觞，八咏楼高驻景阳。晚岁沧江仍作客，去年今日未登堂。时在香港。一场宦梦心盟水，卅载交期鬓染霜。各有假年奢志愿，应过锡耋与香光。阅钱竹汀《疑年录》朱竹垞年八十一岁，董文敏八十二岁，君我似之，然奢愿宁止此耶？

长至书怀

九九消寒迭主宾，旧图重展意酸辛。往岁与止庵、梦华、子培、雪程作消寒会，剑丞曾绘图。论交今半埋黄土，贺至昔同朝紫宸。雪后寻梅犹剩我，腊前舒柳待回春。天时人事相催迫，读画裁诗倍怆神。

长至后一日五孙 南春 新举一子于是老夫再抱曾孙矣喜赋

一堂四代衍瓜绵，子又添孙世泽延。恰值阳生长至后，从知气得早春先。啼声未必成英物，笃庆差堪慰晚年。莫问聪明与愚鲁，传家尚有旧青毡。

避地携家到海隅,花村嫁娶结陈朱。孙妇朱氏。羹汤昨岁初来妇,文褓今朝抱有孥。预办印戈待周晬,广开汤饼愧荒厨。戏婴雅爱青邱句,重写新图伴老夫。高季迪有《戏婴图》诗。

祝刘镜清观察双寿十一月初九日生

廿年海上托心知,甲子平头晋寿卮。堕地早传文在手,赁春尤羡案齐眉。花间召客时谋醉,艾后生儿不算迟。同际万方多难日,勉扶藜杖祝期颐。

黻佩双修福禄崇,德门积善庆延洪。神超学佛学仙外,身在不夷不惠中。白粥黄齑甘淡泊,香炉茗椀足清供。一阳至后欣来复,垂白心长捧日红。

十一月十日口号

天心未悔祸,人事几摧残。浩浩经千劫,茫茫感百端。一冬香海暖,去岁客港。卅载沪江寒。但守吾家腊,宁知新岁阑。是日为新历大除日。

十一月十五日子有寓斋雅集带月夜归因忆此夕为月当头得辘轳体诗五首

又见月当头，苍茫感道周。何当永今夕，同倚最高楼。宝镜新开幔，珠帘尽上钩。催诗休刻烛，吟望豁双眸。

龙城曾踏月，又见月当头。云卧青山寺，风乘黄海舟。连宵温旧梦，何日续前游。太息珠江上，干戈迄未休。

一作春申客，匆匆廿八秋。只余霜满鬓，又见月当头。禅板兼歌板，更筹换酒筹。人谁千里共，身是几生修。

新亭风景异，徒抱杞人忧。莽莽幽燕气，滔滔江汉流。长教杯在手，又见月当头。寒意逼三九，梅花信到不？

促席宾朋盛，花间拥绛驺。偶然谈博弈，不用理筌筷。读画排牙轴，烹茶品玉瓯。夜深赋归去，又见月当头。

十六日虞琴招饮即席赋简集杜句

谁是长年者，鬓发各已苍。幽居在空谷，忆昔好追凉。今夕复何夕，落月满屋梁。男儿生世间，感子故意长。冠盖满京华，不须羡其强。平生一杯酒，共此灯烛光。酒酣进庶馐，拔剑击大荒。戎马关山北，真宰意茫茫。

即夕大雪喜赋用东坡韵

当头昨夜月非纤，冷入今宵节令严。是日小寒。塞外谁持苏氏节，适接陈蔗青柏林书。空中纷撒谢家盐。葭灰应律频吹琯，梅意冲寒笑索檐。驴背来朝动诗兴，苦无江梦绕毫尖。

骚屑林塘有冻鸦，银台粉署客停车。年丰瑞兆双歧麦，岁晚浓飞六出花。鸿印芳泥思远道，蚁醅新酒醉邻家。吟坛白战惭持铁，输与才人手八叉。

仲冬廿九日纹女五十冥寿佛寺讽经感赋

光绪己丑长至日，双城偶谪人间住。我时寄庑王城东，是汝呱呱堕地处。安昌爱女甚于男，私愿光采生门户。道蕴诗才卫铄书，一学便工洵夙悟。绕膝承颜十七年，秋月春花等闲度。无端随宦到中州，罡风忽折女贞树。梁园赋雪曾几时，小极竟为医药误。遗言生小爱杭州，埋骨幸邻曲园墓。年年上冢来西湖，绿酒一尊香一炷。昨岁烽烟遍浙中，蓬蒿荆棘阻行路。不知墓门梅千株，是否著花尚如故。招魂只许梦中来，万种愁心向谁诉。我阅鹓蜍八二秋，百龄汝今得半数。自怜鹤发已萧疏，惜汝鸾骖不能驻。

黄竹旧编女儿箱,铁锁尘封嗟永锢。今朝为汝作生辰,萧寺讽经兼治具。乱世流亡漆室忧,佛门广大慈航渡。九原传语汝母知,我亦时作归来赋。

嘉平二日第二曾孙_{行烈}弥月汤饼宴宾喜赋叠前韵

羊酒同持意渺绵,诞弥速客礼相延。慨逢扰扰鏖兵际,回溯呱呱堕地先。生日有诗。纵使宁馨偿素愿,不堪哀乐逼衰年。夏间长孙女逝世悼甚,今再抱重孙亦可喜也。炉香细袅摇红烛,拥抱堂前拜锦毡。

珠玉连翩压坐隅,贪多爱好胜王朱。诸公和诗极工。一门家庆惭为长,五世昌期乐尔孥。来诗均以五世同堂期许,非所敢望,还以奉祝。春到柳边仍旧腊,客来花下置行厨。他年不羡公卿贵,愿作耕田识字夫。

岁暮怀人绝句

占籍蓬莱即是仙,津桥底用感闻鹃。水西庄与城南社,明月清风不费钱。章一山太史。

圣迹图成傍孔墙,舆歌早岁遍南阳。百年寿考须臾事,确士山舟漫比方。潘对凫太守。

回首玲珑是旧游,潇湘烟雨送归舟。定王台畔传烽火,萧瑟江关感白头。汪颂年提学。

论交韩孟结龙云,甫盍朋簪袂又分。遥想九龙今夜月,有人把酒自论文。桂南屏太守。

杏林同折好花枝,积岁苍葭寄远思。乱后兴居应似昔,结邻喜傍六忠祠。陈西岑大令。

三鳣旧集读书堂,清白儿孙世泽长。记得生朝传吉语,瓦仓原是好家乡。杨荟亭大令。

杜鹃桥上啼残血,黄鹤楼中惜落梅。为问君家好兄弟,何时重认劫余灰。齐霞岩、照岩两中丞。

楚尾吴头纪胜游,瞿塘天险暂维舟。望云羡尔依亲舍,触我三刀梦益州。汪云松太守。

间道麻鞋杜拾遗,年来粗办草堂赀。玉音问答荣三接,赢得清名海外知。胡琴初参议。

绮岁才名噪夜郎,老犹作客滞他乡。斜街高馆春觞盛,记否同车御李忙。姚俪桓部郎。

作郡风流继六朝,客囊只剩翰林貂。熙朝雅颂前修在,诗话而今

戊寅

重雪桥。杨子勤太守。

尺地端宜放出头,君如和仲我惭欧。神交异代杨龙友,枣梨何期作蹇修。邢冕之太史。

渔阳鼙鼓不堪闻,归卧山中访白云。慵向儿曹谈射虎,灞陵谁识故将军。王茂轩军门。

藏园留得书种子,宋椠元镌校勘劳。不返蜀都奉扬马,君蜀人。却从燕市访荆高。傅沅叔提学。

礼闱撒棘驰名早,御苑看花得地高。烧烛修书成信史,临觞闻乐试吟毫。金息侯参政。

锋车随我洛中行,劫后无家问死生。式宴曲江三百辈,几人雁塔认题名。爱泽民大令。

曲园花木近何如,落叶纷纷未扫除。犹幸祖庭春尚在,航头搜得袖中书。俞阶青太史。

南北分庭谳狱忙,揭来人海一身藏。谒林登岱清游共,岂料而今作战场。沈季让任婿。

五福堂前设讲筵,轩开来雨拥书眠。君家祖德三朝辅,忆我西川作婿年。丁溯根、佩瑜两内任。

贤兄高蹈栖岩隐，哲弟权奇济世才。今日鹡鸰风雨恶，令原急难莫迟徊。高彤皆、泽畲兄弟。

泉流九府入闽中，官罢依然两袖风。忆否南湖开盛谳，一楼烟雨最空蒙。费叔迁都护。

同遵汉腊祝元辰，锦字红笺寄远频。一自兵尘阻南北，两家春是可怜春。徐芷升观察。

烽火连江隔马当，匡庐岛客办归装。君家花径应无恙，闲与文翁醉夕阳。庐山李钜庭、文汝舟两大令。

日下移家富锦篇，东山重九寄吟笺。鱼书雁字频烦递，可奈偏怜一面缘。曹穰蘅司使。

睦堂桨敦辩才长，港海重逢鬓未苍。今日长安似弈局，残棋一着为谁忙。王叔鲁部长。

玉殿胪名射策初，香江晚筑看山庐。平居已断觚棱梦，藜阁犹存旧校书。朱聘三太史。

老屋数间落燕泥，无风吹送竹城西。郑家墓表君能记，惜未同寻藻米溪。凌惕安处士。

环滁山色醉翁前，老辈风流六一贤。最爱琅琊秋色好，为师特叩木樨禅。滁州琅琊寺达修方丈。

劫火灰中抱佛眠,禅房花木可如前。华严阁上重携手,一别匆匆又五年。焦山僧德峻方丈。

营奠营斋阅岁时,蒲团对坐夜谈诗。识途莫问非和是,未觉僧归月下迟。杭州灵隐寺僧却非方丈。

劳生无分卧烟霞,流转江湖岁月赊。何日重来题洞壁,烦君置酒饭胡麻。杭州烟霞洞复三居士。

前寄一山诗有半淞重著钓人衣句一山谓诗中有画爰嘱江万平汤定之绘半淞垂钓第一第二两图杨荟亭桂南屏均有诗爰次其韵

风也钓,雨也钓,一老垂竿杂啼笑。神武当年早挂冠,太息宫中出禅诏。得年丕符磻溪翁,鹰扬大烈岂能肖。避世难居东海滨,移文恐被北山诮。勉狎烟波作钓徒,坐看日月双丸跳。二客遥遥隔千里,相思五夜发长啸。佳句均随塞雁来,好音适听津鹊叫。顷一山寄到天津徐璧君女士所绘第三图。论交廿载阅沧桑,谁使陆沉匪意料。清才雅似白乐天,狂草力摹王逸少。情荷锦囊珠玉投,老惭波镜须眉照。雨雨风风独客愁,扁舟容与供吟眺。情话何当重剪烛,乱世危行言择要。非鱼共知鱼之乐,但著直钩尤其妙。

前诗吟就意有未尽适一山寄到徐璧君女士所绘第三图再叠前韵

昨也钓，今也钓，日日江头作苦笑。河山破碎风景殊，行见妖氛驰六诏。采薇有客怀伯夷，画兰无地悲思肖。烟蓑雨笠一渔翁，钓徒又被旁人诮。荟亭诗有"此公不是钓鱼人"句。大鱼扬鬐不上钩，小鱼脱钩浪里跳。洋洋围围各悠然，绝异鹍啼与猿啸。寥天一雁寄书来，谢句惊人拍案叫。沽口催成好画图，吴中添得佳诗料。野船稳载一家人，琴鹤随身老携少。此日淞波把钓竿，当年天禄然藜照。白云常在水长流，旧藏《水流云在图》。尺幅生绡纵远眺。江郎笔底梦生花，汤叟丹青得体要。更有通家城北徐，簪花女手墨尤妙。

元　作

高邮杨蔚荟亭

朝也钓，暮也钓，鲂鲔甫甫江边笑。乃公不是钓鱼人，宰相山中犹待诏。公然脱去旧朝衣，戴笠披蓑浑不肖。是宦是隐两不收，不衫不履交相诮。吾鱼群不上其钩，围围洋洋浪中跳。髯翁独立江之湄，仰面呼天一长啸。方今天下肇焚如，魑魅潜逃山鬼叫。自从盘古创开天，沦及今时非意料。转徙咸倾壑与沟，流亡不计衰和少。桃源何处可藏身，示我周行无烛照。家山万里不能归，

戊寅

花近楼开日每眺。淞滨风月作生涯,理乱无闻得其要。得鱼之乐固陶然,即使无鱼趣犹妙。

和 作

南海桂玷 南屏

晴也钓,雪也钓,江边日日掀髯笑。乃公五度总师干,卅载金门曾待诏。抽身闲处垂丝纶,尚父渭滨恰相肖。大隐朝市小邱樊,走俗抗尘莫相诮。此身偶挂绿衣来,知鱼之乐随波跳。花近楼下水涟漪,淞之洋洋歌且啸。方今世事如弈棋,沙虫惨淡猿鹤叫。鸿蒙开辟四千年,今日沦胥谁及料。老弱沟壑壮四方,仳离何分长与少。残山剩水同寂寥,虞渊薄日向谁照。黔南霜气不胜寒,万里家山梦中眺。半淞垂钓图新摹,十集鸣原博有要。得鱼之乐便忘筌,读罢蒙庄悟其妙。

南海金保权 子才

人也钓,我也钓,得鱼忘筌堪一笑。烟波欲傲张志和,图画屡追文待诏。半江春水翦吴淞,栩栩传神阿堵肖。此间固自有桃源,故山猿鹤休相诮。缄珠寄玉两诗翁,一展邮筒欣舞跳。花近楼头逸兴飞,鸾凤音似孙登啸。筵开汤饼荷招邀,昨为宫保曾孙弥月姜酏之期。入手联翩我绝叫。身世休嗟白发人,诗书早办青云料。渭滨际会倘风云,决策帷中臣尚少。何人能奋鲁阳戈,崦嵫挥日返余照。不才只合理垂纶,山水清音恣游眺。云在水流续绘图,酬唱诗篇吐款要。相望南北路迢迢，且作一书驰二妙。

鄞县高振霄云麓

尚父当年只垂钓，小儿拍手山翁笑。生民无主乱如梦，黄麻不宣兴元诏。滔也泚也竞弄兵，潢池左纛宁能肖。斗大金印空系肘，痴梦昏迷旁人诮。成皋失隘敖仓夺，捷足徒夸汉王跳。揭来独发广武叹，划然乃作苏门啸。中夜彷徨愁不寐，皓月当头孤雁叫。神州未必竟陆沉，坐看舟移那堪料。昆阳雷雨失主持，头白自嗟非年少。钓笠茫茫大泽中，须眉羞作揽镜照。烟波炼成铁心肝，青山一角恣远眺。握手如冰默无语，黄石吾师知其要。六鳌本是一蛙黾，静理丝纶悟奥妙。

临海章梫一山

新月如钩鱼上钓，老翁倚柁儿童笑。好似谪仙醉在船，天子传宣不奉诏。画也诗也割半淞，有貌有神肖未肖。古者作钓伛而恭，河伯井蛙敢讥诮。龙伯之国有大人，一钓六鳌举足跳。詹和能引盈车鱼，独丝悠扬舒歌啸。此公畴昔老钓徒，小儒见之走惊叫。还有一君与一臣，穷极无聊何能料。前卧雷泽后磻溪，舜非笃老尚非少。下至狂态羊裘翁，滩急台荒夕阳照。今者安坐江之南，投竿东海四瞻眺。白波若山謦奋来，不是大者弃不要。钓得一鱼四海安，方知此翁心手妙。

戊寅

吴县曹崧乔世讲手写华严经张南坪乞题

破碎河山泪眼中，佛门广大济时功。《华严》全部埋头写，文敏《金刚》命意同。董文敏手写《金刚经》为母祈福，现存杭州云栖山寺。

济善当年写血经，多君妙墨绍前型。扁舟若过吴江曲，龙寿山房屐许停。元济师刺血写《华严经》全部七十余册，刻尚存吴门龙寿山房。

寿袁伯夔世讲六十十二月十四日生

甲子重周启盛筵，岳云祥拥寿星躔。系承炎汉三公后，生在老坡五日前。子美七歌天宝世，泉明一醉义熙年。东山高会调丝竹，先期同人假坐江楼音樽预祝。回首风烟望楚天。

风义平生一散原，当今此事合推袁。连圻吾识老开府，宗派群尊惜抱轩。才地那能限方域，家风矧克绍随园。百年寿考千秋业，鹤笛声偕腊鼓喧。

食腊八粥有感示子有

齿牙摇动逼残年，垂老难忘是粥馇。四世同遵汉家腊，双弓喜结佛门缘。邻寺僧馈粥。颁来莲米恩犹恋，癸卯夏入觐，承赏食莲子粥。佐以斋盐味更鲜。最忆雍和熬甫熟，内廷分赐走中涓。

子有提学馈酱油肉松皆闽中佳味赋谢

难遣厨娘办咄嗟，荷颁食品拜君嘉。酱膏浓郁供馋口，肉质轻松慰落牙。入馔定教惊坐客，乞醯从此罢邻家。老饕镇日饥肠转，下箸居然饭量加。

荟亭大令为德配施石生夫人五十生日乞诗奉祝二首 十二月初五日生

华年锦瑟数金徽，宝婺星明对少微。世盛鸾凰仙作眷，时危鸥鹭淡忘机。刘樊携手堪偕隐，梁孟齐眉敬不违。最喜春前开寿谳，冬冬腊鼓闹林扉。

静好中宵四德良，即论文藻亦兼长。清才咏絮诗应和，小字簪花格共商。绕膝诸郎齐舞彩，介眉娇女远飞觞。女公子在蜀。双修黻佩延家庆，福禄鸳鸯集一堂。

接子有和章再叠前韵

不须来食赋长嗟，乡味分贻旨且嘉。患难交深怜暮齿，温馨气溢沁残牙。莼丝鲈脍萦吾梦，鹤子梅妻宜尔家。绕膝孙曾同饱德，衰翁何幸一餐加。

少石大兄殁已十稔萧寺讽经感赋

十载音尘隔，今朝荐福来。域中封豕突，原上脊令哀。南国棠犹茂，西湖骨竟埋。白头感存殁，泪湿纸钱灰。

江楼音尊式宴为伯夔预祝得五截句

君山文采最风流，仕隐匆匆六十秋。预祝生朝吹篴笛，七层江上有高楼。

一曲琴挑绝妙词，柔情脉脉更偷诗。施家乐府芸娘擅，红烛当筵谱柘枝。

怜甚吾家美季常，梳妆侍罢跪池忙。东坡亦惧河狮吼，棒喝何劳问短长。

嬉笑含于怒骂中，田家妆束内家风。怪他旧谱翻新样，北曲南词有异同。以上均席间所度曲。

行迹相忘主速宾，劫余同保岁寒身。不援涑水耆英例，都是六旬以上人。同社伯夔年最少,已六十矣。耆英会司马温公年五十九。

雨夜时代歌场遇许秋帆赋赠

浓雾弥天天不醒,宵来雨势挟风猛。衰翁枯坐百无聊,勉借清讴娱暮景。封姨吹送入歌场,小妇偕行两孙并。登楼一笑逢故人,梅鹤随携意暇整。广筵丝竹最移情,雏凤声清鹤声警。或从月下歌恼侬,或向樽前挥剑影。或泣穷途骏价低,或怯刑市雪花冷。以上均所度曲。一般都是女儿身,忽现须眉忽妆靓。应弦步步逞风姿,喝彩声声更道紧。我如桓伊唤奈何,顾误君与周郎等。庭前霓咏曲将终,门外雨脚力尤骋。兴阑各赋归去来,敝裘寒透湿腰领。火炉炭尽茶不温,金谷夜深烛犹秉。明朝定有汝南评,急写长篇博首肯。

十七日立春渭英寓斋小集得句奉简

莫道此楼小,萧然绝远尘。客为不速客,春是可怜春。巷僻多车辙,年荒愁米薪。醉谋今夕酒,交比酒还醇。

越日伯夔招饮赋赠

两行桦烛灿光辉,促席开筵锦列围。腊未尽时春已到,主多情处客忘归。熊鱼此席得兼味,莼脍当年早见几。浊世能忘公子贵,粹然充养薄轻肥。

东坡生日长歌志感

昔赋苏髯生日诗,孟公首唱我和之。甲子年事,梦华、尧衢均有和章。佥道纪谌好兄弟,惜与坡颍不同时。十年一瞥几歌哭,伯氏墓门草已宿。伊余偷活尚人间,又向生朝奠碧醁。仰止公真一代豪,党碑姓氏国门标。得第出头放欧地,大才如海敌韩潮。道高十丈魔弗止,名满天下谤亦毁。人皆欲杀天独怜,蝎坐命官公不死。仕隐匆匆阅岁年,一场春梦委残烟。却从儋耳投荒后,追忆凤翔签判前。约略杭州吟望久,初为府倅继为守。西湖苏堤接白堤,堤上栽遍千杨柳。蜀洛异派本同源,仙佛能兼夙好敦。曾梦羽衣临赤壁,更留玉带镇山门。平生不敢他途进,此语庄严动宸听。前席流涕话先皇,归院撒莲殊宠幸。无端诗案起乌台,勉为孟博亦堪哀。汤火魂飞聊自喻,云山梦绕盍归来。梓里川黔原接壤,后生吊古千载上。眉州曾拜三苏祠,除却长公吾安仰。乙酉春曾随丁文诚丈阅武川西,虔拜公祠。今朝蒭淞进酒船,笠屐新图列几筵。独悲伯氏归真早,不共题诗写蜀笺。

以酱鸭南腿赠子有媵之以诗

寻常食品异肥鲜,草草双凫两麂肩。拟伴孟公过汉腊,分贻和靖列宾筵。登盘或可留三日，下箸何须费万钱。忽忆哀鸿遍中野，行囊无米爨无烟。

许翕斋先生七秩正庆

寿山南北颂台莱，旧是翩翩书记才。枌社春风番信早，草堂人日绮筵开。正月初七日。一篇感应延年录，三世诒谋种福荄。货殖承家骈庆集，期颐预祝古稀年。

和一山移居诗

东风流转报莺迁，守腊依然恋旧年。移居嘉平初旬事，立春后适接佳诗。元亮南村重卜宅，东坡阳羡本无田。坐逢潘岳催花信，邻买卢鸿缔墨缘。料得津桥春色早，寻芳预办杖头钱。

宛在廉泉让水间，卷帘惜不见青山。梦驰台荡三千驿，坐对丁沽七二湾。堪羡身兼仙共佛，也承天予健同闲。白头师弟俱无恙，道阻缘偏一面悭。

伯夔世讲和章有窗烛重翦山厨蕨肥之句是何好客之殷也仍叠前韵用坚后约兼示秋帆渭英子怡诸君

首阳薇蕨炫山辉,穷饿还愁减带围。单列随园香更溢,袁子才有《随园食单》。客惭惊坐醉才归。东坡麤饭添清趣,颜氏一箪其庶几。风月叨陪袁虎咏,嘉招应不食言肥。

伯夔又招集寓斋小饮赋谢三叠前韵

琳琅四坐壁生辉,寿宴重开夜合围。人是大梁无忌魏,文如太仆有光归。芋分岳寺煨方熟,酒置邹筵饮庶几。勉学九分司马氏,莫谈燕瘦与环肥。

岁不尽五日子怡观察假坐花近楼宴饮赋谢四叠前韵

到来蓬荜顿生辉,地小犹堪猎一围。汉腊将残期共守,家山虽好不能归。斗南人望吾滋愧,江左文章子庶几。一醉尊前同索笑,绮窗喜有早梅肥。

林谦宣世讲六十正庆诗以祝之

清节衣冠迈等侪,三山钟毓岁云秋。读书读律匡时器,甲子平头尚黑头。

节钺丝纶重八闽,一门孝友太和春。老泉硕德吾斠式,更友东坡识颖滨。

大年恰及杖乡时,彩笔先成自寿诗。两世论交吾遂老,介觞深惜到来迟。

蓊淞卜宅寄生涯,得似孤山处士家。为奏鹤南飞一曲,绕床惜不梦梅花。

除夕五叠前韵

帷灯重蕊蕊生辉,胜抵豪家烛十围。腊鼓催年今夜尽,芦笙唤客几人归。黔俗腊尾春头吹芦笙迎神。退龄忝窃惭非分,永誉全终或庶几。陈醴祭诗征故实,瘦同岛佛不能肥。

把芬庐存稿续编 ◎己卯

题　词

岂料添诗债，惟堪遣睡魔。河山怜破碎，岁月感蹉跎。冷眼观棋局，浮生寄钓蓑。尚余湖海气，老去未销磨。

光阴诗卷里，客子意何如？每自开篇始，回思落笔初。花间兼月下，酒后复茶余。敝帚千金享，完成一寸书。

一官题一集，鸾唱抵鸥盟。辛亥前《松寿堂全集》与亭秋许夫人酬唱极多。花近先求友，壬子迄丁卯十六年，《花近楼》八集，附刊逸社诸友佳什。原鸣苦忆兄。戊辰迄丁丑十年诗编为《鸣原集》，思兄也。芬庐诗再续，芸案稿初成。工拙吾宁计，还资表圣评。

庚辰八月，八十四叟庸庵自题。

己卯

元日书怀

东风著意舞回旋,瞥见新韶换旧躔。豆栈竟容加马齿,柳庄虚负说鸢肩。钓丝重理蓬随转,诗卷长留稿待编。料得简斋应羡我,经过八十有三年。案头有《随园集》,拣知简斋老人得年八十二岁。

知时好雨及元辰,是日雨水节。腊柳才舒已报春。三径喜延三益友,耆年会同人咸集,即在荒斋春宴。一堂欢叙一家人。围腰易减频看带,缸面新开许乞邻。比邻庄得之馈酒。独有杞忧忘不得,挽河何日洗兵尘。

元日寄怀南屏荟亭即用荟亭前寄诗韵

梅花如雪柳烟含,纠缦卿云拥蔚蓝。沉水焚余香未烬,屠苏饮罢醉尤耽。远从港海商吟稿,近喜秦邮有报函。延客南州曾设榻,何时重扫径三三。

元日接一山诗函长篇以短句报之叠前韵

神甫驰时意早含,谢青深愧出于蓝。陔兰就养馨兼洁,就养京津已阕岁时。台橘遥供乐且耽。宗女遏云远寄台橘，君喜赋诗。胸次能容冰与炭，教科慎择矢同函。曾官学部，教育有方。稻孙七九称难老，我似申符八十三。

志韶太史元日赋诗见怀依韵和酬

乱世犹存鲁两生，大横何日兆庚庚。观棋大可融成败，酌酒无须辨浊清。辽海幼安曾作客，去年元日余在香港。商山绮里待题名。沪友八十以上者尚有杨小荔、沈鲁青，拟共摄一照，题为《申江四皓图》。东风跌宕春来早，依斗还同望旧京。

烽燧经年百感生，韶回喜听㙟仓庚。家传敢讽一经贵，官罢惟余两袖清。膏雨我惭民被泽，胪云君荷帝书名。以一甲二名及第。元辰乐奏阳春曲，宏我真堪抵汉京。

镜卜休嗟白发生，丰年预兆免呼庚。梦回枕上吟初就，泉在山中味自清。瑜策同年光齿录，杜岑联步逊才名。感时应似梅村叟，可有诗遗卞玉京。梅村亦以第二人及第。

榴生以诗贺岁依韵奉酬

劳劳人事几推迁，风景河山异目前。卖药伯休居市日，抚松元亮去官年。九龙花月曾娱客，三泖烟波别有天。青浦亦非乐土。杖履寻春春又到，陶然醉作酒中仙。

元日荟亭以诗见怀依韵奉酬

浣诵云章作作芒，溯洄宛在水中央。所居瓦仓系水乡。名门坡过承家学，仙眷刘樊应寿昌。施夫人腊月五日五秩大庆。聒耳甫闻喧腊鼓，齐眉遥企举春觞。八三我愧曲园叟，壁间悬曲园老人诗轴，为八十四岁所书。眠食知君定胜常。

初五日得之观察七十晋一揆辰承以寿筵见惠即约耆年会友人共饮纪之以诗

德可为邻室亦馨，栩庵近接梦蕉亭。病瘳早蓄三年艾，春到刚生五叶蓂。白社朋来诗介寿，郇厨酒冽醉忘形。君家自有延龄术，日诵南华一卷经。

荟亭复以元日书怀诗索和却寄

诗人老去惜年华，健饭还从客里加。阶畔重新数蓂叶，窗前依旧著梅花。色丝输尔题黄绢，家学惭余守白沙。底事六街春寂寞，不闻爆竹闹喧哗。

人日移尊得之寓斋补祝寿釐
即席赋赠并示同社诸友

移尊就饮过芳邻，七叶祥冀正绚春。柳宿客星延寿客，草堂人日集诗人。华茵接席筵开午，生菜登盘岁荐辛。绿酒三升邀共酌，论交还比酒尤醇。

同日接读南屏元日书怀诗却寄即和其韵

未觉今年胜去年，东风嘘拂送狂颠。万方多难催吾老，卅里长才让子先。买夜待询灯市价，沽春拼掷酒家钱。龙城雪爪成追忆，蝶影斜阳尚宛然。昨岁人日，余在九龙看粤伶演《蝶影压斜阳》新剧。

十三日祝圣礼成恭纪

瑞自冀阶集，班仍朵殿排。行宫开寿宴，间道阻麻鞋。辰北星常拱，关东气本佳。普天同致祝，有酒矧如淮。

昨岁客香海，称觞集九龙。蔚淞更禹历，击壤祝尧封。叩阙怜臣老，瞻天识帝容。北门思往事，悲愤总填胸。

己卯

陈一甫七十正庆作此祝之

客岁投诗花近楼，丁沽春到酒添筹。宅心利物全公益，大道生财拓远猷。名德高门谌继实，壮游寰海美兼欧。名山自有千秋业，七十老翁何所求。

黄子健夫人玉照题词

何年红杏嫁东风，凤佩清才咏絮工。修到人间才子妇，芳心都付四弦中。

燕九节花近楼春宴宾主计十一人杨小荔同年喻志韶太史沈鲁青太守与余年皆八十以上席间共摄一影纪之以诗并示坐中诸君子

茶烟初袅酒微醺，促席倾谈式德芬。大隐忝符商四皓，盛名惭副汉三军。诸老皆有清德。镜中留影搔黄发，日下逢仙忆白云。往官京曹是日恒陪廖仲山、李芝园两尚书游白云观。广宴适临燕九节，宁辞爇烛坐宵分。席罢复与虞琴、子有诸君作竟夕谈。

燕九后十日作

有信潮头任往还，无聊情绪苦拘牵。神驰远道惊巢覆，贵阳被炸，旧庐全毁。篱寄他人幸瓦全。子野未堪闻乐感，孝先翻好拥书眠。去年今日春申浦，夜泊香江万里船。客岁此日由港抵沪。

燕九春宴迟拔可大令未至爱赠此图附之以诗

尺楼高会聚群仙，四皓商芝竹七贤。宾主共十一人。曾仿西园图雅集，惜无北海列宾筵。重三后约宜修禊，燕九前游不记年。杖履春风入画里，还从画外拍洪肩。

花朝日以燕九春宴图寄南屏太史九龙得句题于图左

良辰在昔推燕九，家客而今少魏三。又届花朝春过半，凭传芳讯岭之南。展图随处留鸿迹，剪烛何时接尘谈。料得高楼人独倚，九龙山色拥晴岚。

己卯

题金西崖二十八岁画像 壬戌年作

花飞红雪竹含烟，白裕临风正少年。危坐一编长在手，嗤他边氏枕书眠。

天津李子香封翁墓志哲嗣颂臣都护属题

入境喜闻乡有善，居邦先友士之仁。二语为先光禄公龙山官廨联语，龙服官五行省弗敢忘。庭前鲤对闻斯语，泽畔鸿嗷仗此人。丰水诒谋明德远，泷冈表墓泪痕新。北门掌钥吾滋愧，膏泽何曾下及民。

花朝感事

一庭春色二分饶，跌宕东风拂柳条。忽听离莺邻院曲，不堪凄断是今朝。

寒食接荟亭寄赠半淞垂钓第三图长句走笔答之

蒻淞笑我图三钓，囊锦输君富百篇。江上好风传雁信，域中何日靖狼烟。前尘如梦不相见，晚岁偷生只自怜。渭水淮阴与严濑，鱼竿同著愧前贤。来诗以前贤相推许，非所敢承。

衰翁客里过寒食，惆怅东风感岁华。每忆良朋愁望远，适逢冷节倍思家。烟含栗里门前柳，泪洒河阳县里花。近闻九三叟潘洁泉太守仙逝。蜡屐踏青何处去，干戈满地各天涯。

清明书怀

过眼百千万尘劫，回头八十二清明。余行年八十有三。已无问柳寻花兴，难遣思家上冢情。多垒四郊闻野哭，孑遗一老负归耕。剪刀风利寒通枕，纵欲还乡梦不成。

挽潘洁泉太守

鹊桥风雨助悲凉，凄断花朝泪数行。花朝逝世。遥听口碑留洛下，怕闻邻笛悼山阳。朔南道阻书还寄，儒释沟通理互商。我愧宗资君孟博，铭幽合署汉循良。

清明后二日游兆丰花园感赋长句

胜日寻春春已老，寒食清明都过了。成句。掩关兀坐百无聊，手把一编把芬稿。余自港归沪作诗署为《把芬庐丛稿》。申江作客三十载，岂料今日成孤岛。龙华道上少人行,半淞台榭埋荒草。郁居夷市去何之,尚有名园盛林沼。娇孙侍我作芳游,不为伤时损怀抱。垂白非复少年狂,踏青苦被春色恼。到时迎面风徐徐,卓午当头日杲杲。夭桃浓艳乱红酣,矮松盘曲新绿绕。庭前几树柳丝柔,竹外一株海棠好。比邻叶接莺调簧,半亩塘开鱼在藻。野云镇日袭襟裾,泥雪他时留指爪。逢人总觉面目生,老我自怜须眉槁。信步经过动物苑,别寻蹊径穿窈窱。梳翎独羡野鹤闲,引絙翻笑猢狲倒。侧闻斑豹已深藏,惜少老黑立大道。绝似兰亭曲水曲,岂同开府小园小。策杖何嫌归较迟,驱车转悔来不早。积岁郁怀偶一纾,此游良佳兴未扫。拈毫拟赋冶春词,耳际又被鸣机扰。

题吴养臣观察玉泉山寻梦图

泉声旧绕山前寺,佛力新回劫后春。曾佩三刀临益部,更携双屐踏燕尘。蒲团易觉梦中梦,兰禊重寻身外身。上巳共摄一照。安得水云图画里,迟君来作打门人。旧藏《水流云在图》即以相赠。

和子怡春日游兆丰花园诗韵

绿水名园不染尘,到来俱是乱离人。夕阳劝客迟归骑,浅草如茵坐晚春。几树花开闻燕语,四围松老作龙鳞。旧游回首成追忆,赢得萧疏白发新。

上巳日花近楼禊饮与杨草仙百一翁吴养臣观察合摄一影题为三老图附以长句并示坐中诸君子

蜀国天府嘉祥延。翁蜀人。老人瑞应五星躔。仁寿长寿大邑填。太和元气得春先。翁也笃生井络边。少年裘马何翩翩。中年哀乐寄管弦。晚年福履更绵绵。百龄一瞥又加焉。寿人佳誉满全川。平生著屐迄华颠。南涉桂管北幽燕。来泊东吴万里船。京口一老今彭篯。谓马相伯。期颐正开汤饼筵。而翁览揆居其前。己亥庚子相蝉联。羲和特为先著鞭。蜗庐湫隘非平泉。造门忽缔苔岑缘。迩时恰值暮春天。兰亭修禊例相沿。花近传觞得地偏。夔铄并遇吴刚仙。养臣年八十二。促席遑恤醉流涎。把浮邱袖拍洪肩。少长矧复集群贤。姓名都付画图传。此日此会宁偶然。燕九四皓须眉妍。燕九节与杨小荔、喻志韶、沈鲁青摄影，题为《四皓图》。重三三老神形全。相看一笑各问年。《疑年录》续竹汀钱。丹青神化皆云烟。不知人世劫万千。

重三禊饮伯夔以诗纪事依韵酬之

客中逢上巳，海上遇仙翁。芝隐期颐外，兰觞几辈同。我惭郭有道，君是王无功。此事推衰久，朗吟来惠风。

己卯

天台褚九云广文八十寿志韶太史代乞诗

突过稀龄又一旬，长松品格鹤精神。李刘共学兼师友，_{谓志韶、一山。}黄绮高名寄隐沦。湖海未除豪士气，_{自寿诗有"犹思落湖海"句。}粥齑长保秀才身。何当手挈中山酒，来访天台白发人。

上巳修禊与杨叟草仙吴叟养臣合摄三老图得年二百六十六岁子有提学引道光庚寅正月阮云台太傅任滇督_{时年六十七岁}于署内宜园约刘叟庭植_{百零四岁}王叟崧榜_{七十九岁}宴集得年二百五十岁相较计赢十六岁赋诗纪盛有尚输一十六年春句作此酬之

雷塘召客人谁健，花近开筵兴遄飞。前后各成三叟宴，宜园风景已依稀。

卯倾坡老三杯酒，_{坡诗："卯饮酒三杯。"}午啜卢仝七碗茶。不用疑年较赢绌，相期努力爱春华。

上巳后四日榕卿约集寓斋赏牡丹即席赋简

好客主人贤,花时春可怜。不图秾艳色,重遇乱离年。北海论交久,南村得地偏。兴酣忘警夜,剪烛话窗前。

得许情荃书作此奉怀即以代柬

劫余室毁空泥燕,风便书来托纸鸢。丧乱杜陵天宝世,委怀栗里义熙年。羽觞遥共月千里,囊锦富存诗百篇。作客不如归去好,何时同泛米家船。

丙子秋余游旧京获晤福开森君于文华殿陈列所忆戊申秋君来武昌官署请谒忽忽卅年矣今春沪上大新第四楼特开书画展览会君曾在会所见余维时士女云集履舄交错不克握手道故嘱李拔可大令代致情款感君雅意枨触老怀诗以纪之

丙年曾遇文华殿,又上大新第四楼。贵甚球图洛阳纸,光凝虹月米家舟。几人夷市逢知己,一老天涯感白头。惆怅春归三月暮,未从海客话瀛洲。

上巳后八日花近楼宴集赏藤花子有即席赋诗余亦依韵继作录示坐上诸君子

布谷声声催夏令,九十春光犹未竟。重三修禊启华筵,后八日复展觞咏。小园开遍紫藤花,棠影蕉阴互辉映。虬枝盘礴霞采轩,香气披拂风力横。不是樊山旧日栽,圣湖嘉植波开镜。宅为樊山旧居,客有疑为昔所手植,记由西湖移来沪寓已十年矣。移根伴我花近楼,璎珞满架何褭叓。芳时高会集簪裾,赏花还上一层更。林侯才捷诗先成,江花五色毫端迸。应同婪尾惜春华,敢诩旄节骈家庆。原唱有"婪尾开尊,旄节传家"等句。写入水流云在图,意与俱迟心不竟。勉和琼瑶愧续貂,感时聊纪宾筵盛。

和韵寄酬荟亭并怀香海旧游

石塘夜宴酒方醽,诗本新编署把芬。客居九龙把芬道,得诗署为《把芬庐吟稿》。邀笛适逢桓子野,当垆谁似卓文君。酒家均用女招待员。炎洲昔作乘槎客,栗里今无出岫云。遥忆秦邮杨进士,读书应许一灯分。

以花近楼三老图寄赠南屏太史并题诗于左端

曾寄春江四皓图,更摹三老未模糊。频烦赠与严州守,好事得无笑老夫。

平生交谊媲原宁，港海赓酬影答形。可惜龙城分袂早，不曾图画共丹青。

一山寄展禊诗依韵酬之

展禊津沽喜得朋，不知江上战云蒸。风流大好联裙屐，会者七十余人。才气何能计斗升。鬼化怜君怀旧友，对兔老人新逝。鹤铭忆我访闲僧。往岁焦山展禊，于瘗鹤碑亭之下遇学信上人，廿年前方丈也。近来一事差强意，三老图成万象澄。

丙午从戎纪念会席上赋赠孙筹成同事并示坐中同事凡九人

当年教战集群英，江左安危系重轻。落日大旗唐代镇，晓风细柳汉家营。红桑换劫寻残垒，白发临觞忆旧盟。挂眼吴门三太息，而今虏骑尚纵横。

初夏遣兴

家山入破景全非，太息春归我未归。遥集更无新蜡屐，少陵常典旧朝衣。书还喜读晨堆案，棋尚狂敲夜合围。孟夏涉园多草木，当门五柳最依依。

芳时幸不雨兼风，花影阑干日正中。设榻有时迎孺子，移樽还拟醉山翁。一溪水活思游剡，五月江寒忆钓桐。最是龙城栖遁地，宋台凭吊几人同。

华茵不受软尘纤，初月娟娟入画帘。豪举十觞宾既醉，独携一剑仆能兼。望京北斗诗吟杜，卜宅南村隐学潜。金锁绿沉收拾尽，昨闻警柝夜森严。

频年烽火不关愁，但觉江村事事幽。意气平生今视昔，清和时节夏如秋。一鞭夷市初盘马，半蒻淞波且狎鸥。四皓图成三老继，更招海客话南楼。昨美侨福开森君来谒，卅年前鄂署顾问。

荟亭令媛遵康女士于归大喜赋此赠之

花村嫁娶结朱陈，四月清和夏似春。不羡东床夸坦腹，红丝牵得白眉人。

盈门喜气集鳣堂，奁簿传钞好送妆。应是苍山袁太史，十三经压女儿箱。

玉树临风谢女家，絮才早赋雪中花。婿乡近隔牛鸣地，恰便归宁挽鹿车。

偕老笄珈定百年，愿花常好月常圆。衰翁为制房中曲，乘兴挥毫写蜀笺。

荟亭又寄怀女遵庆诗赋此慰之即和其韵

生小兰闺习女红，二南诵罢五经通。记曾谒我来吴下，特为寻师入蜀中。劫后蚕丛书未达，学深蛾术理能穷。莫愁益部传烽紧，福曜含光照命宫。

渭英赠芍药是旧京中央公园移植嘉种赋谢

上林芍药殿春风，倾国名花白间红。亭北饱看秾艳色，淞西移植浅深丛。幸逃异地烽烟劫，想见先朝雨露功。今日一枝烦赠与，乱离身世感飘蓬。

拓地疏泥护竹笆，丰台不用说冯家。谑言溱洧风怀渺，围带扬州泪眼赊。只合与君为近侍，何期贻我恋芳华。投桃愧乏琼瑶报，得句还思笼碧纱。

己卯

生朝将届聘三榕卿先期四月九日招饮赋谢

寻常酒债怕临觞,今日衔杯饮兴长。一曲高歌青眼客,廿年夙好白眉良。剪鹉已醉天难问,喝雉方浓夜未央。风景河山愁举目,嘉招翻累郇厨忙。

十八日渭英子怡招饮

夜光杯里荐葡萄,不羡当年党氏羔。地隔牛鸣疑缩地,酒翻鲸吸抵观涛。江山故国人惟旧,湖海高楼气失豪。跌宕黄垆三十载,论交早已比醇醪。

十九日子有伯夔招饮

当筵不放酒杯空,群纪交期卅载中。牙帐连圻惟我在,月泉结社与君同。登封无稿身先隐,作赋多才句岂穷。用袁宏《东征赋》续句故事。垂老已非惊坐客,世家乔木式清风。

廿日味莲镜清招饮

宾筵排日醉延醒,恰喜清和雨乍晴。家住金陵吟梦得,地非蜀市遇君平。朱陈夙好风原古，王谢中年感易生。烽燧未消吾已老，勉陪高宴俟河清。

廿三日鹿生午岑招饮

到门无处访园官，席设午岑宅，为张园故址。获预郐筳置酒欢。雪苑风流公子贵，磻溪岁月硕人宽。扁舟早已归张翰，大事还须问吕端。高会适成三老宴，须眉还向画图看。席间摄影。

廿五日拔可崑三招饮

元龙老去兴难狂，雅荷招邀进酒忙。则友一门李北海，拔可群从多才。缔交两世沈东阳，与崑三为群纪交。人如梅福称仙尉，拔可仕而隐。我忆林逋客婿乡。往岁诒书来申主崑三家，余时往过从。今日华堂开广宴，万方多难感临觞。

廿七日斗文约午饮

一尊欢酌我，恰好日当中。君是朱公叔，我惭陈仲弓。浊醪几人共，多难万方同。两世论交旧，衰颜借酒红。

廿八日秋帆子才招饮

白发萧疏早闭关，漫劳朋酒换童颜。坐中客已醒兼醉，劫外人还健与闲。月旦评犹传汝水，风流令合比仓山。浴兰采艾端阳近，预酌蒲觞万虑删。

虞琴病起以诗索和即步其韵

投老投闲甘寂寞，思君不见苦低徊。喜闻疾以延薰愈，莫使心缘论事灰。裴度诗"灰心缘论事"。染素雅宜添画本，题红恰好作诗媒。柴门镇日云深锁，一笑还期旧雨来。

奉贤朱遯叟家驹己卯重宴
鹿鸣以诗索和依韵赋酬

天山筮遁景高风，犹有灵光鲁殿崇。科举纵停成宪在，苹筵重赴几人同。

健笔凌云得自天，此才惜未步花砖。乙科侥倖叨乡饮，生小蛇祥共巳年。余乙亥中式，与君同岁生。

桂攀齐向月华看，何止军中有一韩。元唱有"倭计齐年有一韩"句。任昉赋才张旭草，天留四皓障文澜。本岁重入宴者除君与韩紫石中丞外，尚有直隶任孝廷太守、粤东张豫泉太史。

寸晷风檐角艺能，夺标我亦少年曾。颓龄仰拜宫衔赐，揽镜萧条白发增。

魁选分经房舍连，靛毫批阅号亲编。隔帘旧制成追忆，庚蟬匆匆六十年。南闱是科君中魁选。

逐队观场几辈偕，当年觅举趁黄槐。移宫换羽须史事，重奏笙簧韵克谐。

制科成就白头人，太息收场岁甲辰。科举终于光绪甲辰，是科余充知贡举。瓯北云台工作赋，两公均有《重赋鹿鸣纪恩》诗。多君下笔有如神。

浮海居夷静掩关，孑遗何幸一身闲。读书种子今无恙，羡煞江南庾子山。

阅孙筹成戊寅游苏十日记率赋

吮豪写出客中愁，读未终篇老泪流。十日苏州君作记，应无人更说扬州。

己卯

我亦金阊旧主人，雪泥齐付劫灰尘。他时重过西园路，春满苏台不算春。西园寺余旧题"苏台春满"匾额，不知今尚存否。

年年吴下作春游，邓尉梅花任蹇修。乱后客船何处泊，横塘虽好莫勾留。

从戎纪念赋同袍，促席衔杯剩我曹。遥忆虎丘宾宴盛，虹桥帆影塔铃高。

荟亭远道以诗为寿依韵答谢

千里怀人月上时，诗来拍案顿惊奇。莺花故国萦前梦，鸡黍田家话后期。一善难藏争说项，九原可作倍思随。徐菊人同年新逝。置身宛在羲皇上，刘蹶嬴颠总不知。

鹤年添算酒添筹，名德焉能媲太邱。但觉眼前皆大夏，不妨皮里有阳秋。蕉阴作记叶藏鹿，花近征诗图绘鸥。六十初度梁文忠属汪鸥客代写《花近楼征诗图》。收拾烟蓑兼雨笠，半江剪水一渔舟。

遣　怀

琴可情移弦罢抚，酒将愁遣瓮常开。久经尘劫忘恩怨，已过中年减乐哀。江上鱼龙皆寂寞，林间燕雀莫惊猜。画图留得支离影，三见沧桑入眼来。谓庚子、辛亥、丁丑所经世变。

题叶诵清隶品四种集句

故纸摩挲印雪鸿，集成俪语字玲珑。爨碑旧习涂鸦诮，不及横山隶体工。

目想神游集挽勤，多君彩笔健凌云。而今变夏吾滋惧，六馆争书蟹体文。

再题诵先沧浪亭题咏册子

一椽赁得足安便，不羡苏家四万钱。收拾林泉归腕底，劫余风月浩无边。

我亦苏台旧主人，沧浪清水结为邻。西陂送侄图犹在，旧藏宋牧仲《沧浪送侄图》题咏极富。更欲从君一问津。

生日述怀

来日茫茫亦大难，草阁临江五月寒。倾盖时来今雨集，昔年师友零落殆尽。挥戈不放夕阳残。中年随处有哀乐，弱岁何曾策治安。庚

己卯

蟀无情催我老，万方多难发三叹。

跋扈羞为一世雄，王城埋首软尘中。译庭典属通邻好，郎署趋公诘尔戎。半日读书勤补拙，十年作赋愧摩空。尹京适奉留台命，戡乱无才敢诩功。

曾携桃叶过江来，劫后江南事可哀。钟阜岂真王气歇，秦淮依旧妓筵开。花残灵谷虚留寺，潮打空城尚绕台。我亦昔年王谢客，寻常燕子莫相猜。

人云三户必亡秦，自向江东作幸民。窥管已同斑豹隐，忘机翻羡野鸥驯。棋输半着全枰错，诗富千言一字贫。翘首夜郎归未得，式微歌罢感黎臣。

八秩加三鬓早苍，匡时无具善刀藏。拊膺有客成孤愤，被发何人叫大荒。偶向邻僧谈劫燹，未堪敌骑肆披猖。朱幡绛节寻常事，都付春婆梦一场。

博枭壶马角输赢，王室还应梦里争。才信莺迁须择木，未因猗乱始推枰。曹醪此日忘醒醉，周鼎当年系重轻。却悔学书兼学剑，腰间时作不平鸣。

五月四日赠张啸林

各揩老眼看沧田，愧我先生二十年。交谊无如张耳笃，诞弥均在孟尝前。瞻星南极同依斗，何日西湖共放船。豪气元龙除已尽，闻鸡让尔著先鞭。

杨文敬公丙戌会试卷哲嗣琚山世讲乞题

艺成十四扫千军，应制文皆经世文。荀氏八龙君最矫，他时锁钥策殊勋。

八国寒盟费斡旋，同随上相辑裘毡。贤良寺里时相见，最忆日斜庚子年。

一榜同题雁塔名，曲江春宴旧神京。当年胪唱惟余在，展卷终篇老泪横。

端午即事

浴兰采艾非吾事，典册高文式古芬。不吊沉江屈正则，如逢好客孟尝君。是日题杨文敬公会试卷，文敬好客有孟尝之风。

雷峰塔圮委残砖，不到西湖已数年。一片红氍消夏夜，情波千尺撼江天。夜约友人观演全部白蛇传戏剧，江天即金山寺。

己卯

题孙筹成松下独立图

一编松下手亲持，独立苍茫有所思。应是回苏十日记，扁舟触我去吴时。

端午后二日晦之履安招饮
晦之并出家乐款客赋谢

榴红艾绿画堂前，坐上花枝开白莲。履安并约女伶于素莲入席。笳鼓声中闻玉笛，江城五月落梅天。

香海同舟忆旧时，嘉招今日倒琼卮。内家织罢流黄锦，挟瑟高堂唱柘枝。

获预郇筵进酒筹，主人好客最风流。碧醪甫醉红氍启，一曲清歌小放牛。

刘郎情重比汪潭，孙楚登楼兴倍酣。绿鬓朱颜均未改，自怜白发老江南。

任孝庭进士本年重赋鹿鸣蒙赏御书行为士范扁额以诗驰贺枨触汴闱放榜时也

周甲适逢乡饮筵，几人重上孝廉船。载赓苹雅偕三老，本年重赋鹿鸣尚有泰州韩紫石国钧、奉贤朱遯叟家驹、广州张豫泉其淦三人。独荷芝纶下九天。勉副儒行垂士范，不须雌命感辰年。君甲辰会试中式，以进士归班。汴闱手放春明榜，四纪偏悭一面缘。

十三日尧卿小堂招饮赋谢

夕阳亭上足勾留，风月清谈感白头。交谊几人似徐稚，长才卅里识杨修。洞中棋局君休问，江上烟波我亦愁。酒冽茶香情更渥，新凉灯火夏如秋。

大端阳日仲奇招饮赋谢

华灯初上绮筵张，来醉琅琊大道王。老我惭为惊坐客，多君富有活人方。开帘读画如逢沈，出示明季某画师山水巨幅，绝似沈石田手笔。居市藏名早识康。儿辈也陪冠盖末，衰翁何怪鬓丝苍。

己卯

阅崔云潜世兄陈励英女士潜励集喜赋

子昂才艺仲姬诗，浣诵鸥波戒旦词。江左衣冠延世泽，桂林山水耀门楣。双修鸿案齐眉日，一老鸾笺下笔时。往岁文定时曾制二人同心笺属题，今即以此笺写诗，亦一时佳话也。长夏华筵开燕喜，登堂有客到来迟。

十八日虞琴剑丞移樽招饮赋谢

移樽花近置行厨，锡扇扬仁愧老夫。承惠画扇。登岱访碑曾入画，夏扇为《泰山仰止图》。萷淞垂钓又成图。姚扇为《半淞垂钓图》。芝娱商皓身先隐，剑丞为黄公苗裔，早归隐。梅发超山梦不孤。虞琴往约超山看梅并营生圹山中。觞咏敢承松柏茂，论交何幸托葭莩。

二十日耆卿招饮赋谢

楼船曩岁泊金陵，记否同车御李膺。廿年前余客秣陵，彼都仕商乘汽车者只君一人，承借用游览名胜。久别漫劳肠毂转，嘉招又荷锦茵凭。行厨竞说牛心贵，晚景惟余鹤发增。忝作五鲭筵上客，倾觞况有酒如渑。

琴初参议以辞官感遇诗属和寄酬二首即步其韵

遂初一赋阙长辞，把酒开轩会有期。每忆莼丝乡梦远，回思莲炬院归迟。玉音问答臣能记，金鉴讦谟帝许知。我亦衣冠挂神武，江湖白发到今兹。君旧居西湖五峰草堂，现寓长春柳条路。

小荔同年寄示六逸引年图诗依韵酬之

五百还加十九年，皤皤六叟列华筵。六人共得五百十九岁。老人会许称真率，居士衔宜署乐全。历劫几经风鹤警，展图留证雪鸿缘。抚时不用嗟迟暮，世界由来是大千。

二十五日仲良招饮

久作无心出岫云，一樽留饮又逢君。入林雅集皆嵇阮，仍世交期逮纪群。绿野未能偿素愿，白头犹及式清芬。北窗醉卧羲皇上，蛮触纷争总不闻。

味莲寓斋铁树开花此奇瑞也作此张之

劫余拓地起楼台，雅荷嘉招旧雨来。一树老苍疑铁铸，几人谈笑报花开。天留玉汝绵瓜瓞，客到呼僮剔藓苔。忽忆剑南官阁里，交柯盘曲首重回。五十年前余在丁文诚公成都节署曾见铁树二株，数百年物也。厥后奉命督川未到任，中更世变不知树尚存否。

天贶节日子怡假座宴客酒半忽忆 是日为亡友李伯行侍郎生日越日为 余尧衢京卿生日昔年置酒称觞忽忽 若梦感赋长句录示坐中诸君子

火云敛峰屹相向，置身疑在洪炉上。清风徐来如故人，佳节忽又逢天贶。费侯假我花近楼，此日开筵楼上头。万方多难今何世，陶然共醉消烦忧。坐中俱是忘年友，却向九京悼二叟。年年治具作生朝，泪洒黄垆一尊酒。余叟执法重如山，谳成拚掷獬豸冠。晚岁来作春申客，棱棱节概乔松蟠。李叟汪波富千顷，韦平家世咸引领。博望功名自得之，早薄袭封侯二等。与我同结蛮蚷缘，居夷浮海许随肩。春榜齐年交最夙，相门群从独称贤。廿年尘世变迁速，庚蟀催人感存殁。此时东海未招魂，当日西窗共剪烛。费侯等是乱离人，两世知交重纪群。家富青箱媲王氏，裙书白练识羊欣。耆年高会人争羡，载酒停车夜张宴。瓜李南皮续旧游，承惠瓜果多珍。衣冠江左倾时彦。太息神州易陆沉，偶因感逝更伤今。临觞尽属同心侣，呎笔聊为拥鼻吟。

和答琴初楼望思归二首即步其韵

铸铁无端聚六州，灰心论事雪盈头。去官敢薄陶弘景，居市宁为韩伯休。几辈朝秦兼暮楚，莫谈怨李与恩牛。飞觞遥酌中山酒，一醉陶然销百忧。

陆沉容易感神州，客到新亭最上头。书剑飘零何所适，干戈扰攘几时休。行经东郭思牵犬，归卧南山学饭牛。鹑鷃赐秦天已醉，与君空抱杞人忧。

六月十一日伯夔寓斋雅集即席赋简

妙德先生自有传，投分吾早识袁粲。晚春未和落花诗，长夏来陪沈李宴。门外何所有？长者车辙满户限。室内何所有？石庵浓墨糊壁遍。楼上何所有？藜床一榻书万卷。平生幸联纪群交，避秦宁知魏与汉。竹林游共行迹忘，花下厨许咄嗟办。登盘但觉乡味浓，促席不教酒人散。抚时今日是何日，起视万方正多难。负图何处寻黄龙，安得太平旂再见。《唐六典》载黄龙负图太平旂，政和四年六月十一日改换青色，事见《玉海》。今宵剪烛话西窗，明日更索新诗看。

己卯

越日和章适至奉酬一律并申近局之约

一纸吟笺费剪裁，草堂今日有诗来。人如好客魏无忌，我识高名袁子才。画壁肖然罗将相，_{楼壁悬中兴钜公曾胡左李画像，望之俨然。}衡门何碍长莓苔。兰香入室宜消夏，_{敝庐兰花盛开。}花近开筵共举杯。

接凌惕安贵阳书却寄

一生著屐预安排，惜未衔杯月下偕。香海我曾牵客梦，滇池君喜拓吟怀。_{君有《滇游草》。}山中芝皓迟归隐，世外桃源且住佳。马齿徒加劳记忆，此情如水汉江淮。

新秋有怀叠前韵

清秋高会绮筵排，旧雨晨星几个来。饭颗少陵惟有泪，醇醪公瑾畅高怀。曾经严濑诗应绩，一别邯郸梦岂佳。太息秣陵王气尽，河房灯火黯秦淮。

读云麓悼亡诗仆本恨人亦难自遣勉赋奉慰

寂寥情绪早秋知，最是灯残月堕时。难遣浮生三娶后，空萦偕老百年思。营斋元相缠绵语，铸错渔洋懊恼词。我亦惊弓弦屡折，开缄忍读悼亡诗。

频年丧乱苦追从，旨蓄安排备御冬。顶礼遥参三岛佛，诰身荣锡五花封。倩魂忍诀佳夫婿，闺范咸崇旧女宗。何怪安仁工选句，玉扃他日会相逢。

秋夜怀南屏太史

庭梧一叶又惊秋，帘卷西风冷玉钩。鳞便竟无双鲤达，交深曾共九龙游。同携蜡屐寻残碣，料得移灯上小楼。今夜月明千里隔，仰天徒作杞人忧。

丙辰六十初度梁节庵嘱汪洛年为绘松寿堂诗话图并约逸社诸老赋诗为寿旧图重检感慨系之爰赋此诗

甲子循环岁一周，重经二十几春秋。故人大半成黄土，老我而今亦白头。尚有碧纱笼旧壁，更无血泪洒神州。月泉吟社风流歇，花近伤心独倚楼。

己卯

荷花生日味莲寓斋赏荷即席赋简并示坐中诸老

荷池秋水足潆洄，先一日立秋。此是看花第二回。廿日前曾约赏铁树开花。玉立亭亭娇欲语，红情脉脉为谁开。几人穿藕观鱼戏，一老支筇带鹤来。儿子昌豫亦预高会。恰好生朝张广宴，介釐合晋碧筒杯。

耕亭先生遗墨子怡观察乞题

武进数人物，先生一代雄。文章追李杜，师友溯孙洪。锁院三场冠，长城五字工。四传孙述祖，未改旧家风。

百年留手泽，一瓣爇心香。乱世斯文丧，高门旧德长。儒臣唐谏议，仙吏汉循良。勉作微言赞，滋惭学殖荒。

落花诗由伯夔首唱子有继之余未能和
也顷读琴初和章枨触余怀率赋奉答

彩笔徒萦梦里思，肠枯未和落花诗。举杯邀月怜三影，捐扇悲秋又一时。陈实德难为世重，胡威清早畏人知。多君旧是瀛洲客，水面文章绝妙词。

秋夜杂咏

早岁叨陪甲乙科,一鞭残月渡黄河。揭来作客春江上,卧听鸡声愧枕戈。

一鉴方塘半亩余,中间小筑读书庐。纸窗今夜西风急,落叶明朝费扫除。

岂有雄心抚孟劳,闲情付与钓人篙。行厨又报余粮匮,太息年来米价高。

林鸟栖枝散晚烟,新凉灯火早秋天。夜深忽作沙场梦,废垒荒江万骨填。

论交日与故人疏,边笥便便我弗如。垂老未精文选理,埋头灯下检梁书。近日以旧藏梁山舟先生手钞文选精品详批览。

牛女双星隔一河,通词曾否托微波。聘钱债息年年续,续到而今比泪多。

十年一觉梦非遥,花下阑干月下桥。闻说金吾新弛禁,疏灯红处酒旗飘。

己卯

诗城高筑受降无，一字推敲命意殊。毕竟广场风雅事，胜他喝雉与呼卢。

筑堰淘滩智力殚，离堆高峙蜀江寒。少游曾上伏龙观，犹及披图检烛看。郎静山赠西蜀灌口伏龙观离堆摄影，为余五十五年前所游地。

九龙有客寄诗来，酒坐传观倦眼开。为道海南烽燧急，何时重上宋王台。

佛堂花雨落缤纷，可许经房一榻分。料得邻僧归月下，钟声夜半隔墙闻。

堂无绿野负归耕，萧瑟江关百感生。望祭千家闻鬼哭，勉如欧九赋秋声。时近中元。

题许情荃双池避地图

乱离何处乐琴尊，鸿印摩挲雪爪存。贺监移家宜鉴曲，泉明卜宅爱南村。钟声莫问前朝寺，画隐犹怀旧日园。劫罅诛茅容抱膝，清池皓月恰当门。

潘澄波赠昙花赋谢

论交邻老最多情，玉树双枝抵百城。只恐宵深花易睡，不辞醒眼坐天明。

叶上蟠根费讨探，赏心如共礼瞿昙。花开花谢须臾事，晚岁偷生我未堪。杜诗："晚岁迫偷生。"

玉样精神冰样姿，昵人最是夜深时。料他朝槿应同恨，一例何曾晦朔知。

不向群芳斗紫红，生涯都在刹那中。恋枝毕竟愁风雨，一笑匆匆返太空。

郎静山世兄招饮新雅酒楼即席有怀先德锦堂军门特赋长句赠之

广场珂马不闻声，登楼但觉清风生。对君夷市樽中酒，触我山阳笛里情。忆昔蜺旌驻清晏，早识尊公经百战。讲武时过细柳营，传餐屡入荷芳院。袁浦节署清晏园荷芳书院风景最胜。即论政事亦兼长，绛灌无文漫比方。治水塞流勤筑堰，劳农力穑勇除蝗。中州荐表达京阙，尊公殊擢镇河北。吴头楚尾快追从，请缨更作北门客。杜鹃啼血天津桥，大旗落日风萧萧。同辞沽口前朝戍，来听申江后夜潮。巫阳下召抑何速，饰巾犹及寝门哭。昔年孤露今长成，父书何幸儿能读。光学化学欧风行，羡尔多才艺事精。杭郡湖山开画本，君杭人，工画。汝南人物有公评。兼营广告。一生行脚西川遍，万里归来复相见。赠我峨眉缩本图，卧游如到伏龙观。承惠峨

己卯

眉绝顶及灌县伏龙观离堆摄影各图。嘉招今日肴核陈，莫负鲭筵酒数巡。坐中尽是忧时彦，瑟瑟秋回暤暤春。尊公九京如可作，也应谈笑杂谐谑。河山风景未全疏，只惜人世已非昨。

岑母张太夫人机灯课子图
有常世讲乞题即以为寿

东野春晖报答无，北堂萱草协珍符。碧幢绛节高门第，灯影机声好画图。此日朔桃娱寿母，当年欧荻课诸孤。君家世德吾能述，作颂深惭老笔枯。

寄怀一山天津兼述鄙状得诗二首

渺渺余怀秋夜凉，虫声遥和漏声长。共看明月家千里，所谓伊人水一方。子美客中补茅屋，幼安海上卧藜床。南来惜少鸿传信，双鲤衔书北寄将。

劫罅余生感二毛，昕宵运甓肯辞劳。回思春晚花容丽，独怪秋来米价高。砍地酒酣频按剑，蜀江水活足容刀。打窗更有催诗雨，百叠吟笺写薛涛。

荟亭以诗寄怀依韵奉酬

跌宕夷场苦郁蒸,归耕无地理秋塍。绵绵远道鱼鳞便,矻矻穷年马齿增。别绪肯忘彭泽柳,诗情都付剡溪藤。衔杯欲觅今宵醉,小市临江已上灯。

岂有肠轮往复还,年来万事不相关。草堂送客经旬别,竹院逢僧半日闲。拔剑有人狂砍地,披图容我卧游山。吟秋短句先驰寄,勉吮枯毫力已孱。

七月望后五日澄波招饮寓园赋谢

四围绿绕树扶疏,十亩林塘有埶如。在昔哥舒营第宅,因为法将霞飞故宅。只今潘岳乐园居。坐中品竹娱清昼,壁上笼纱愧拙书。四壁书画琳琅,拙书亦获纱护,深滋愧已。酒半茶烟助余兴,娟娟凉月照窗虚。

感子今宵故意长,怜余衰老鬓毛苍。主宾杂坐忘行迹,儿女成行进酒浆。花外静观鱼鸟乐,角尖翻笑触蛮忙。一声警笛归来晚,宿醉初醒报短章。

己卯

吴湖帆先室潘静淑夫人绿遍池塘草图题词

半是怜春半恼春,展图一片绿成茵。使君解得离骚意,香草原来属美人。

烽火苏台草木腓,家山回首不同归。多情最是孙薇隐,苦忆长离阁名王采薇。

梦里依稀谢氏池,好将琴瑟比埙篪。吴郎雅擅丹青手,补入鸥波唱和诗。

荟亭书来备述近状并以奉怀周石臣桂南屏金子才诗寄阅惜石臣已于客岁捐馆矣感赋一律

缠绵一纸慰调饥,千里神交梦亦飞。灯下看书防目眚,客中量带损腰围。来书云,近有目疾并患腰痛。留人丛桂馨闻远,南屏仍寓九龙。跃冶黄金贵悟希。子才现在沪。太息醇醪公瑾逝,梁园回首素心违。

接一山书详述天津水患感赋

陆海茫茫水拍天,书来宁忍读终篇。君吟东野号平寒句,我忆北门移病年。河满难寻三汊迹，巢倾几断万家烟。昔时父老今安否，桥上鹃声亦可怜。

朱聘三太史七十双寿诗以遥祝

才名冀北早空群，人表评量到九分。景薄虞渊犹捧日，胪宣金殿快书云。玉堂手订十朝谱，香海心传四教文。料得古稀多岁月，菊觞同泛有余醺。

寿朱斗文观察

弱龄诗礼过庭闻，堂构亲承克俭勤。悦性乐山兼乐水，君富山水癖，时从予游。忘年交纪更交群。星辉南极联三五，月到中秋已十分。继范堂高思继续，继范、思继均先德堂名。作求世德绍清芬。

八月十四日渭英赠昙花感赋

画帘不卷壁笼纱，珍护人间宝相花。名酒绿倾三雅后，是夕尧卿假坐延客。疏灯红照一枝斜。几回阅世催梁梦，前月澄波亦赠此花。永夕留香待月华。明日中秋。瑟瑟西风秋已半，观涛还拟过君家。涛神乃君家故事。

己卯

余馨清透茜窗纱，一娶开成顷刻花。本色最怜容婀娜，素心相对影横斜。画图省识供诗料，即夕命四孙摄景多张。荣悴须臾验物华。谱入群芳夸姓氏，风流端合属羊家。

中秋日鬓云四十初度赋此赠之

芦花风定海潮平，月到中秋分外明。成句。此日桃觞堂上集，当年桂楫渡头迎。还丹愿尔朱颜驻，对镜怜余白发生。最喜同耽山水癖，劫余回忆不胜情。

读琴初感事诗率和仍叠前韵

远道空萦缩地思，感时愁赋乱离诗。河山风景悲今日，尹姞衣冠忆昔时。角斗触蛮蜗自适，利收鹬蚌渔先知，湘南又报传烽紧，忍爇兰膏读楚词。

题荟亭七十二岁小照

梁苑一为别，开缄又见君。端居东海曲，笑却北山文。早著谢公屐，能书羊氏裙。同看千里月，秋色许平分。

四皓兼三老，春时好画图。惜无君杖履，负此长眉须。谁立门前雪，自携花下锄。勉追杨马躅，百岁只须臾。杨叟草仙、马叟相伯年均百岁以上。

惕安远寄和诗叠韵奉酬

四面青山囤外排，南村尚有素心偕。平居故国兴亡感，大孝终身孺慕怀。避地养亲，具纫高志。野碓几家流水活，小楼一角夕阳佳。此间即是羲皇上，鸡犬升仙不羡淮。

接惕安书知前诗为覃生世兄推许殊愧三四叠韵奉怀即寄贵阳

远道裁诗冈强排，何期击节有人偕。坡公笠屐宁谐俗，陶令琴书自委怀。游钓已伤同辈少，溪山毕竟故乡佳。书空似较飞鸿便，不用浮江更涉淮。近日航空递信速而且便。

山行水递驿程排，曾与尊公共计偕。谓先德珍林先生。雨后垫巾逢有道，门前问柳契无怀。江亭穿苇停车远，刹海观荷放棹佳。说与郎君须记取，当年赌酒气如淮。

排字韵诗已四叠韵忽忆南屏九龙仍四叠韵寄之

坐班先后午门排，《会典》："新进士授京秩，朔望例于午门外坐班。"老客

己卯

龙城与尔偕。茶话色香犹在口，诗成俯仰一兴怀。别来眠食应无恙，梦里溪山亦绝佳。太息珂乡兵未洗，救时安得李临淮。李文忠公督粤有惠政。

把芬丛稿自编排，香海归来所著诗署为《把芬庐吟稿》。子夜闻歌妇孺偕。时以播音消遣。客坐岂知程与李，逸民深契葛兼怀。希文肯负平生志，杜老曾吟绝代佳。洄溯外台初奉使，双僮一马莅清淮。

大道城南户籍排，君所居为城南道。杖藜时有一孙偕。门临碧海疑成市，楼对青山喜骋怀。扰攘兵尘三载别，清和天气四时佳。直南又罹虫沙劫，谁识疏河预导淮。

胪云殿上姓名排，粤桂江杨造榜偕。谓荟亭。鹫社湖光摇客梦，宋王台址渺余怀。别如流水情长短，书劝加餐状善佳。更忆云间贤太守，吏才今少咸升淮。咸君名扬，久任松江，循名最著。

惕生寄到中秋无月诗奉酬二律即步其韵

流转江湖不计年，匆匆庚蜕岁时迁。仰看申浦中秋月，遥忆泮坰万里天。酒渴灯残炉管咽，诗清茶饮竹炉煎。但持佳句酬佳节，莫问清辉几缺圆。

我别家山卅二年，一为迁客感流迁。高楼花近招红友，荒径松存坐绿天。荏苒风沉千里隔，乱离身世百忧煎。多情最是今宵月，独坐西窗分外圆。是日海上大放光明。

慈护世讲以两世先德司勋
公司空公遗墨属题敬赋

诗成笔阵两岩岩，老树苍松护碧杉。醼饮花时广携受，入林竹下籍呼咸。蓬醿寿母春长在，草圣传家艺不凡。五世喜延君子泽，鸳湖波泛好张帆。家世秀水，自司勋公迄慈护恰五代。

慈护复以近两世先德遗墨属题感赋二截

落纸都成屋漏痕，淋漓大笔气全吞。公家两世好兄弟，文采风流萃一门。

无分登堂拜老泉，瞻由何幸作同年。谓乙庵尚书、子封提学。玉楼早赴修文召，剩我栖皇歇浦边。

敬题小湖太年伯双桂读书图

藜照曾分天禄火，桂丛犹恋故园花。玉杯书旧时还读，金粟香飘树自嘉。三径松篁补秋色，一门桃李绚春华。公校士得人最盛，曾文正、林文忠、周文忠均称弟子。卓然进退皆余裕，绿野平原岁月赊。

己卯

九月初三日花近楼雅集率赋

楼台近水晚风萧，宿雨初收正落潮。远道鲈莼乡梦绕，荒厨鸡黍故人邀。一尊酒绿新浮蚁，四坐灯红互夺枭。珠样露华弓样月，初三依旧可怜宵。

初六夜有怀叠前韵

鬓毛落似木萧萧，心事平于退后潮。酒滟泉明巾许脱，笛逢子野步能邀。同巢已少衔泥燕，俟命宁知夺食枭。如此江山如此客，有怀难遣是今宵。

重九日大中华七楼公谦抚时
感事率赋长句录示坐上诸君子

庭草分青上碧纱，凭栏犹是大中华。昨岁曾于此地登高。邻炊久已醒梁梦，客辖重来就菊花。往事荒台谈戏马，夕阳疏柳数归鸦。连云楼阁灯初上，门外天涯似海涯。楼临跑马场，入夕灯火通明，绝似香海风景。

千朵芙蓉拥翠微，贵阳城东芙蓉峰为士绅九日登高地。家山虽好未能归。

莫干倚剑看飞瀑，辛未九日莫干山剑池看瀑。港岛题诗遍扯旗。丁丑九日香港扯旗山登临有诗。已是旧游风景异，又逢佳节酒人稀。红氍一片鸳鸯泪，江上笙歌夜合围。席罢友人约观北伶《忠烈鸳鸯》新剧。

子怡以九日登高长古见示即用元作首句
为起句奉酬一首并简是日坐中诸友

七层楼头作重九，独立苍茫吟望久。极目直穷天外天，握手适来某与某。隔坐安知有李程，当筵独心契刘柳。与君仍世纪群交，劫罅相逢意尤厚。借书发箧互校雠，博弈推枰忘胜负。法曲同赏后庭花，嘉招累剪小园韭。流转江湖岁月赊，君尚黑头我皓首。欣逢今日是佳节，获与群公共尊酒。题糕韵事迹已陈，落帽风流今在否。独怜烽火遍天涯，杀气弥纶逮鸡狗。孰使神州易陆沉，夷甫诸人应执咎。万方多难强登临，畅怀安得扫愁帚。跃马场续戏马台，一试健儿好身手。夕阳斜照绿莎园，并照白发支离叟。满城楼阁初上灯，回望旧京依北斗。等是无怀葛天民，就菊肯落渊明后。

望日秋帆招饮大中华七楼作展
重阳会得句奉谢仍叠前韵

题诗安得壁笼纱，七日匆匆感物华。特展重阳倾绿酒，不教晚节负黄花。广场非复鸣班马，是日非跑马期。古树依然噪暮鸦。高会荷君招雅集，情潭千尺信无涯。

如此河山感式微，万方一概我安归。回风笙院传瑶曲，_{楼下为歌舞场}。落日钟楼照大旗。雪迹重寻鸿印合，霜天遥望雁书稀。登临徒陨忧时涕，太息年来减带围。

伯夔和诗凡三易稿何其慎
也并筮期招饮先此志谢

频年交谊比醇醪，客里同登九日高。一字推敲三易稿，七楼夐绝两题糕。望日秋帆招饮此楼作展重九会。才如袁虎赋能续，老去元龙气失豪。慵听隔江商女曲，承约观剧未赴。还留后约醉持螯。

越日伯夔高斋小集叠前韵

绿尊留饮荐芳醪，惆怅年来酒价高。重荷故人邀就菊，自惭俭腹怕题糕。茱萸遍插原令感，两家兄弟均感衰落。柜帟中兴画像豪。楼壁悬中兴将相曾文正、胡文忠、李文忠、左文襄画像，望之俨然。领取清秋凉一味，与君相对擘双螯。

挽庄得之观察

亦知痼疾苦难医，尚冀针砭妙手施。玉府忽惊传赴召，月泉从此罢题诗。一场蝶梦悲今日,卅载莺邻忆昔时。多难万方同一概,杞忧心事有谁知。

地隔牛鸣喜望衡,云龙结契荷深情。惠风上巳修兰禊,佳节重阳缔菊盟。月满南楼连夏口,阁临北极俯台城。旧游回首不堪忆,乱未平时丧友生。

秋不尽三日率家人游法国公园感赋

客途秋已晚,日暮欲何之。夷居廿八载,岁月怅空驰。慵抚陶径松,罢弹谢墅棋。老屋偕隐园,曾不十年窥。兹地邻咫尺,高揭与国旗。往岁一经过,重到不嫌迟。娇孙苦牵率,扶杖镇相随。小妇亦解事,未觉杨路歧。行行复止止,腰脚差不疲。广场十亩余,恰及菊花期。已过重阳节,花开未后时。或黄疑金铸,或白逞雪枝。或紫如荔挺,或绿误杨垂。秋色非一色,色色均离奇。衰翁饱眼福,游客群嗟咨。更入动物院,高栅上晴曦。双狮何酣龁,一虎独蹲夷。争芋猿长啸,搬姜鼠奚为。狡兔据三窟,老鹤栖一枝。围观人堵立,曾莫辨某谁。石床偶憩息,神闲心自怡。瞥见孙曾辈,秋千架上嬉。我景迫桑榆,来日奚足悲。汝曹基蒙养,合登春台熙。独怜天方醉,烽火西南陲。直北未淡灾,万族苦溺饥。草间觊偷活,青帘飘竹篱。肯嫌酒价高,买醉夫何辞。游倦赋归去,花鸟系怀思。久卧他人榻,排闷强裁诗。杜句。

题瞿季刚诗礼永怀图

罔极难忘留画像,蔼然慈孝一家春。最怜竹下娇儿女,长侍松间二老人。勉读父书延世泽,独偕嫛姊慕终身。思亲我有双图卷,余《水云图》七二卷,第一图为《鲤庭学诗》,二图为《机声灯影》,征题殆遍。重展斯图倍怆神。

接惕安贵阳书知与黄君伯厚桂君伯铸山居夜话皆故人之子也盼余早作归计雅意足佩奉酬一律临楮神往

尺书远寄劝还乡,雅荷良朋故意长。乐泮昔曾偕未谷,伯铸尊人与余同案入庠舍。谈经人共识文强。伯厚尊人子衡孝廉与先少石兄同年,经学最著。黄香,字文强。父书盈箧儿能读,君辈多才我不狂。流转江湖霜压鬓,茫茫何日办归装。

沅叔提学以六十八岁初度述怀诗寄和依韵酬之

闰余积岁恰稀龄,梁枕匆匆梦易醒。醉羽遥飞郫酿绿,校书老恋阁藜青。未荒三径开三益,高筑诗城薄四灵。莫问触蛮蜗角事,孤鸿天外总冥冥。

从古经生享大龄，藏园旧谶几人醒。昔寄《藏园高会图》弢厂、樊山、蔚然诸老年皆八十以上，惜已逝世。书临北海狂飞白，帘卷西山远送青。题柱君迟归蜀道，访碑我久别黔灵。贵阳第一名山。登高甫过重阳节，两地相思入窈冥。

寿崑山世讲五十 十月初十日生

世德宁忘祖砚贻，趋庭早学礼兼诗。溯君堕地悬弧日，触我排云侍宴时。与先朝孝钦后万寿同日。作客扶桑狂濯足，赁春吴庑快齐眉。百年岁月平分半，策杖登堂醉酒卮。

闻一山末疾已愈作此奉慰

水西庄里故人稀，年来津寓洁泉、俪桓、藏斋诸老均已去世。还向泥中赋式微。才似留侯曾辟谷，节符清圣早餐薇。为寻市上韩康药，难减腰间沈约围。百廿诗成酬唱集，白头一任发长晞。君赋百廿诗索和，以余年八三，君年七九，私愿同享期颐，然乎？否乎？

荟亭以七二诗寄和奉酬一首

不因转徙感飘零，诗礼传家世守经。劫火已无干净土，夕阳犹挂短长亭。于今洛邑思贤尹，从古诗人享大龄。恰值保生仙降日，

己卯

飞觞遥醉酒微醒。道书:"十月廿四日保生天尊降。"

十月十有三日味莲寓斋赏菊赋赠用客岁赏菊韵

安雅堂开客驻车,不因雨雪负黄花。是日交小雪节,有雨。簪来酒坐香初逗,移向灯前影半斜。未改秋容惊岁晚,随携儿辈拜君嘉。余与鹿生、榕卿均各携子来预菊花盛会。愧无佳句酬佳色,输与温歧手八叉。

毋须载酒但停车,阅遍黄黄白白花。雅爱嫣红疏间密,最怜唾绿整还斜。诗情逸社朋怀旧,往岁逸社联吟与子玖、梦华诸老曾赋菊花诗。画卷中闺耦失嘉。亡室许夫人工画,曾绘黄花手卷。今日高斋开广宴,寒葩纷倚玉鸦叉。

节高屡寄诗篇勉赋一律

群纪论交屡见过,劳劳身世感蹉跎。耄荒愧我难为长,才富如君岂患多。醉后逃禅修净业,狂来斫地发高歌。得闲是福贫非病,灌溉心田养性禾。

过镜清新居

故宅荒芜十亩余,美完新卜好家居。夕阳未落穿深巷,旧雨能来御小车。浮白宁辞添酒债,照青重检课儿书。阶前预展蕉阴地,留种寒梅共一庐。

筹成伉俪招饮不赴

赏花读画风流事,其奈衰翁抱采薪。举案有孤梁孟约,抗心勉作葛怀民。露苗烟蕊百龄药,席设九福百灵机公司三楼,近改作国药公会,君主其事。老带庄襟四座春。倘效西园图雅集,可能著个病夫身。

望后二日福儿五十生日书此示之

破碎河山老病身,依然斗室太和春。我今八秩添三算,汝亦百龄得半人。已届知非期寡过,矧逢离乱贵安贫。拈髯一笑无他冀,但冀承家旧德新。

随宣崇牙事老夫,历经梁楚又燕吴。世家何敢希王谢,朋寿差堪附沈朱。昆三、斗文两世兄本岁均五十初度。多难万方忧毁室,同堂四代喜成图。十年一瞬期周甲,侍宴恩荣拜赐殊。

己卯

    一山天津书来以志韶编修前阅遏云
    女士集载润琴修撰诗神为之往今秋
    于海上翰怡内卿席上获见遏云书来
    致幸一山赋诗索和余以遏云曾为花
    近楼中客爱依韵奉酬并示志韶润琴

簧莺妒煞啸猿愁，占领歌场不计秋。榜眼暮年开老眼，状头佳句抵缠头。余音梁绕宁三日，绝艺邮传遍十洲。花近八旬排寿宴，重烦广座奏清讴。

意有未尽复成一律

老病慵开绿野堂，志韶前函致余："如招遏云饮愿陪末坐，以病谢之。"謇修何幸得刘郎。不图太史宫袍旧，获倚佳人锦瑟旁。欧氏伶官羞粉黛，公孙弟子自芬芳。裁诗远寄一山叟，光彩门楣喜欲狂。

    旧藏先大夫石刻二方一镌一官妨尽百年身
    一镌家在双峰文笔间均旧作名句也今值福儿
    五十初度特授之保存以期世守并以诗勖之

一官妨尽百年身，片石留贻苦忆亲。我已衣冠挂神武，愿儿长作义熙人。

红泥印出先人句,家在双峰文笔间。太息白云亲舍远,何时挈汝返乡关。

判花铁笔奏刀痕,石为外舅周春浦先生所镌,一号判花。石不能言寿骨存。应与楹书共珍弄,毋忘祖父旧清门。

东园老人以诗寄怀不通音问已三年矣依韵酬之

白头同遇乱离年,泥爪重重易化烟。梦醒适逢残雪夜,书来恰趁早梅天。曾经香海编行稿,遥寄新诗缔墨缘。才尽江淹惭退笔,输君下水快行船。

寿沈鲁青太守 十月二十三日生

卅年早缔岁寒盟,十月梅花介寿觥。皓四须眉图甬里,燕九公谦,余与君及小荔、志韶共摄一影,题为《四皓图》,年均八十以上。径三松菊伴渊明。好官民尚思前牧,老眼天留看洗兵。最是莱衣遥戏彩,羽飞不碍隔重瀛。

己卯

沅叔提学以诗寄怀依韵寄酬

杜门早谢三千客,开径犹存十八公。雅望君如郭有道,故交吾忆王无功。承钞叔鲁和诗寄阅。地连黔蜀邦仍旧,诗带幽燕气自雄。间道麻鞋迟未著,葵倾何日效微忠。

不谈政事谈文学,唐宋而还只数公。成就藏山千载业,端资闭户十年功。校经勉作然藜向,识字羞为覆酱雄。若论习传根本务,全交信与代谋忠。

云麓太史书来附寄近作孟子绎思旧录
二种并寿房师怀西编修诗函内兼述
辞谢友人征题艳体诗事是何说理之精
用情之挚而措辞之婉也喜赋二律

尺书浣读慰离群,如共清谈静夜分。孟氏忧时言许绎,向生思旧笛先闻。宁忘渤海门前雪,肯赋天台洞口云。欲使胸中消鄙吝,汪波千顷倍怀君。

往岁公车入大梁,春风得意马蹄狂。不才地望惭欧九,余忝知贡举。太史文名似子长。一自西京赋离黍,几人东海看生桑。星星白发衰迟久,健笔输君纂述忙。

题廉建中惠毓明双栖图

登楼王粲常为客,赁庑梁鸿尚有妻。为问君家小万柳,劫余可许燕衔泥。

泛宅浮家半蒻淞,春花秋月去匆匆。袖中诗本尊中酒,暖阁安排好御冬。

明刘廷美仝宪山水画卷弃尘主人属题

淡写烟岚浓写树,天然尺幅好江村。数间板屋曲通径,一水沧浪直到门。

落纸挥毫晤画禅,高名倾动况青天。唐仇文沈风流歇,此本经过五百年。

覃生世兄用余九日诗韵赋句寄怀依韵和答

烛剪西窗远隔纱,夜阑依斗望京华。而翁同是凤池客,与尊公珍林提学先后官内阁。哲嗣无惭狮子花。佳句频投书付雁,短章遥和字涂鸦。居邻富水年年绿,始信浮生未有涯。

己卯

黔灵诗壁晚烟微，便道之官忆我归。丁未冬入蜀请假谒墓，曾赋《感怀诗十八首》刻黔灵山寺壁。粥美腊催僧寺鼓，酒香春飏市楼旗。城南赵家酒楼，时往买醉。当时未觉河山异，再到应怜故旧稀。寄语加餐须努力，莫因多难减腰围。

感事叠前韵仍寄覃生

已将皂帽抵乌纱，忍向东京录梦华。岛客能言温室树，伶官犹恋上阳花。长桥断岸浮朝蛛，古井沉冤集暮鸦。老病久悬夷市榻，泥城门外即天涯。

殷墟已分老簠微，万里烽烟达㪚归。江上狂驰回纥马，军中争树曲端旗。千村瓦砾几人在，一曲笙歌知者稀。仍世论交感畴昔，寄诗聊借破愁围。

荟亭书来瓦仓不靖势难久居以诗志慨作此答之

数家烟火对愁眠，读罢吟笺意惘然。何处尚留干净土，几时重遇太平年。遥知米贵频添债，转悔官清不爱钱。我已居夷警宵柝，榻旁酣睡弗如前。

荟亭复寄入梦诗仍依韵赋酬

甓湖渡口浦江滨,南北睽违不计春。异地触君天末感,故交剩我梦中亲。未堪月落参横夜,已是鸾飘凤泊身。回忆梁园同仕宦,岂期今作乱离人。

履安太守寓斋雅集喜晤郑冰如
于素莲两女伶即席赋赠

兴公高宴集贤宾,不赋天台赋洛神。南部于今传法曲,北方从古有佳人。同蒙商女其亡恨,等是云英未嫁身。白发已非惊坐客,漫劳红袖拂诗尘。

一山书来于遏云歌舞事累牍不休诗以调之

红牙按谱传瑶曲,白发当筵制锦篇。才女人如谢道韫,教师君似李龟年。夙知柳絮工吟雪,始觉梨园未散烟。何怪三月忘肉味,君患少食,今已愈。兰闺生小最堪怜。

己卯

赠友人仍用前韵

新诗赓和人千里,旧学商量手一篇。丧乱略同天宝世,委怀犹是义熙年。门罗桃李篱栽菊,宅对丁沽点望烟。独佩引经能断狱,得情勿喜转矜怜。

伯夒以哲弟仲颐所藏王石谷绘狮子林图索题率赋三绝句

楼台烟雨气萧森,一径欹斜万木阴。卷入清辉图画里,几人江上话狮林。

宝绘云林已失传,披图人尚识耕烟。白头野老温前梦,真趣宸题望俨然。昔年抚吴时来游,纯庙所题"真有趣"三字尚刊岩壁。

贤兄论跋钦迟久,难弟珍储赏鉴精。我爱东坡兼爱颖,题诗聊赋友于情。

徐积馀随庵学佛图题词

瓣香虔祝坐生莲,世界华严识大千。闻道维摩曾示疾,从知苏晋已逃禅。十年煨芋僧应老，一笑拈花佛有缘。审象如同城北语，茫茫东海接西天。

南汇周浦南荫堂姚氏丛刊题词

家乘欣同邑乘传，高曾矩矱子孙贤。两朝教泽一门望，文采风流五百年。

典册高文费讨探，长留书种在江南。少师一语宗盟应，持较方家世泽覃。正孚仅有《候城集》传世。

累代青箱纂述忙，劫灰历尽发光芒。当年秉节临吴会，惭未旌闾奏绿章。

惕安远寄和九日诗叠韵寄答并示覃生

筍衣重检旧官纱，卅载尘封阅岁华。缸面甫开新竹叶，酒名。檐牙已放早梅花。炉焚沉水香浮蚁，楼倚斜阳影带鸦。剪取半江淞涨绿，钓船容我寄生涯。余有《半淞重著钓人衣》第一、第二、第三图。

柴翁心祝瓣香微，曾访经巢拜墓归。文萃移家缘避寇，诗城筑垒正搴旗。南陔侍养终身慕，东阁延宾俗客稀。乱世无如为善乐，斯言差足副腰围。

己卯

长至感赋

当年贺至点朝班,一卧淞滨静闭关。岸柳江梅生意盎,自揩老眼待春还。

至后一日鲁青太守招饮赋简

甫吹葭琯快传觞,扶杖重登君子堂。半日闲身聊话竹,一场宦梦早醒梁。待看后夜当头月,还照衰翁满鬓霜。仲举久虚延客榻,嘉招翻累沈东阳。

月当头歌示林子有

天时人事相催迫,忽忽又过长至节。花近楼中一秃翁,举头适见当头月。谪降人间八三秋,儿时玉盘光皎洁。卅载侨居沪江上,清辉阅尽几圆缺。故交强半埋黄土,有如古月去一瞥。今雨而今几个来,差喜今月鉴毛发。丁年避乱走香江,宋台踏月访残碣。蓟淞重著钓人衣,爱月翻悔轻离别。劫罅余生有数子,异地相思情切切。劝归书从夜郎驰,杨覃生、凌惕安贵阳来函速我早日归耕。咬根菜自东园摘。吴东园老友由伍祐远寄莱蔬。或贻画像识旧容,杨荟亭惠寄照像。或寄异书矜野获。邢冕之寄马瑶草《永城御寇纪略》为向所未见。世交尽属一时俊，远道每愁千里隔。不知今夜月如何，料有瑶章酬皓魄。太息穷年值丧乱，俯仰但觉天地窄。东南半壁苦锋镝，莽莽愁云战场血。西北谁家有高楼，红氍弦管歌未歇。嫦娥亦感风景殊，一轮月照两颜色。伊余郁怀孰与语，探梅试向林逋说。去年此夕飞羽觞，肠转辘轳斗吟律。客岁今夜子有招饮，对月各赋辘轳体诗五首。

十一月二十二日花近楼即事

不须独乐效温公，接席须眉四皓同。肴列兆符衣一品，以一品锅款客。餐加名副米双弓。诗惭济壁纱笼碧，茶喜烹泉炭炽红。门外分投春帖子，抚时已渐入欧风。是日为西历元日。

越夕聆遏云女士演白蛇传合水斗断桥合钵祭塔四出名剧于数小时中演毕何其音之美而力之猛也得六截句遥寄一山太史天津

江风吹送玉人来，一片氍毹绣幕开。谁识白头京兆尹，移灯走马又章台。

江上鱼龙皆寂寞，曲中儿女即英雄。逢人莫问金山寺，佛钵袈裟尽恼侬。

断桥应比鹊桥长，相见相怜转自伤。只怪阇梨太多事，不曾饮恨到檀郎。

塔圮难寻旧址砖，雷峰夕照付残烟。漫从野老谈兴废，谱入哀歌沸管弦。

亭亭倩影梦留痕，容易生儿作状元。太息先朝科举废，还从菊部乐琴樽。

老病年来意兴赊，乐闻箫管怕闻笳。裁书驰告抱冬叟，此是华宗第一花。

言仲远诗集题词用集中赠莲舫诗韵

兄弟君家缔石缘，先与哲兄寒博大令同官中州。北门同事卅年前。江天失险东南壁，月夜论兵上下弦。均辛亥年事。重赋泮芹劳雪和，怆闻邻笛感星迁。壬申和余《重游泮水》诗极佳，旋闻恶耗。父书今喜儿能读，展卷欣然又怃然。

仲冬望后一日子才以壬申周甲纪盛诗卷乞题爰用旧作诗韵得句题于卷尾计阅时又八年矣

吟毫题遍管城侯，交谊平生柳与刘。昌黎诗："偏喜柳与刘。"三爵重开今日宴，是日为子才补祝。九龙回忆昔年游。他山石喜搜群玉，大海源能汇众流。八载匆匆一弹指，昨宵又见月当头。

书　怀

题遍吟笺遣睡魔，苦无佳句敌阴何。西园草木新成记，北地胭脂旧有坡。泥印卅年留歇浦，情潭千尺是汪波。芒鞋竹杖全抛却，冰砚晴烘任墨磨。

东园寄冬柳词遥和四截句

大雪纷纷集谢池，谢家儿女斗新诗。撒盐形似非神似，绝好因风柳絮词。

尺五宣南屐齿停，冯堂万柳尚青青。何人解和尖叉韵，名士风流续聚星。

栗里归来著葛巾，泉明原是无怀民。书堂五柳低垂碧，应有门前立雪人。

依然三起复三眠，玉树亭亭淡锁烟。审识汉家犹有腊，灵和殿里自年年。

己卯

荟亭寄到冬日即事六律余亦继作录正

寒宵频剪烛，待客快烹茶。解渴宜三碗，乞邻须七家。乡俗，每逢佳节必乞比邻七家茶，烹以敬客。头纲添火候，舌本识津涯。饮罢诗清否，吾惭温八叉。煮茗。

洪炉添兽炭，斗室似阳春。且作趋炎客，原非媚灶人。燃余太乙火，负到买臣薪。回忆看羊使，穹庐啮雪辰。围炉。

学诗如学律，邃密费研寻。竞病原豪语，推敲发短吟。烧丹须化汞，点铁忽成金。谁识骚坛上，阴何苦用心。改诗。

爱书迟作答，斯语欠持平。行乐知杨恽，《报会宗书》有"人生行乐耳"句。孤恩报子卿。李陵《答苏武书》"陵虽孤恩"句极沉痛。远音千里驿，尺素卅年情。何似西窗下，开筵酒对倾。报书。

短榻眠方稳，寒衾梦转多。三竿窗外日，一枕睡中魔。禁漏天阊远，雷声别院多。娇孙强呼起，午饮醉亡何。懒起。

宦游五行省，日月感居诸。画诺勤披牍，挑灯补读书。鸡声催枕畔，蟾影落庭除。无计争王室，横戈待旦初。迟眠。

汪允中徽州书来并赠曹溪红豆奉酬二律

鹣鲽天胡醉,书来感不禁。迢迢千里驿,悄悄两人心。我老成迁客,君归恋故林。干戈犹满地,何日盍朋簪。

远锡双红豆,临风敢拜嘉。缅怀丞相府,传为曹文正手植,不知果否。不数尚书家。钱蒙叟有红豆山庄。陈榻虚留左,汪潭岂有涯。只知刘氏腊,依斗望京华。

题倪远甫双修三影图

爪印泥堪认,眉痕案与齐。枝头莺并坐,梁上燕双栖。

小园花木旧,遗像画图新。翻羡游仙早,不为离乱人。

黄石屏世兄预定腊八日雅集作裙屐盛会临期爽约即日另约数友荒斋小叙食腊八粥排遣嘉辰兼怀旧宴率赋

冷到梁炊梦里灰,黄垆无复绮筵开。十年煨芋残僧在,却送双弓一米来。

己卯

粥鼓喧传腊八辰,破除戒律为延宾。盘飧草草咄嗟办,饭后钟声浃比邻。

朋酒联欢酌旧醅,西窗蜡泪易成堆。平生嗜好惟荠粥,六十年前老秀才。

偕我丁年客港江,黄童豪气本无双。石塘宴饮今宵事,翠袖殷勤捧玉缸。丁丑此夕石屏招饮香港石塘嘴酒家。

寄怀胡琴初长春

撤莲殿上夜归迟,落月梁间寄远思。垂老我仍尊汉腊,孑余君本是周遗。玉音问答编应续,清绢高名世鲜知。关内烽烟关外月,纵难入梦已神驰。

寒夜沪光影戏院观演明季葛嫩娘故事有感

大节公然出教坊,舞衫幻著小戎装。红氍一片灯初上,万目争看葛嫩娘。

画舫清歌倚画楼,秦淮烟水太温柔。儿家自有佳夫婿,不向鸳鸯羡并头。

扬州十日鬼飞磷，成就千秋史道邻。好种梅花表高节，却羞瑶草
是乡人。二语为余癸卯入扬州吊史忠正旧句。

北骑纷纷竞渡江，官车夜走不成邦。杆兵可似秦良玉，叱咤群儿
漫说降。

老去芝龙跋扈雄，佳儿尚有郑成功。拼将一剑酬君父，剑术终输
粉黛工。

杂记余怀擅盛名，板桥流水打空城。十娘亦解从征战，不负当年
手帕盟。

剑器公孙本内家，休将纨扇写桃花。沙场愿共孙郎死，笑煞侯生
中副车。

瞥见靴刀化作虹，帐前侍婢亦英雄。一朝青史分明在，太息何人
为表忠。

沧江一卧岁云徂，白发灯前剩老夫。亦有兴亡家国恨，愈揩泪眼
愈模糊。

王气金陵入杳茫，瓦官犹带六朝霜。江山故国悲禾黍，旧院无人
说顿杨。

己卯

腊月十二日约秋帆渭英味莲花近楼赏雪喜赋

腊鼓催人岁欲阑,头番雪喜客中看。芦花带雨侵书幌,柳絮因风拂画栏。香泛碧螺茶甫熟,醅倾绿蚁酒为欢。颓唐老笔惭苏海,拟赋尖叉得句难。

庄岩七宝玉为台,银海苍茫白一堆。已报蔡州师破竹,遥传邓尉客探梅。中流访戴聊乘兴,高卧推袁惜此才。伯夔日昨逝世。呵冻试邀滕六语,炉边细拨烬余灰。

江山无语入沈冥,未觉潮来天地青。泥印飞鸿留北渚,巢居归鹤恋西泠。长空有色仍为素,静极无声转耐听。勉和阳春歌一曲,白茫茫处影酬形。

樽前孰主孰为宾,太息东南战鼓频。愿和芳泥埋白骨,肯教素质涴淄尘。几人问字当门立,一老挥毫斗韵新。倘向寥天开画本,图中须发定如银。

越二日把芬庐张宴即席赋呈坐上诸友

冬冬腊鼓逐车尘,斗室开筵主速宾。樽酒补成三寿宴,是日为鲁青、尧卿、小堂补祝生辰。瓶梅预报一枝春。光摇绿蜡宵嫌短,劫换红羊岁已陈。湖海元龙豪气尽,耐寒各保后凋身。

和韵答荟亭高邮

萧瑟江关感暮年,漫劳远道致缠绵。车轮辘辘肠中转,腊鼓声声耳际闻。蟹眼烹泉供茗碗,鸿泥印雪写吟篇。游梁往事君知否,夜渡黄河快一鞭。"一鞭夜渡黄河宿",梅村佳句也。

挽伯夔部郎

正好春前介寿筵,甫斟腊酒便游仙。高门人早推华胄,故物心还恋旧毡。浊世翩翩公子贵,大名鼎鼎古文传。如何未值龙蛇谶,一鹤横飞已上天。

月泉结社阅朝昏,刻烛催诗凤好敦。善不解藏频说项,名能副实久推袁。樽前北海宾朋影,壁上南园指爪痕。收藏南园墨迹最多。今日抚棺惟一恸,潇湘烟雨为招魂。

岁暮感逝

数问夜如何,残年感逝波。域中新鬼大,泉下故人多。洗垢脱情网,随缘消睡魔。炉边温腊酒,独酌发长歌。

己卯

留台商画诺，朱邸赞和戎。异代犹存我，衰年转哭公。平章东阁事，焦烂北门功。梦里争王室，增余后死恫。_{那琴轩相国。}

豪气倾湖海，吾楼百尺惭。垦荒穷漠北，同舍话宣南。官贵施行马，冤沉脱左骖。铁衾温旧梦，摇落我何堪。_{贻谷人将军。}

髯翁真畏友，臭味不差池。勇请朱云剑，闲吟白傅诗。渭南君送舅，岭表我寻师。_{座师张兰轩先生为君舅氏。}最忆崇陵上，携锄种树时。_{梁文忠星海。}

北门严锁钥，张俊作干城。攘臂群言杂，捻须一怒平。津沽惊海立，歇浦看潮生。_{君久居津浦，一访我于沪上。}何处招魂好，悠悠后死情。_{张子志都督。}

转漕荷修谒，天骨惊开张。家世荣华衮，吾楼愧上床。荐贤曾拜表，移节转投荒。歇浦重相见，修文赴召忙。_{沈爱苍中丞。}

尊公清白吏，膝下有狮儿。一入红莲幕，俄看绛节持。晋祠来惜暮，历下去留思。病久腰围瘦，还吟肠断词。_{沈冕士省长。}

本是桓桓武，居然儒将风。淮南旧参府，河北老元戎。鹃叫津桥血，鹚飞江上篷。郎君能继美，图画亦称雄。_{郎锦堂军门。}

健笔雄文阵，多君善论兵。位崇古方伯，人是老书生。梦早索乡树，心还恋旧京。病中劳决策，回首不胜情。_{杜云秋方伯。}

弱龄同好弄，携手月宫来。愧我一年长，输君卅里才。鹜飞王子序，鹡鸰庾郎哀。关塞青林外，魂归感夜台。_{易实甫观察。}

蜚声兼蝶梦，埋首曲江头。_{君庶常散馆诗，"蜚"字失黏，改部曹；余进士朝考，"蝶"字误笔，失馆选。}狱善刑庭折，诗从锁院酬。_{密云谳狱共事，雪夜赋诗。}乡心萦鄂渚，风度忆韶州。_{曾任南韶道。}歇浦一为别，惟余鸿印留。_{左笏卿观察。}

而翁乡荐日，仆也亦观场。羡子箕裘绍，从余草檄忙。夜郎乡梦远，梁苑客衣凉。才富年难副，伊谁叫大荒。_{赵宝韡观察。}

同立程门雪，苏台喜共登。棱棱真御史，蹇蹇大中丞。己自和衷协，人惟多口憎。楚江归旐远，犹及一棺凭。_{陈伯平抚部。}

联盟同颖水，观榜共天街。虎任山中守，_{君匡山旧宅门题"虎守"二字。}驼悲陌上埋。原陵公子贵，唐宋古文佳。世乱身随陨，增余渺渺怀。_{陈伯严吏部。}

北去家原寄，南游兴转增。看山晨挂笏，话雨夜挑灯。吴郡诗盈袖，湖楼酒论升。生离成死别，表墓仆犹能。_{林夷叔学使。}

治绩能追况，青天试比方。侯官盛科举，吏部大文章。同是京曹侣，屈居弟子行。招魂何处好，郁郁鼓山苍。_{何肖雅太守。}

梦觳重关隔，围棋一局收。通才崇奉使，家世薄封侯。贵不因门

阀，名原重美欧。皖公归骨早，应悔大连游。<u>李伯行侍郎。</u>

不爱江南住，长维锦水舟。长才老莲幕，家学绍兰修。柏老孔明庙，边筹德裕楼。旧游同蜡屐，五十五年秋。<u>顾幼耕上舍。</u>

两试鸿词后，特科经济兴。大名推范质，豪气识陈登。夺席君何屑，抗颜吾未能。<u>二君年高才富，虽经论荐，未敢屈居弟子之列。</u>游仙判先后，怅望泪填膺。<u>范肯堂光禄、陈石遗孝廉。</u>

长歌聊当哭，下笔愧如神。不费三千牍，能传十九人。饧胶方祀灶，椒献又逢春。友谊忘存殁，年华闲旧新。

鹿生大令失足一蹶以诗慰问是日适假坐敝斋宴客也

耄年豪兴吕东莱，筮日传觞盛宴开。独爱吾庐烦假坐，广延佳客乐叨陪。西园陈设虚延伫，东道殷勤未果来。举足似闻轻一蹶，平安书到幸无灾。

祀灶日感赋用东园寄怀韵

平生岂是趋炎客，今夕权为媚灶人。腊守汉家缘法祖，醉酬司命预沽春。比邻容许分新火，曲突伊谁徙积薪。法曲送神无好句，推敲一字为诗贫。

廿四日又得大雪诘朝起视江天一色洵大观也喜赋

衾铁寒生梦亦慵,朝来又见雪花浓。人如中酒摇银海,地本无山起玉峰。灞岸定添驴背景,蓝关重认马蹄踪。难工禁体惭才思,独立庭阶倚短筇。

声声腊鼓若为催,玉戏天宫第二回。庭除暂将芳草歇,山中应有早梅开。几家门巷抟狮立,一老溪桥送客来。郎静山即日入川。料得年丰先有兆,赏心拨火酌新醅。

大雪后简津门诸友

东南烽火急,夷市乐安便。听罢红牙曲,重吟白雪篇。才难工禁体,瑞喜兆丰年。遥忆津门友,围炉夜未眠。

己卯

秋间郎静山世讲招饮出示客岁在蜀手映成都灌口伏龙观离堆全图是余乙酉春随侍丁文诚公查勘水利处披图兴感曾赋长歌静山顷又入蜀如过观中烦语旧日僧寮俾知数千里外尚有颓然一老追溯五十年前旧梦他日河山无恙飞鞚重来又添一重佳话也

少年作客浣花溪,一马双僮到蜀西。白发尚书兴水利,灌江随勘竹笼堤。

元龙豪气遏奔流,曾上伏龙观里游。一水划分江内外,离堆高峙亘千秋。

衔命西川车忽东,崎岖蜀道隔蚕丛。披图重睹都江堰,已在郎家镜影中。

报赛曾闻蜀国弦,李冰遗庙委残烟。钟楼料得雏僧老,回溯前尘五十年。

送静山世讲入蜀

去年归自锦官城,蜀道青天又此行。跃马顿忘身万里,听猿重下泪三声。不愁西北无安土,所苦东南未罢兵。寄语伏龙仙观侣,旧游悔我未题名。

寄怀南屏九龙

宋王台畔共寻碑,一别龙城日月驰。行迈每增离黍感,遣怀先诵落花诗。于子才寓中得读君落花诗。孤鸿海上留陈迹,五马浙西有去思。花近楼前欣赏雪,知君高卧已多时。

题袁树珊命谱

过江名士匪虚声,学易能兼理数精。一自汝南逢许劭,如从蜀道访君平。因秋帆介绍始识君。山中甲子阅庚蜕,市上儿童识姓名。寒夜读君知命录,举头明月悟亏盈。

寿龚怀西太史七十

介眉重上定山堂,大隐稀龄受命康。莱服郎君齐舞彩,和衣弟子竞称觞。八千椿树成嘉荫，三九梅花发古香。垂老尚遵刘氏腊，汉貂七叶集祯祥。

镜清斋中小集

夕阳门巷北风凉，一老携筇过草堂。棋局换新人是旧，烛花烧短话偏长。宅临广陌多车辙，宾醉初筵进酒浆。腊鼓催残春又到，感时非复少年狂。

寿吴养臣

前身明月宝辉腾，孕育三山瑞霭凝。腊意方浓仍是汉，梦魂常在好寻僧。品成六逸标图画，夏间与君及草仙、小荔、志韶、鲁青合印《六逸图》。酒醉千场计斗升。差喜生朝风日美，南山补什我犹能。

补作东坡生日诗

鹤曲南飞谱乐歌，年年今日祀东坡。文章异代昌黎伯，富贵一场春梦婆。禅悦记曾邀佛印，风情犹许认梨涡。是空是色均休论，一寸丹心亘不磨。

寒夜即事

年年雪案作书淫，汲古何嫌嗜好深。最喜大航孤本出，不辞荒冢断碑寻。纸窗烘砚晨曦暖，邻壁偷光夜漏沉。憔悴而今成老懒，惟应拥鼻且长吟。

漫谈后果与前因，一刻千金见在身。善不可为违论恶，己非所好勿施人。物情转祸能为福，时序经冬复历春。领取义熙多岁月，委怀原是葛天民。

草间偷活阅沧桑，醒到邻炊梦里梁。事去贪狼犹跋扈，时来凡马亦腾骧。清和漫许兼夷惠，襟带还思契老庄。寂寞灯前谁与伴，胆瓶花发玉梅芳。

停车载酒为谁忙，好事欣逢许子将。即夕秋帆假坐招饮。慵听笙琶新乐府，难忘竹马旧家乡。拈题试刻催诗烛，待雪翻飞醉月觞。是集原拟赏雪而月色甚佳。酒罢仰天长太息，欃枪中夜发光芒。

题吴子通大令思范录

严陵乡望重津沽，仕作名臣隐作儒。一自使君违白社，更无良友过黄垆。义山哭寝风原古，鲍叔分金谊岂殊。回忆北门艰共济，焦头烂额感今吾。

二十八日立春阖家食春饼喜赋

今朝春色集华堂,昨夕荒厨蒭韭忙。恰好传餐携子鹤,不妨说饼学公羊。一年晦朔惊催箭,四代孙曾竞奉觞。庭际尚留三尺雪,东风解冻莫猖狂。

除夕书怀

静对灯花吐艳新,抚时仍是一陈人。溯洄八十三年事,历尽百千万劫尘。守岁坡仙羁旅感,祭诗岛佛苦吟身。酒边易触觚棱梦,走马朝天夜向晨。

把芬庐存稿三编 ◎庚辰

自　序

右庚辰一年诗约三百余首，已付写官录副，题为《把芬庐三编》，客有问余者曰："子何诗之多也？风雨重阳，片言足贵；吴江枫冷，五字堪传。唐宋大家，寥寥数人，子亦可以已乎？"则对曰："君言过矣。余国变以前，服官中外，簿书之暇，不废吟哦，一官一集，积久遂多。乱后羁旅沪上，儿时钓游之地，渺若天涯；浮海居夷，绝似南村卜宅，如泉明所称'闻多素心，乐数晨夕'者，不借有韵之语，何以遣无聊之生？诗虽不工，亦足以拓郁怀，明素志，观世变，验物情。有道无道，危行危言，毋劳子之鳃鳃代虑也。"客既退，爰付排印，并以质之大雅君子。

辛巳五月庸叟自序于花近楼。

庚辰

庚辰元旦口号

拈笔题红意莞然，献春肇岁换龙躔。屠苏细酌三钟后，蓂荚祥开一叶先。庭际泥融鸿印雪，炉边香袅鸭浮烟。庄襟老带同清绝，八十之年又四年。

疑年录载昔贤张俭管宁均八十四岁余名德不及古人但以年论亦符其数感赋

八十四龄亦寿考，后生方驾古人难。汉家党锢张元节，辽海羁栖管幼安。运际屯蒙崇道德，天留岁月乐盘桓。痴顽似我伤迟暮，敢与前贤一例看。

鹿生以元日诗索和依韵酬之

纵无爆竹报春声，瞥见新符岁箓更。一叟南山慵射虎，十年北府悔谈兵。间携樵斧观残局，惯著渔蓑寄此生。余有《半淞垂钓》三图。彩笔已枯惭和雪，各揩老眼盼承平。

和答云麓元日即事

朝元阁下识诸王，京兆鞭春梦讵忘。一自属车去燕市，几人依斗望辽阳。世情勉学夷兼惠，诗格终惭宋与唐。寄语达夫各珍重，衰翁眠食尚如常。

三条五剧走雷声，独客端居忆旧京。千树梅花开画本，一瓯竹叶助诗情。异书可读期儿辈，故剑难忘惜女贞。已是万方多难日，与君默祝玉阶平。

和南屏立春见寄之作

一卧沧江阅岁华，东风又到野人家。带围幸不量腰减，餐饭还需努力加。为诉芳情频寄鲤，偶书春帖愧涂鸦。天公玉戏供欣赏，小立窗前自卷纱。

和子才除夕寄答东园之作

交久全将行迹忘，坐观岁月去堂堂。有时读画看山便，转为催诗刻烛忙。狂客记曾临广武，饿人难遣是羁桑。德星今日聚东井，吉事多欣长发祥。

初五日有悼庄得之 是日为其诞辰

卅载论交德有邻，过门此日惜芳辰。蕙生五叶难为瑞，柳泄千条不算春。蓬巷车仍留旧辙，草堂诗更付何人。却缘腹痛思前事，昨岁今宵盛宴宾。

人日有怀林子有

苦忆淞西林处士，新年意兴竟何如。巷深不听萧萧马，榻半全堆噩噩书。甫见春光仍跌宕，悬知末疾早蠲除。草堂今又逢人日，应有佳诗足启予。

人日接一山新正二日诗函率赋奉酬即步其韵

曾在金鳌背上行，九华春殿侍通明。毛朱博学标清望，李杜文章集大成。不合时宜遵汉腊，抗希古贤见尧羹。吾庐纵小增光宠，为有杨时立雪程。

壮岁崎岖万里行，暮年心迹托泉明。寻常花月春先到，破碎河山画不成。怀友达夫吟柳色，未秋张翰忆莼羹。草堂一奏回风曲，又费征鸿六日程。来诗有"屈指初春六日程"句。

南屏元日书怀诗有姊妹花开朵朵
匀句注云姊年八十妹年七十
殊可羡也然又增余感矣率赋寄正

急难惟期丧乱平,老年骨肉最关情。凤闻鲍氏多贤妹,早识屈家重女兄。丹桂连枝称大姓,紫荆合抱衍长生。嗟余一姊昙花现,泪眼干枯负九京。

谢吕著青赠茅台酒

茗谈龙井景高风,丁丑春于西湖识君。别后湖山劫火中。万里征途归缓缓,久客蜀中。两家眷属乐融融。凤知才大空群马,喜共春来有早鸿。贻我芳醅乡味永,十千斗值抵新丰。

明代忠节名贤遗墨程学川太史属题

十朝书种一编中,翰墨因缘什袭功。养士百年传正学,从亡万里效孤忠。文章南极丝纶美,师友东林品节同。鸿印至今留雪迹,摩挲遗札景高风。

庚辰

和韵答荟亭

珠玉联翩贶远人，到来恰喜值元辰。相怜白发交原旧，甫换龙躔岁又新。莫道寄书长不达，只愁含意未全申。芳时不用伤摇落，纵是唐花也绚春。友人赠唐花足以点缀春色。

历经八十四春秋，宦梦重重纪旧游。荡节淮南连蓟北，楼船楚尾接吴头。别来官柳昔年种，贪看梅花几世修。各有生平期不负，惭无佳句答清讴。

子才和余寄南屏兄字韵诗复成一律仍寄九龙并示子才

身逢丧乱世非平，白发弥敦手足情。煮粥爇须缘有姊，撒盐咏絮难为兄。不妨客邸年芳换，转觉天伦乐事生。回忆珠江家宴盛，梦华仿佛录东京。

汪孝文世讲聪训草堂图题词

祖砚欣看孙继承，宛如佛法再传灯。风流文采青门旧，诗礼渊源共一庭。

毕竟经畬滋味长，一门三世守青箱。披图恰喜逢人日，大好题诗寄草堂。

题毛纯卿松下独立图五十画像

谱系溯毛苌，声价倾洛阳。以纸业起家。卓然松下立，含笑阅沧桑。

十三日祝釐礼成恭纪

魏阙江湖共早朝，炉香细袅篆烟飘。丹陵甲子询尧鹤，绿野冠裳集汉貂。华祝三多遥介福，觐光九拜忆闻韶。癸卯、丁未两次展觐均值万寿，特赏入座听戏。同康运际雍乾盛，曼衍鱼龙是此宵。是日为上灯节。

无锡杨氏百岁寿母龚太恭人家传题词

清德中闺奉典型，式间如上夕阳亭。百龄寿母甘寒素，一姓完人炳汗青。班史千秋崇节孝，箕畴五福重康宁。及身傥际昇平世，宸翰旌题御墨馨。

燕九节晦之招饮寓庐感赋长句录正

人日题诗元夕酒，客中作客杯在手。买灯时即落灯时，节序匆匆到燕九。望前曾赴公叔招，又荷越石速宾友。君家兄弟何可当，白眉最良交孔厚。欹浦羁栖不记年，鹤子梅妻共厮守。丧乱同作港海行，一叶惊秋岁在丑。越岁蒲帆赋归欤，门巷仍垂五株柳。嘉招今日启芳筵，首坐居然属衰朽。衔杯翘首旧京华，燕山景物君知否。仕女香花礼白云，快马轻车无不有。白发尚书共春游，绣衣使者骏奔走。往官京曹，此日恒与仲山尚书、子原侍御同游白云观。玉殿争看黄门来，经台咸听蒲牢吼。肖然斗室老人堂，桥下仙翁百龄寿。比邻十丈起浮屠，乘兴还向山门叩。一别觚棱四十年，衣冠早挂隐林薮。亲戚情话散如烟，草间偷活增老丑。茫茫人世几沧桑，愁甚安得扫愁帚。万方多难强为欢，一刻春光莫轻负。清言似屑抵闻歌，午饮方酣直到酉。高堂挟瑟讵无人，一笑何敢劳小妇。情挚多君款客忙，交深似我忘形久。他时傥过花近楼，厨荒市远滋惭忸。畾饭惟余米双弓，锦篇请试才八斗。

二十四日花近楼宴集即席赋呈坐上诸君子

楼高花近日方中，雪后张筵趁午风。浊酒奉觞三老共，宾主十二人，小荔、鲁青及余年均八十以上。高谈惊坐众宾同。竹林堪喜来咸籍，沈崑三随侍，鲁青入坐。金谷何须斗恺崇。席间商界诸君均能守约，绝少豪侈气习。惭愧厨荒兼味少，一盂晶饭米双弓。坐有悔之，即酬用日前赠句。

一山和祝鳌诗并询近状略谓师门祝嘏廿年举行今岁列班旧人几个云云感君雅意触我郁怀得句奉酬仍叠前韵

鸰行五五集行朝，计十人。鸾凤休嗟泊与飘。原上犹余秦世鹿，庭前共珥汉家貂。一堂四代成三祝，子孙曾随班行礼。万舞千声抵九韶。入春以来申江歌舞最盛。寿宴广开春日暖，买灯时节近元宵。

豫泉提学己卯乡试题名录题词

景庙崇乡举，登科判后先。余乙亥恩科中式。共经龙汉劫，重赋鹿鸣篇。尚友寻真逸，侨居作散仙。题名红录在，缅想太平年。

题许纯卿剑鸣庐校碑图

学书学剑概生平，月旦君家自有评。勤向纸堆寻鸟迹，凤听匣里作龙鸣。画图王宰佳山水，居市韩康隐姓名。曾立河汾门下雪，感时久已薄公卿。

题刘公鲁世兄我相图

年少轻裘客,翻成戴笠人。无穷家国恨,都付未来身。

读一山叠韵诗情韵俱胜仍叠韵寄酬

绮岁天阍赋早朝,暮年萧瑟感萍飘。万言排比君修凤,一字推敲我续貂。愁向津沽询米价,欣看淞浦转春韶。白头师弟俱无恙,刻烛催诗共此宵。

挽吴东园

老泪干枯后,何期更哭君。只知刘氏腊,殁于客腊除夕。忍唱鲍家坟。地下追寒日,天边有断云。玉楼人倦倚,长笛不堪闻。

但觉斯文丧,宁从天道论。白头遗老妇,黄口泣雏孙。名已成三绝,才堪试万言。雪中遥送炭,炉火向谁温。

二月初六日元配周淑卿夫人忌日感赋

一尊遥奠意酸辛,六十年来又此辰。殁于光绪庚辰二月此日。检遍医方难续命，烧残丹鼎不回春。为君昔罢公车试，老我今为末路人。惆怅翠楼妆早卸，陌头又见柳条新。

祝渭英大令七十双寿 二月初十日

跌宕金樽启寿筵，最难得是古稀年。赁居梁孟眉齐案，偕老刘樊籍注仙。百里桑麻民社重，一门诗礼子孙贤。回思凫雁翱翔地，合赋鸳鸯福禄篇。

预祝江子诚姻世兄六十正寿 三月十一日生

平头甲子喜周遭，介寿诗成点素毫。逆旅光阴三月好，使君心迹五云高。山中处士飞鸿羽，膝下佳儿誉凤毛。四世论交惟我在，往官京曹，于许恭慎公斋中，时与令祖小云先生把晤。登堂呼酒醉葡萄。

华年从此到期颐，吉事征祥不待蓍。娇女清才工写篆，雏孙解语乐含饴。谈倾四坐心犹壮，颂祝三多谊匪私。独慨南天烽火急，与君回忆太平时。

阅惕安游滇草感赋

驿程迢递笔花驰，劫罅昆明尚有池。触我望云亲舍感，所经安平、普定、普安等县为先大夫昔日飞凫地。催君落月板桥诗。碧鸡山远添新咏，白象营高异旧时。得句漫循龚李例，谓定庵、越缦纪事诗均七绝百首，君亦从同。巢经一集是师资。子尹徵君游滇诗最工。

年年北马共南船，所憾平生未到滇。名宦几人思远道，旧姻至好鄂生中丞、芝园尚书均曾宦游是邦。大观入梦识长联。谁从边徼逢鹦鹉，空向津桥听杜鹃。无分访碑寻二爨，故乡先负夜郎天。

伯厚远寄见怀叠韵诗奉酬一首即寄贵阳

尊公乡望著声称，子衡先生乡望最著。传世文章信有凭。庸德作成一孝子，事亲最孝。高名倾动两中丞。黔抚曾枢元中丞每值乡试书院决科必列第一，逐登孝廉，滇抚谭序初中丞闻名聘主五华书院讲席。遗书排比儿能读，求友先施我未曾。与君旧京别已卅年，客岁来函始悉近状。遥隔黔山千万叠，何时归去共挑灯。

春夜有怀一山天津三叠前韵

龙光回忆紫宸朝，殿阁炉香仗外飘。驰道我乘西苑马，侍班君拥翰林貂。一从周庙歌离黍，卅载虞廷罢舞韶。今日夷居感羁旅，可怜人对可怜宵。

以近作二册寄惕安为邮筒所阻作此志感

十集鸣原丁丑稿,把芬一卷戊寅刊。自惭东野耽吟苦,欲付洪乔寄托难。高阁径投藏我拙,故乡久别废书叹。遥知文萃山庄客,寝馈《经巢》结《古欢》。

二月二十二日接诵聘三太史和余客岁九月见寄诗何其迟也注云行年七十诗不满百首又何慎也率赋奉酬

太和元气得春先,何碍酬诗动隔年。力主格严难满百,自惭词费动盈千。须知守约能施薄,切莫贪多强斗妍。从此门墙高百尺,启予商也共称贤。

以荟亭十叠韵落花诗示子有诗中有半淞园外有神仙之句意在寄怀鄙人庸知如此时局神仙何可为也勉赋二律藉酬雅意并简子有

半淞园外有神仙,说到升仙意惘然。仰视搀枪缠斗极,遥看烽火遍垓埏。偶携樵斧消棋局,权把鱼竿寄钓船。乍雨乍晴春过半,暮春天诵落花篇。

四首新诗十叠韵,天然爱好与贪多。陌头春色飞红雨,水面文章泛绿波。德祖清词原绝妙,元龙豪气已消磨。切庵集锦收罗富,子有集落花诗至二百余首。宝此珊瑚玉树柯。

清明感怀

禹甸无宁土,周余了此生。禁烟才熟食,望祭又清明。蕉梦难寻鹿,黔友索寄《梦蕉亭笔记》,笥中只余残本。花时懒听莺。年年逢令节,老去不胜情。

同日玉霜簃主来谒出所藏十八岁生日书画册乞题

花近楼头卓午天,李桃迎笑为君妍。随携典册群贤聚,回忆生朝廿载前。今年三十八岁。堪喜朱颜仍美好,自怜白发已盈颠。客中又届清明节,槐火烹茶汲石泉。

绮岁乘槎万里游,艺名传遍美兼欧。故交落落罗昭谏,册内瘦公写经多而且工。仙骨珊珊李邺侯。谒我金台悭一面,丙子游燕,君来谒竟失交臂。举君眉案羡双修。眷属同来沪。红氍重奏云璈曲,销尽关山旅客愁。

题砚秋玉霜簃画卷

一曲霓裳领众仙,广陵绝调有人传。谁知丝竹中年后,心寄疏林落照边。

诛茅补屋竹编篱,流水行云意共迟。安得图中添一客,尔吹铁笛我题诗。

清明后二日携眷游法公园感赋

十日不出门,忽忽春过半。非关兴易阑,正坐寒犹悍。诘朝喜放晴,顿觉韶光换。骋我游目怀,著意寻芳甸。半淞曾题壁,劫罅路中断。龙华瓦砾场,饭堂僧已散。虹口新市集,他人卧榻畔。江湾牡丹台,枝叶供薪爨。我思在何处,临歧发长叹。斯园距离近,俊游恣汗漫。即此足逍遥,差幸腰脚健。四围灌木丛,一水绿平岸。时闻鸟声喧,坐看人影乱。十亩得闲闲,万方苦多难。感此百端集,何时旦复旦。

广场万人蚁,妇孺居多数。及此儿童节,共寻佳胜处。或倚松下立,或藉草间住。或舞秋千索,或试凌波步。而我乘风来,桃叶先唤渡。绕膝有孙曾,扶藜竞依附。一家五口余,领取间中趣。渴烹竹炉火,酒许糟床注。灵囿隔丛薄,群动不知数。入圈虎嘶风，窥斑豹藏雾。森张狮戏球，屈强熊当路。啼猿下三声，黠鼠穷四顾。语燕时嗔帘，流莺仍恋树。圉圉者池鱼，爰爰者窟兔。物各畅生机，吾亦安吾素。此即小巴黎，时有欧风度。

杂坐绿荫里，惜少一色红。羯鼓慵催花，无力嗤东风。平生几两屐，行脚一枝筇。薄宦五行省，题襟处处同。淮园美清宴，园名。荷舫画桥通。梁园盛宾客，赋雪琢句工。吴园埋碧血，深净园中轩名吊孤忠。发匪之乱徐中丞有壬授命处。楚园小平泉，十桂浅深丛。园题"小平泉"为李勤恪公署名，张文襄公作《十桂堂记》。津沽藏海园，楼阁旧行宫。园拓地十亩余，余署名"藏海"，有《记》。槃敦时延客，锁钥未竟功。挂冠别神武，蒯水临吴淞。草际觑偷活，居夷滋隐恫。此间风景佳，名足垺兆丰。红男与绿女，奔凑如游蜂。兴阑赋归去，传语种花佣。次第报花开，还来认泥踪。

上巳日子有招同渭英子怡寓斋小集率赋

高会山阴迹已陈，重修兰禊及芳辰。四时最好惟三月，卅载知交剩几人。钩党竞争元祐籍，近日党争甚急。骋怀疑是永和春。推枰不用论成败，且醉尊中酒一巡。

云麓寄示上巳日房师怀西太史公
宴同门修禊诗读之增感叠前韵

苏门高会集晁陈，造命君非雌甲辰。得第抗希嘉祐哲，委怀共作义熙人。隔帘棘院温前梦，是科余知贡举。展禊兰亭及暮春。劫后白头师弟在，当筵莫负酒杯巡。

巳后三日简约玉霜花近楼禊饮即席赋赠

展修兰禊启芳筵，跌宕金尊进酒船。笛步昔邀桓子野，谓畹华。花时今遇李龟年。河山棋局空余劫，子弟梨园未散烟。后夜闻君歌一曲，雪花飞上四条弦。席罢渭英约观演《六月雪》名剧。

巳后五日子怡假坐敝斋宴集三叠前韵

孤岛羁栖宛在陈，朋簪虽盍不逢辰。抚时再展重三禊，尚友兴怀四二人。载酒翻劳宾作主，看花肯负客中春。并门大节睢阳似，便拟从君吊远巡。席次谈及辛亥晋抚陆甫中丞殉节事，君时在中丞幕府。

游兆丰花园感赋

月前赏遍华龙园，园在华龙路。未爽东风番信约。衰翁游兴不肯阑，又向兆丰试腰脚。胜日寻芳蜡屐忙，浦西矧有美丘壑。揭来哪得好怀抱，聊适其适寄所托。天公亦怜憔悴人，驱遣花木慰飘泊。海棠著色最娇憨，碧桃临风愈灼烁。依依弱柳态芊绵，郁郁长松气盘礴。诘朝仍挈妇孺来，风景无殊人面各。裙屐风流谁氏子，草间杂坐恣谐谑。红情绿意自天然，鬓影钗光互离合。我卧沧江三十秋，老怀不受俗尘缚。东坡方喜挈朝云，荀淑犹及携文若。世界大千一芥子，无边春色莽寥廓。静安遥听饭钟鸣，辘轳轮转饥肠阔。间道回车问酒家，鱼美笋香供大嚼。归来又荷良朋招，为道此游殊不恶。夜窗剪烛赋长句，拍岸惊起栖枝鹊。

检亭秋主人遗箧有感

荩箧尘封二十年，今朝启视意凄然。人亡已失金为鉴，物蔽何堪玉化烟。剩有嫁衣寒翠袖，那堪老泪洒鸾笺。旧日庚帖尚存。搔残白发嗟迟暮，不特怜君转自怜。

聘三招饮寓园看花即席赋赠

晴天云养惠风飘，如此名园肯见招。杨柳碧侵芳草色，樱花红夺海棠娇。无边春色供图画，大好家居远市嚣。不用调丝兼品竹，闲棋一局定能消。

荟亭至自高邮喜赠

卅年不相见，乍见信还疑。各有兴亡恨，都非少壮时。我赓伐木什，君续落花诗。努力崇明德，斯言三覆之。

烽火乡关急，匆匆别瓦仓。重临黄歇浦，权作郑公乡。短楫延今雨，长亭驻夕阳。随身琴鹤外，良伴是青箱。

望后一日携福儿径诣榕卿园寓看牡丹主人一笑出迎导游遍赏归后以诗纪事

年年造访及芳辰，今日何须问主人。贪看偶援修竹例，清游莫负牡丹春。名园许涉花枝笑，旧雨能来天气新。我自扶筇君倒屐，小栏同倚短桥巡。

深红浅白隔篱笆，此是人间富贵花。剑外昔曾蹑丹景，乙酉在蜀随侍丁文诚丈川西阅武过天彭丹景山，山中巨本牡丹合抱，正及花时。淞西今又到君家。随身笠屐携儿辈，暮齿桑榆感岁华。匪特赏心还慰渴，漫劳鹦鹉唤烹茶。临别主人深以未能煮茗款客为歉。

花近楼晚坐用荟亭移家诗韵

花影重重待月移，浮家宛在水之湄。宅地旧为芦花荡。门前杨柳狂飞絮，石上藤萝倒挂枝。梁为泥空劳燕补，床愁书压有龟支。近窗补种三竿竹，解得虚心便是师。

题张伯驹闺人临渔山雪山图

墨井何能独擅名,纤纤女手白描成。漫劳重立门前雪,云水光中老眼明。

春尽日即事

柴扉深锁挂斜晖,惆怅春归我未归。一枰局外观残着,卅载泥中赋式微。曲径渐看新绿满,小园无复乱红飞。故山猿鹤应腾笑,有客还乡素志违。

书　愤

徒使邻师出有名,檀来自坏此长城。蜗居促进触蛮战,渔利全收鹬蚌争。场外何人牵傀儡,局中有客履棋枰。江山半壁成孤注,孰挽天河净洗兵。

生朝将届预谢朋招匪特卫生兼惜物力小诗奉简同社诸君子

频岁生朝累友朋，而今豪气减陈登。芳筵日设情原挚，斗酒年来价倍增。避席难为惊坐客，打斋权作在家僧。万钱下箸谈何易，善饭文渊我未能。

立夏日阖家试秤喜赋

壬癸符吞四体清，还凭一秤寓权衡。量腰仅可区肥瘦，举足由来系重轻。阅世徒怜搔发短，用人同恃此心平。用人心如秤平，《诸葛武侯集》中语。邻家茶与坊间酿，四代同堂笑共倾。

立夏后二日啸林居士赠本山茶赋谢

除却栽花喜种茶，五云深处寄生涯。茶地在五云山左近。明前采撷难谐价，劫罅分贻敢拜嘉。恰好一经笺陆羽，宁须七碗羡卢家。调符安得西湖水，久别杭州感岁华。丧乱以来三年不到杭州矣。

潘祥生绸庄周甲纪念陆蔼堂代乞题词

日新大业本丝纶,商战匆匆六十春。父作由来期子述,五都市上有畸人。

多种蚕桑抵种花,河阳往事属君家。锦机织就斑衣彩,莱舞儿孙笑语哗。

前约甫申渭英子怡宠招小集
势难固却叠前韵时四月五日

一纸嘉招抵百朋,华堂今日又重登。鲭筵未许薄楼护,玉斗依然款范增。焦烂仍充上坐客,推敲原是苦吟僧。清宵只许谈风月,令德高言非我能。

浴佛日子有招饮以诗代简三叠前韵

飘泊西南喜得朋,巢居阁迥筑登登。地偏但觉心俱远,米贵先愁债又增。雅荷剪蔬烦老友,不须煨芋访残僧。棋枰一局消清昼,夜雨催诗刻烛能。

昨夕榕卿简约观剧不赴却寄

后庭花唱沪江头，子弟梨园数二秋。谓程砚秋、黄桂秋。玉笛凄霜阿所好，梁园醒梦复何求。鸳鸯冢可供凭吊，蝴蝶媒难任蹇修。不用千金评价值，老夫一笑罢登楼。

初十日虞琴尧卿招饮四叠前韵

载酒停车仗有朋，尺楼花近荷同登。席设敝宅。客来俱是黄垆旧，老至空嗟白发增。家学上乘骑省集，宗盟远绍少师僧。元龙湖海豪情减，狂饮高歌病未能。

十四夜花近楼看月有怀南屏九龙

往岁同为半岛游，今宵花近独登楼。自烹活火身兼仆，微扇和风夏亦秋。华屋渐看圆月满，奇峰惜少乱云流。放怀不隔人千里，帘卷清辉上玉钩。

望日聘三秋帆召集大中华七楼五叠前韵

投分真成耐久朋，放翁诗："个是人间耐久朋。"江楼高峙许攀登。宾笾罗列呲嗟办，邻笛惊闻感慨增。严味莲新逝。交敬未须浓似酒，身闲转觉淡于僧。汝南月旦桥名扶风社，挹袖拍肩我尚能。

十七日耆卿招饮六叠前韵

岂有才名媲十朋，更无长啸似孙登。适逢良友鲭筵启，顿觉衰翁马齿增。款款深情烦地主，重重浩劫话胡僧。忝为太白楼中客，疥壁题诗仆未能。

十九日榕卿招饮七叠前韵

谊托葭莩寿作朋，同于五月生。堂开淡远快先登。君后余七日生，乃承先招饮。通才羡尔经猷富，法庭久著能声，近隐于商。暮景惭余老病增。橘里适逢观弈客，饭前休问打钟僧。笋香鱼美供吾饱，欲卧黟桑竟不能。

二十日斗文招饮八叠前韵

良时清宴获良朋，继范堂高拾级登。仍世交期息壤在，平生游记画图增。近年与君时共清游。持筹君似居陶客，传钵余如退院僧。今日芳筵拼一醉，谈天研地仆犹能。

二十三日晦之招饮九叠前韵

老带庄襟庆得朋,高门列戟喜重登。酒惭小户壶觞集,诗佩长城壁垒增。开径君延三益友,挂单我似十方僧。排日朋饮难以拒却。陈思七步才情减,漫向刘桢角艺能。

即事寄杨秋心苏州

已退江淹笔一枝,平生不作落花诗。怜香惜玉非吾事,未敢逢君赞一词。

掉头东海看栽桑,花近楼高接大荒。老病亲朋无一字,未从四杰访王杨。

二十四日镜清凤林招饮十叠前韵

叨陪公宴集云朋,重过高轩策杖登。行迹都忘交本凤,蹉跎莫补寿徒增。会逢对弈橘中叟,权作敲诗月下僧。太息万方多难日,匡时乏术愧无能。

二十五日小堂帅南招饮十一叠前韵

忘年交集盍簪朋，鸡黍招邀清酒登。《月赋》："清酒登。"幸托素心晨夕数，自怜白发乱离增。忝为上客惭惊坐，占却名山合让僧。战事未已，游山道阻。凭藉一尊酬二隽，高歌青眼仆犹能。

接季宣杭州函并惠龙井茶赋此志谢即以寄怀

门外天涯万里余，相思不见渺愁余。茶供客饮怀龙井，竹报平安付鲤书。洞口看棋吾已老，围腰量带尔何如。别来怕说杭州事，劫后西湖不可居。

二十七日鹿生子才招饮十二叠前韵

吟笺寄自远方朋，昨接一山天津介寿诗。又预华筵八簋登。高会渐看同辈少，新诗持较去年增。酒酬金谷先求友，坐遇嵒仙罢访僧。珠海烟花庐埠月，续编乡志二豪能。

同日荟亭过访余适内急未克延接
越时晤于子才寓中畅谈而别却寄

愁颜衰鬓镇相怜，阅世都非少壮年。削草诗才吟厕上，扶藜客竟阻花前。彩毫已秃惭题扇，_{以扇索书}。长物无多尚守毡。犹及茗谈金谷里，风生两腋各悠然。

和答荟亭客沪书怀即步其韵

久别龙华塔七层，悬知宝筏化荒塍。途经险阻碑难访，酒喜村沽力不胜。已敛枯枰藏我拙，为防多口畏人憎。偶过邻院逢僧话，说法犹堪证一灯。

过去身中遽苦辛，现时休问未来身。门无车马何嫌陋，室有诗书不算贫。一曲瑶琴谁奏雅，_{午夜闻邻家琴声}。千金散帛自藏珍。《己卯集》_{编成}。三年久断朝天梦，忽忆京华踏软尘。

二十八日崑三成五拔可
汉辅招饮十三叠前韵赋谢

君家兄弟少年朋，与先德靖裕公订交最早。行马当门一再登。席设崑三宅，日前耆卿招饮亦在此地。幸接宾筵公谠集，各违乡井旅情增。高林云卧寻逋鹤，晤汉辅有悼诒书方伯。硕果诗清似岛僧。拔可近赠《硕果亭诗集》。末世八闽数人物，风流文采擅多能。

二十九日卓群招饮十四叠前韵赋谢

南州缔结善交朋，孺子亭延仲举登。客辖井投情倍渥，诗肠酒涤兴弥增。几人城北同心侣，一老江南有发僧。晴午莫谈风月事，棋消长日我犹能。是日午酌。

佩瑜以诗为寿依韵奉酬

生在天中二日前，行厨花下预开筵。已惭徐福游三岛，更愧孙登啸百泉。莲藕孔中寻世界，蠹鱼丛里作神仙。嗟余湖海豪情减，远荷裁诗意渺绵。

一山以诗为寿情溢于词率赋一律酬之

衰翁忝挟三年长，弟子亦成八十翁。旧梦宁忘青琐闼，新诗已付碧纱笼。一朝柱史文章重，九老香山图画工。津沽有九老会，君齿最劭。衣钵漫援和范例，出蓝应与古人同。

题严仲琳太守先德绍光廉访遗墨

父领乌台吏是儒，黄堂子亦拜真除。楹联远寄东川守，此是周南训鲤书。

帖写宜春笔阵雄，爱君忧国祝年丰。传家治谱期儿辈，一寸心丹著纸红。帖用红笺楷书。

过家上冢政声闻，父老讴歌属使君。梦草池前一樽酒，不辞情话到宵分。丁未由吴移蜀过家上冢，廉访适官黔臬，政声极洋溢，曾于署中梦草池招饮。

昔种甘棠遍梓桑，今从沪市识韩康。还君庭诰球图重，手泽龙山我未忘。先光禄公道光丙午初试龙山县尹，手书厅事楹联，文曰："入境喜闻乡有善，居邦先友士之仁。"字集兰亭禊帖，迄今宝藏以光家乘。

生日书怀溯洄前韵录示坐上诸友

名场历尽老何能，闲爱仙人淡爱僧。劫后钓竿无地著，客中诗债逐年增。重题雁塔奢存愿，卓立龙门许再登。洁治蒲觞先二日，传觞差幸集良朋。

重踏天街恐未能，江亭犹忆识盲僧。徒闻田窦家门替，倪遇荆高酒户增。老厌兵尘香港涉，穷搜经峪太山登。丙子午事。提封五省同升雅，敬仲当年举隰朋。宜游五行省，网罗人才最多。

青毡坐守我犹能，入定蒲团似老僧。幸不龙蛇呼起起，频烦车马来增增。成句似有"车骑来增增"。河山举目应愁颛，湖海豪情尚有登。却笑少陵殊未达，何曾一字慰亲朋。

摇岳凌苍愧弗能，推敲但作打门僧。不愁河北音书断，只恐淮南米价增。寂坐时还邀月到，卧游兴不减身登。榴红艾绿天中近，预办新醅酌旧朋。

俞彦文以诗为寿用余丁丑春西湖楼外楼即事诗韵仍叠韵酬之

记从湖上接容光，贪看梅花发古香。夷市同萦迁客恨，生朝翻为老夫忙。故交落落感存殁，前游林诒书在坐，惜已仙逝。促席匆匆话短长。已是万方多难日，荒斋留饮罢传觞。

南屏远寄小照赋谢

陶然未改旧风姿，独立苍茫有所思。作客适当多难日，思君回忆别离时。词臣文采三天重，太守循声五马驰。今日相逢图画里，九龙山色入须眉。

南屏寄赠家藏亭林徵君遗像东塾先生敬题洵可宝也率成短句志仰

走谒明陵早，来登孔庙迟。问名劳转注，见万年少赠序。审象寄遐思。敞屉薄鸿博，埋头编日知。心香一瓣祝，微憾不同时。

和豫泉提学八二生日书怀即用其韵

史笔龙门似马迁，晋祠矧有政碑传。宏搜殷逸三千士，所著咏史乐府搜罗元遗民八百余人，明遗民二千余人，清遗民一百八十余人，共三千余人。已届卢贞八二年。香山九老卢贞年八十二岁，刘嘉同。乐共素心数晨夕，那堪白发话开天。浮山楼观供吟啸，管领酥醪即是仙。事详原诗注。

思归王粲怕登楼，烽火南疆道阻修。向日有葵能卫足，临风师竹愿低头。鹗林音好重来泮，鹿宴宾嘉两度秋。但铸黄金休铸铁，陆沉太息此神州。

能来旧雨更来今，跌宕骚坛岁月深。东塾师承应作记，南山诗派未消沉。青箱事业留书种，白社风流悟道心。却喜抛砖能引玉，悬知刻烛发高吟。承和八十四岁支韵诗。

不曾相见久相知，浮海居夷感乱离。设榻我惭陈仲举，通宾君是郑当时。最怜广陌丛荆棘，回首长安似弈棋。愿结沈杨成四皓，商山好共采灵芝。日昨杨小荔、沈鲁青两太守来谒，杨八十九岁，沈八十三岁，合君与我续成四皓矣。

十三日鲁青招饮十五叠前韵

白头久缔素心朋，驷马门高著屐登。君似曼容钦望重，晋伏恭仅年八十三。我如元节感年增。东汉张俭年八十四。花间置酒惭为客，饭后闻钟不羡僧。最忆同官吴会日，清诗美政擅才能。

望日仲奇招饮十六叠前韵

尚友岐黄是旧朋，逢君寿宇庆同登。君精医术，活人甚多。花时召客心先醉，竹报生孙累又增。昨福儿又生一子。今日壶觞烦地主，昔年笠屐访山僧。凤有游山之癖，今老矣。寻常意气倾湖海，甚矣吾衰愧弗能。

销夏书怀和鹿生韵

出塞诗成后续前，少陵前后《出塞》诗极工，君《感事》诸什似之。万方多难老怀牵。更无虹气横胸次，剩有霜花压鬓边。战苦李华空吊古,醉余苏晋惯逃禅。何时重奏昇平曲,室有仓箱罄不悬。

厄运无瑞[1]百六丁,北门卧病负维屏。乞身未敢论功罪,丧乱都缘失政刑。老至谈棋销夏日,儿时讲艺习春霆。幼习举子业,熟读坊选《春霆集》。绳床皂帽归非晚,辽海人犹识管宁。

誉非沽取毁求全,适兴吟边与酒边。但使危巢安燕幕,不妨败壁涴蜗涎。兰因寺古闻钟晚,花近楼高得月先。衔石冤禽应茹恨,茫茫沧海几人填。

为荟亭乔梓书扇却寄

宝扇无端泼墨污,招凉孤负好风俱。目光锐减挥难就,手指全僵笔亦枯。落纸那能作鸿戏,临池只合任鸦涂。书成寄语贤乔梓,痂嗜缘何到老夫。

十九日镜芙菊初凌云仲良招饮十七叠前韵

散作流人聚作朋,题襟高会杖藜登。熊鱼列俎宾筵秩,鹎鵊催人老态增。前席竟为争坐客,余忝居上坐。去官已是罢参僧。昇平还冀诸君答,戡乱非才愧九能。

---

[1]瑞,疑为"端"之误。

花近楼宴客十八叠前韵

到门俱是称心朋,花近楼高梯共登。管豹藏身随雾隐,长鲸吸引若川增。纵无宾馆三千客,如遇灵山十八僧。僧韵诗已十八叠。学殖久荒吾老矣,回思少贱岂多能。

豫泉提学冒雨过访赋赠

独上高楼听雨声,到门有客叩柴荆。昔闻学海三英粲,兼谓南屏、聘三。今识荆州万户轻。遥领酥醪传弟子,重登秀孝重科名。皖公山峻汾河曲,薄宦归来两袖清。

云麓前和诗粽字失律一山
函示旋即改正作此嘉之

幽居地僻锁烟霞,彩笔深藏五色花。品似管宁曾割席,名如卢肇早宣麻。诗严竟掷灵均粽,身隐惟芸邵氏瓜。风义平生几师友,他山攻错亦堪嘉。

豫泉和诗以字重复一再改正何其慎也仍叠韵志佩

格严律细戒双声，前诗以"得""春"等字两用，来函改正。腹俭惭余只识荆。余诗用柴荆、荆州，以字同义异仍之。老辈于今感寥落，文人从古易相轻。一篇点窜删前稿，二字推敲擅盛名。遥想岑楼初月上，茶烟风飏有余清。

以鸣原十集把芬庐丛稿就正豫泉承赋诗奖饰依韵酬之

漫云丽句并清词，输与文通彩笔枝。悬一鉴留曲江叟，后三家续岭南诗。皖公作吏称都讲，东塾传经是本师。同奏鹿筵前度曲，重题雁塔讵无期。

清新佳制出无穷，扬马才高字字工。青眼高歌望吾子，成句。白头相见各成翁。承明既厌归严助，书卷长留似孔丛。垂老夷居惊岁晚，一楼亚雨与欧风。

一山前寄和文信国庚辰五月初二生日诗云麓和之余亦继作却寄

歌传正气意酸辛，凭吊文山降岳辰。皇览让公先一日，殷遗容我附三仁。崖山块肉萦前恨，高岭梅花认后身。遥望富春江上路，西台痛哭彼何人。

客岁伯夔寓中获见曾文正胡文忠左文襄李文忠四公图像曾拟借重影以光斋壁伯夔慨允未几伯夔物故此约未践然目中无像心中有诗率成四章用志景仰

曾文正公 国藩

曾公有道士，早岁读东观。文学有渊源，武功尤巍焕。劫运起洪杨，军书马牛汗。楮寇踞金陵，蹂躏天下半。坐令人食人，何日旦复旦。公昔治乡兵，继削平大难。只手挈江南，献捷乾清殿。五等锡侯封，三朝荷恩眷。麟阁霍居首，云台邓为冠。遂作群牧长，旌节临畿甸。方期三辅靖，忽值天津变。辛苦调诸夷，仓卒弭巨患。神明与清议，何曾有遗憾。返斾白下门，视昔风景换。秦淮温柔水，画舫资泮奂。清凉山气佳，高会招僚掾。违言释廉蔺，谓左文襄、沈文肃。好学勖绛灌。饶有大臣风，敢薄儒术贱。即以文学论,桐城派一贯。方姚启前规,梅曾军后殿。妇子戒嘻嘻,格言垂家范。兄弟乐怡怡,鸰原编成卷。宾祭席从丰,婚嫁力崇俭。庭前诗礼闻,厨下猪蔬办。即此家常事,可作经纶看。嗟予生也晚,丰采未由见。同官识袭侯,折节承清盼。如与纯仁交,胸兵景老范。今日是何日,珂乡亦涂炭。九京如可作,感事发三叹。

胡文忠公_{林翼}

胡公浊世姿,人在蓬莱峰。一典江南试,多士入药笼。谪官非其罪,纳粟入黔中。昔副三天望,新乘五马骢。掷将画日笔,执鞭劝春农。先子昔试令,竹城百里封。同官判守令,论交水乳融。庭诰寡道编,劳公序始终。防御纪要略,除暴两心同。夜郎非汉大,难羁天马踪。慷慨赴东征,勋业从此洪。尺书远相招,守土未相从。公遗书先子有"天下滔滔,安得有心人相助为理"等语。治军临汉上,将帅喜和衷。驭多心独苦,多隆阿将军勇而骁,文正不能节制,独心折公。护左义犹崇。文襄被劾,公密疏力保,中途折回,卒成中兴大业。平吴先图皖,一战竟成功。墨绖期报国,鼎湖遽攀龙。空令十万师,陨泪哭元戎。至今鹤楼下,崇祠享祀隆。我建武昌节,征车西复东。缅怀公旧绩,睥睨藐群雄。应官甫二载,移旆别渚宫。付托痛非人,百雉失崇墉。不图辛亥岁,竟逢八月凶。我时守北门,朝局水火攻。狐裘感蒙茸,一国已三公。甲兵归武库,疆吏等附庸。艰苦固吾宇,静镇息群讧。密电达天闻,两府皆痴聋。愧无一旅众,越境摧狂烽。坐使龟蛇山,沦为狐兔丛。陶金失百炼,羊岘隔千重。嗟吁公不作,怀古生英风。

左文襄公宗棠

左公天人姿，才副江海量。一登孝廉船，公车屡十上，春官不见收，殿角虚胪唱。风雨一草庐，脱口谈霸王。早入诸侯幕，席似经师抗。名大毁随之，白简达天仗。执友获安仁，一疏雪群谤。奉常甫承旨，移作之江障。赫赫平浙功，大勋集马上。九重膺简在，未识真卿状。陇坂逼强邻，严城失依傍。衔命莅西州，戍卒惊天将。经略逾十载，番回知所向。绝域成互市，瘠土变膏壤。细柳千万条，亚夫军容壮。甘棠蔽芾阴，召伯无以尚。展觐述臣职，爰立遂作相。乙科拜大参，此典原属旷。两入丝纶地，一慰江左望。自负亦不薄，大言洵匪妄。不知南阳外，天下几葛亮。至今五丈原，星陨悲甲帐。昔读公政书，才气何奔放。翩翩两公子，酒尊互跌宕。勋为小司马，同也旧廉访。杨祠同吊古，歇浦共乘舫。素交感存殁，世泽怀畴向。郭李若尚在，国不朱三让。今古同一例，抚时增凄怆。南顾衡岳云，山颓吾安仰。

李文忠公鸿章

李公天下才，橐笔入明光。作官猛拼命，豪气塞八荒。发乱守乡里，身闲名未彰。一佐湘乡幕，淮表旌旆扬。海上正乞师，挽弓孰挽强。独提一旅众，战舰飞余皇。歇浦泥丸地，大局系苞桑。决策定苏州，辣手能杀降。纵触邻将怒，恶木斩何伤。戡定东西捻，授首赖与张。陶侃督八州，上游据武昌。北门严锁钥，三辅不惊龙。中书廿四考，福寿郭汾阳。厄运逢甲午，师燔鸭绿江。引咎不自安，胜败兵家常。殿前有朱云，诛佞请上方。庙堂援八议，持谢少年狂。忍诟全和局，马关奉使忙。不惜岁币增，完我旧封疆。才大难投闲，坐镇移五羊。危言荷慈鉴，帝座固金汤。庚子拳祸炽，敌衅势披猖。翠华竟西迈，宫门启仓琅。我时尹京兆，留台警赤囊。全权责不细，非公孰克当。六电速公来，议款集贤良。贤王能和衷，枢府遥赞襄。卒定和戎策，山海复梯航。乘舆方戒途，公已病在床。呕血尽数升，箕尾韬光芒。天生卫社稷，一鉴嗟先亡。公殁，余挽联有"天生卫社稷旷世才难"之语。津沽惭代将，后公已十霜。拜祠树丰碑，自愧笔墨荒。平生知己感，腹痛泪浪浪。戊戌夏荣文忠公奏调北洋差遣，余时兼译署差，公抗疏奏留。辛丑春特简汴藩，公以议款需才复奏留襄办和议。

厂桥一首三叠前韵

厂西门外走雷声，南北书坊许借荆。十丈尘容双屐软，百僚底视一官轻。饭堂时入高僧坐，酒市犹留饮者名。斜倚胡床寻旧梦，雪瓯冰碗有余清。

忆昔四叠前韵

忆昔花间莺啭声，只今陌上驼眠荆。偶逢芝绮须眉古，一觉梁炊富贵轻。老屋半欹愁漏雨，远山虽好不知名。何须今夕谈风月，但对琴书万虑清。

自述五叠前韵

造楼非凤愧蛙声,居室粗完学子荆。吴郡题诗双袖满,郁林载石一舟轻。逢人差免申申詈,与世羞争赫赫名。用丙午《大梁留别》旧句。最忆日斜庚子事,青蒲大对集乾清。庚子拳祸棘,特召内阁六部九卿御前会议,余以署府尹入班。

赠豫泉六叠前韵

殿前先后听胪声,老去同班异地荆。朋酒但须千日醉,宫衣曾著五铢轻。离家张翰思莼脍,居市韩康识姓名。莫道出山泉水浊,而今依旧在山清。

赠姚云江隐士

杏林春暖橘泉香,药市高名幸识康。丧乱未平生意少,活人一卷是青囊。

自嫌名德太邱陈,绕膝孙曾累此身。脉案凭君三指诀,生涯畅我一家春。

和答一山叠前韵

五夜焚香读楚词，昙花仍发去年枝。神州孰执陆沉咎，绝岛翻成自寿诗。黄口孙曾呼小友，白头弟子是经师。北窗高卧凉生簟，瓜李南皮话后期。一山年已八十，有祝余生日诗，并劝作津沽之游。

烽燧连江泣路穷，水云续绘恐难工。卅年已醒黄粱梦，一笑均成白发翁。移宅几人居鹤市，寄书有客说蚕丛。九华宫扇先朝赐，衰老而今不受风。

夏夜即事七叠前韵

展图满纸尽泉声，画手如逢关与荆。细酌茶纲识味永，早完诗债觉身轻。岂惟鲍叔能知我，接南北友人书，殷殷垂询近况。不信朝歌是恶名。近日曲院度曲提早钟点，便于归休。堂额敬瞻宸藻焕，自嫌松健愧筠清。七十赐寿御书"松健筠清"匾额，至今恭悬堂上。

无题八叠前韵

琵琶呜咽助悲声，难遣登楼孙子荆。此日始知恩谊重，当年翻悔别离轻。鹊桥密约成虚誓，鱼水良缘恐挂名。安得蒙庄齐物我，湛然心迹本双清。

变法九叠前韵

读史惟余太息声,赵家变法任王荆。一登黄阁党人炽,再税青苗民命轻。谪宦不留苏轼地,争墩窃附谢安名。书生未解睢麟意,周礼周官记忆清。

庭际兰花盛开作此张之十叠前韵

只闻香气静无声,不识人间有棘荆。湘畹移根回棹远,山阴修禊办装轻。丁丑上巳偕友兰亭修禊。序文逸少空前古,赋手盈川擅盛名。最是招凉风雨夕,兰池销夏气尤清。

忆昔十一叠前韵

炮火天街不断声,都城困守共山荆。未随豹尾班联去,已分鸿毛性命轻。旧尹代权京兆职,庚子八月初八日交卸府尹事,廿二日两宫西狩。留台亲注同卿名。以署太仆寺卿拜留京办事大臣之命,共八人,汉职中仅一人。而今白发江湖老,昔梦重温记尚清。

尚友十二叠前韵

未许绝交出恶声,相如大度负廉荆。神游四海三生契,谊重千金一诺轻。每慨得朋经丧乱,从知卖友匪嘉名。下车戴笠寻常事,风雨鸡鸣夜气清。

咏史十三叠前韵

击筑都为变徵声,谁从燕市访高荆。论人未许淆功罪,举国须知系重轻。运去群雄齐纳款,时来竖子亦成名。滔滔天下今犹昔,几见黄河浊变清。

忆旧游十四叠前韵

乍听风声间水声,为探双洞到宜荆。往岁曾往宜兴探善卷、庚桑两洞之奇,宜兴、荆溪同城。挐舟秉烛三湾胜,善卷水洞有头湾、二湾、三湾之胜,须秉烛游,上中二洞亦奇绝。蜡屐穿云五两轻。山客远投谁作主,洞主储君南强接待极殷。海王高峙我题名。庚桑洞有海王厅,怪石玲珑,最宏敞,余曾题名石上。归来细酌二泉茗,赢得诗篇袖底清。归舟道经无锡,复酌惠山第二泉。

感事十五叠前韵

西施泛舸难忘越,王粲登楼尚客荆。逼处强邻猜易集,调停党政责非轻。佳人自古能倾国,处士于今半盗名。夷惠风间宜领取,圣之和与圣之清。

自述十六叠前韵

霓裳听罢听骊声,千里寻兄到上荆。丁未冬由苏移蜀,展觐祝釐,便道之官,与先兄晤于荆州。驰驿特宽三月限,还家暂觉一身轻。赏假三月,过家上冢。泷冈拜墓惭为表,楚泽移官浪得名。假期未满奉电旨,以两湖重要,速赴调任,毋庸入川。今日蕉阴销夏夜,好风犹剩袖中清。

螺矶怀古十七叠前韵

弓戈挽入佩环声,吴蜀婚姻总为荆。燕寝绸缪官烛贵,螺矶凭吊锦帆轻。甲戌汉上之行,曾维身矶下。永安往事空余恨,灵泽崇封副令名。锡封灵泽夫人,有祠。滚滚长江呜咽水,向谁浑浊向谁清。

销夏十八叠前韵

三条五剧卖菱声，不叩朱门但叩荆。领取好风蒲扇大，微沾细雨筠鞋轻。兰心蕙质皆同气，荷袂莲裳本互名。午梦甫醒茶正熟，纵思多饮愧诗清。

十八叠和韵诗竣戏简豫泉

茶鼎香消蜡炬残，眠琴松下夏生寒。酬诗已达瀛洲数，莫再推敲累写官。

白社风流今岂无，几人探颔得骊珠。香山九老卢贞似，九老会卢贞年八十二，与君同。忝在卢前愧老夫。

子才太守哲嗣仲乘世讲吉礼告成诗以志贺

炉香细袅烛高烧，得意王郎俪谢娇。白马随携行箧剑，紫鸾合奏洞房箫。南陔洁养羹汤备，北海传经诗礼遥。胜日宾筵赓燕喜，河洲钟鼓协风谣。

淇泉太史以病起补和余自寿诗见示奉酬一首

昌黎博学擅多能,自愧郊寒并岛僧。前辈才名长水继,谓竹垞。新诗纸价洛阳增。惊心桑海催人老,回首蓬山羡尔登。一卧淞江三十载,劫余尚有久交朋。

郎锦堂军门松间危坐图哲嗣静山乞题

长风谡谡怒涛驰,危坐松间若有思。在昔韩彭称猛士,只今褒鄂想英姿。毋忘细柳谈兵日,最忆芳荷式宴时。君早归真吾亦老,展图难遣泪双垂。

六月二十一日花近楼雅集是日为欧阳文忠公生日即席赋诗志仰

碧筒杯预祝芳辰,风定荷香夏气新。后三日为荷花生日。夺席笑宽金谷罚,是日轮值金子才主席以有他事,由余治具。盍簪共买玉壶春。二三知己为迁客,六一先生是寿人。遥望醉翁亭子上,环滁山色伴吟身。早岁一作醉翁亭之游。

平山画像炳千秋,两至平山堂,曾拜公画像。览揆今朝晋酒瓯。名大八家文自古,才高五代史曾修。登朝魏国称同气,放地东坡许出头。花近楼中开广宴,一时裙屐尽风流。

荷花生日有作

玲珑雪腕藕丝匀,翠盖亭亭不染尘。莲社昔时图主客,荷花今日是生辰。脂田粉硾他年事,水佩风裳现在身。为荐蟠桃赓寿曲,碧筒香泛酒行频。

缪镛楼师友扎记题词

一时师友尽高门,矧有先人手泽存。片纸零笺须宝贵,好留典则付儿孙。

郑康成司农生日江楼雅集感赋

北海传经本大师,生朝置酒晋琼卮。黄巾满地曾罗拜,带草盈阶好护持。末世慨无人讲学,当时喜有婢知诗。竹林高会秋宵集,是日九任治觞宴客。通德弥殷仰止思。

庚辰

乞巧日荒斋小集为子怡预祝即席赋简

才地东坡继老泉,筮期介祉预开筵。淞江水蓠眠鸥稳,银汉桥通任鹊填。多难万方愁劫火,长生一曲话开天。蕉亭秋夜延佳客,仍世论交五十年。

南屏以七六生日自寿诗寄示奉酬一律即步其韵

展图如见古须眉,前赠画像尚悬壁间。惜未登堂晋寿卮。每念京依南斗望,幸无文自北山移。莲池逭暑联同气,桂岭添香发嫩枝。料得宋王台畔路,清秋访碣短筇持。

秋夜有怀南屏叠前韵

不能成佛苦低眉,有酒学仙倒玉卮。得剑客中增胆重,抱琴海上觉情移。月随花影穿疏绮,风度蝉声过别枝。遥想龙城今夜月,云罗欲赠不堪持。

感事三叠前韵

驰誉何能副白眉,浇愁惟借酒盈卮。朋交似水原宜淡,公案如山未可移。余劫陌头看草色,独眠楼上笑花枝。垂纶尽有渔人在,底事纷纷鹬蚌持。

挽杨子勤太守

廿年不共接高谭,恶耗传来夜漏三。凤有才名驰冀北,犹留美政遍江南。说诗苦忆桥头雪,著有《雪桥诗话》八集。折柳曾停道左骖。昔年申江送别如昨日事。逸社旧人零落尽,萧疏白发我何堪。

七月初十日夜昙花盛开诗以张之

玉质冰肌夜气滋,一弹指许现芳姿。灯前弄影香初逗,叶底生花理亦奇。色即是空堪献佛,娇如解语好催诗。赏心不碍鸣宵柝,凭藉西风善护持。是日沪市戒严。

开到人间亦可怜,万方多难已三年。是日为抗战三年纪念日。芳情脉脉何时旦,夜开不能达旦。玉立亭亭易化烟。十日羞同千里草,骈枝差拟并头莲。昙著二花,开时有先后。旧京尚有昙花寺,回首清游卌载前。寺与陶然亭相近,光绪丁亥戊子间余寓南横街晋阳寺,时一往游。

中元即事

远隔黔山一万重,近违南北两高峰。客中又届中元节,有酒难浇马鬣封。

前宵刻烛咏昙花,昨夕追凉走钿车。一笑今宵无个事,戏拈秃管画龙蛇。

风姿绰约露光匀,兰室初秋胜晚春。开到素心花本色,赏花俱是素心人。

水面文章匪我思,平生不赋落花诗。清才吾爱张平子,黄绢输他绝妙词。是日张豫泉寄示落花诗八首,不能和也。

月到清秋分外圆,劳劳人事几推迁。沧浪送侄图犹在,港海今宵正拍船。九侄昌浠今夜可抵香港。

竹林深处接清潭,旧雨时来人两三。我似兰成长作客,卅年流落在江南。

秋夜即事四叠前韵

竹炉活火瀹君眉,良夜茶瓯代酒卮。残局未经棋劫换,微波初卷画帘移。大航客到寻孤本,宝扇人归感折枝。偶检敝箧得见亭秋夫人画扇。近日文园消渴甚,饮冰空忆旧军持。

晒书叹

少年目拟穷千顷，老去心犹守一经。特展蕉阴三五尺，梦蕉亭作曝书亭。

边韶饱学我空空，晒腹安能比郝隆。劫火不烧书在笥，秋阳以暴慰冬烘。

记曾目校手批勤，排比殊难四部分。料得儿孙私笑我，讲堂今尚蟹行文。

夕阳一角挂林梢，断简零编未忍抛。毕竟旧书犹可读，梁钞文选郑经巢。旧藏梁山舟侍讲手写文选全册极精美，前刊郑子尹先生《巢经巢诗文全集》，坊间称为善本。

感时不觉废书叹，二酉山中日已残。纵使十行总过目，白头能得几回看？

荟亭以秋怀诗乞和依韵酬之

南楼看月几回圆，北海谈经阅岁年。花种河阳萦旧梦，诗吟饭颗入新篇。堂堂祖德传清白，草草家居感播迁。享帚千金休自秘，会须次第付雕镌。

中兴一首叠朋字韵

曾胡左李结云朋，异姓名王更有僧。庙算声灵原赫赫，烝徒车骑已增增。时平虎豹山中伏，功大麒麟阁上登。今日听鼙思将帅，撼词作颂我犹能。

一山寄示津门诸友和余自寿诗仍依韵赋谢

新诗寄自远方朋，格律严如受戒僧。各擅三长工且速，难从一字减和增。簪辞白发伤迟暮，梯接青云喜共登。深佩江花萦彩笔，草间偷活我无能。

南屏以诗寄怀依韵奉酬

闻说长安不易居，春申羁旅更何如？后堂丝竹中年后，半壁江山浩劫余。行脚已无新蜡屐，委怀尚有旧钞书。淞波半亩供垂钓，愿著烟蓑狎老渔。余有《半淞垂钓图》。

湿云挟雨入帘霏，小爇炉香篆力微。去国难忘西苑柳，怀人犹忆北山薇。平分秋色身还健，怅触乡心客未归。吴郡莺花杭郡酒，旧游如梦总依稀。

说友叠前韵

免俗吾宁与竹居,淡交君子水应如。同升在昔思王贡,隙末而今笑耳余。圆缺久看天上月,往来重检袖中书。纷纷鹬蚌相持急,只恐他时利在渔。

接席清谈玉屑霏,道心消长判危微。但愁陌上丛荆棘,未信山中少蕨薇。运不逢辰多难集,老犹作客几人归。曲江雁塔高千尺,太息题名故侣稀。

秋怀三叠前韵

适情亦拟赋闲居,才较安仁愧弗如。绕树乌怜三匝后,挂冠我已卅年余。蕉亭说梦空留记,藜阁趋公忝校书。时局日非人亦老,生涯输与渭滨渔。

轻烟漠漠雨霏霏,人语疏灯夜气微。摇落空怀汉南柳,饥驱那得首阳薇。何时洗甲鲸鲵尽,几辈题桥驷马归。差喜秋声空谷里,朋来未觉足音稀。

简荟亭四叠前韵

夕阳亭畔好村居，卅里长才有孰如。作吏无惭清白后，移家偏值战争余。临歧莫洒忧时泪，行乐曾传报友书。投分云龙结韩孟，强同问答到樵渔。

朝霞散绮暮烟霏，梦绕乡关坐翠微。行迈每瞻周道黍，客途曾采越山薇。熊鱼兼味非吾好，猿鹤多情盼客归。闻说雪桥新赴召，当年逸社旧人稀。近得贵华宗子勤太守之讣。

七月二十九日潘澄波招饮寓园即席赋赠用主人前和昙花诗韵并简子才

选胜何须赋远游，名园近市好延秋。惊心劫火人惟旧，弹指光阴岁已周。客秋曾召饮并赠昙花。酒拟千觞千日醉，诗难一字一缣酬。平泉草木堪为记，剡有昙花作寨修。

穷海羁栖梦毂驰，九龙山色渺余思。重陪高会敷瑶席，忝预初筵举玉卮。棋橘怯逢仙狡狯，盂兰全仗佛慈悲。是日为地藏佛生日，园中举行盂兰盛会。坐中有客吟情健，匡鼎说诗足解颐。子才诗先成。

越日有作叠前韵

良夜同为秉烛游，沧江一卧卅年秋。鸡声起舞深惭祖，蝶梦逍遥勉学周。举世滔滔兵未洗，故交落落剑空酬。茅庵谁为留佳处，浣诵心经矢自修。生日溥西园以手写《心经》寄赠，时一浣诵。

往岁锋车五省驰，口碑敢博去时思。曾留话别诗盈卷，只饮攀辕酒满卮。春梦易醒人事改，异邦远适我心悲。丁丑秋避乱，一到香港。客途喜晤潘邠老，花下行厨快朵颐。昨日澄波招饮。

八月初吉送曾孙行义入塾启蒙喜赋

作圣基蒙养，痴呆误一生。也须辨菽麦，原不为科名。此日寻师乐，他年玉汝成。书香传四代，祖砚代田耕。

堕地呱呱日，迎来御李车。乙亥十一月行义生日，余约林诒书学使市楼小饮。甫延宾入座，旋报喜充闾。纵使非英物，还宜读旧书。夜归重剪烛，风月小窗虚。

闻荟亭旧疾新愈作此奉慰

赁庑端居互市场,米珠薪桂费筹量。忧深忽守三缄戒,病起难容二竖狂。七日内连发失言旧疾五次,近已全愈。毕竟辞金重杨震,何须卖药识韩康。纵然作客秋风里,斗室回春驻夕阳。

秋兴叠前韵

头童羞逐少年场,腰瘦惟应带孔量。阅世已忘身是客,抗怀翻羡古之狂。习勤运甓输陶侃,乐圣衔杯有杜康。门柳青青庭草绿,小窗危坐暴秋阳。

读史三叠前韵

浓香班马选词场,制锦端资玉尺量。五代如棋尘劫换,一编下酒醉人狂。销沉霸业天亡项,际会中兴马渡康。大笔淋漓供纂述,史才谁得似欧阳。

感事四叠前韵

纷纷竿木戏逢场,长短宁烦尺寸量。甫拓三弓嫌地窄,忽惊四坐发言狂。世无禹稷寻巢许,身际光宣溯顺康。客里莫将佳节负,中秋已届又重阳。

跃马五叠前韵

浅草平沙跃马场,呼鹰逐狗漫同量。围人得意休惆怅,下驷低头未敢狂。升让咸知名德重,退飞宛似秀才康。输赢悟澈盈虚理,一例挥鞭学鲁阳。

献佛六叠前韵

粥鼓斋鱼作道场,无边佛力费衡量。石前说法千人喜,坐上焚修众稚狂。水月光明空色相,香花供养逮平康。教坊曲院佞佛尤甚。南中更有朱天庙,野老纷纷礼太阳。

遣兴七叠前韵

不负春秋两试场,揭来旧学邃商量。随携瓢笠贫非病,坐守诗书老更狂。无分拥驷迎贾岛，有时锻灶遇嵇康。六阴脉诀宁关寿，阴极还宜起一阳。医者谓余脉系六阴，主高寿。今何世乎？

自叹八叠前韵

名场历尽又歌场，劫后生涯自审量。父老尚知山简醉，儿童莫笑乐天狂。香山诗："儿童随笑乐天狂。"难忘赋雪游梁苑，颇忆乘风到建康。剩有麻鞋何处著，未从间道达辽阳。

植品九叠前韵

不解逢人问立场，提心在口自商量。肯从乱世求闻达，不得中行必狷狂。事到十全宁是福，途经九折转成康。最怜一曲《桃花扇》，怕听街谈马贵阳。

闻乐十叠前韵

广场丝竹未收场，还把江山寸寸量。蝉唱宁知齐女化，凤衰翻使楚人狂。浏漓剑器诗赓杜，慷慨琵琶客说康。梅村《琵琶诗》："对山慷慨称入神。"偶向梨园聆法曲，独怜入海少师阳。谓畹华。

十叠诗成赋柬荟亭大令

怀人露白与葭苍,得句何须问短长。豪气已除甘避舍,让君才擅十三行。来诗已十三叠韵,函来愿树降旗,抑何谦也。

顾母丁太夫人山水图卷哲嗣允中乞题

目穷山水意为摹,彩笔临江更夺朱。图仿元朱泽民临唐江贯道《千岩万壑画卷》。万壑千岩奔腕底,绣余染翰制新图。

神化丹青擅盛名,法华宝绘证前生。曾绘《法华经图》,惜未见。兰闺纵举齐眉案,佛说西方有化城。兼通内典。

建塔终须报母慈,曾留手泽付佳儿。十年买宅西湖住,早识钱塘女画师。

中秋前一日潘志铨世讲招饮园寓即席赋谢并简尊甫澄波有道叠前韵

爽垲新居续旧游,十日前程波召饮。名园月色近中秋。昙花倩影寻篱次,杕杜深情感道周。园居临大道。曾荷老泉三爵让,又承和仲一尊酬。珠江月似峨嵋月，问讯何年七宝修。

庭草青青意马驰，楼台灯火寄遐思。_{园中建设仿西班牙式。}筵开玳瑁疑金谷，酒酌葡萄把玉卮。两世论交人寿几，万方多难我心悲。坐中半是谈瀛客，亚雨欧风妙解颐。

南屏以中秋感怀诗寄示依韵酬之

九十光阴一半秋，异乡作客感淹留。莼鲈有味违千里，箫管何时坐两头。玉宇高寒萦旧梦，羽觞遥醉遣新愁。烦君寄语香江月，长照清流谢浊流。

杨荫北翰西兄弟以家藏李文忠公前平捻时函嘱文案处先德艺方醋使预制报捷小红旗遗墨影片寄题因忆庚子辛丑间余以京尹兼留守襄办文忠款议贤良寺里与醋使时共谈谦追维往事爰赋此诗归之

上相提兵拱帝畿，尊公当日赞戎机。黄河险失朝飞渡，_{戊辰春间西捻北犯。}黑月秋高夜合围。_{是秋捻平。}画像会看图紫阁，捷报预嘱制红旗。中兴再造基平捻，筹笔从容定指挥。

中秋后七日花近楼张筵宴客即席赋诗仍叠前韵

笠屐年来罢远游，招邀近局好延秋。坐悬短榻宾留稚，交比醇醪主愧周。劫罅观棋愁子落，醉余看剑引杯酬。良宵只许谈风月，也是三生石上修。

投辖何须咏载驰，博枭壶马寄怀思。重烦老友携儿辈，澄波、志铨乔梓先到。更为良朋晋寿卮。斗文、子有甫过生日。狂饮已拼今夕醉，长埋休代古人悲。渊渊掷地金声出，惊起沉沉鬖涉颐。子才诗先成。

八月二十一日夜雨盆昙又发三花喜赋

名花一再发优昙，活色生香次第探。月下飞觞头喜并，月前曾开双花，余有诗。雨中剪烛影成三。永怀洁养供堂北，是日先妣寿辰，移至佛堂供养。尚忆初胎寄岭南。去岁粤友潘澄波所赠。邻寺莫教钟报晓，迟迟秋夜助清谈。

十八日追悼亭秋夫人 是日为忌日

已枯老眼行行泪，怅触秋心寸寸灰。二十五弦弹不得，弦声齐挟海潮来。没已二十五年矣。

寄粤中圆嵩道友

香海秋风忆旧游，芒鞋惜未到罗浮。何当共下酥醪榻，蝶梦梅魂任寒修。

赠周子俊世兄

黄阁襄成和会篇，庚子辛丑间与令祖玉山年丈襄办李文忠八国和议。天津桥上感啼鹃。庚戌辛亥间与尊肯绪之按察共事析津。而今歇浦同为客，三世论交四十年。

斗文世兄招饮赋谢

栖遁春申岁月赊，款扉今日醉君家。盛筵直抵中人产，深巷惭呼长者车。遥听好音迎紫稼，坐客有自香港归者，云畹华即日回沪。近临佳节就黄花。此间大有句留意，不放庭前日影斜。是日午饮。

视沈季宣疾已大愈矣喜赋

接席平分上下床，到门存问沈东阳。带量幸不腰围减，茗话依然意兴长。已觉心胸无块垒，宁知时局有沧桑。与君两世论交旧，今日重登五福堂。

朱用和世兄至自贵阳承馈乡物感赋

中年旋里未嫌迟，门第先寻旧独狮。君家故宅在城南独狮子。昔与而翁联号舍，与尊公晓南方伯订交于乙亥恩科黔闱试院。今逢游子动乡思。巷居只剩三间屋，君云贵阳被飞机毁炸，余铁局巷故宅仅余数椽屋。商市犹标六坐碑。六坐碑旧为小市，今辟广场。承馈乡物纸匣特标此三字。最忆过家上冢日，黔灵山寺我题诗。光绪丁未腊月事。

怀佩瑜天津

不耐居燕市，还寻七二沽。视天仍梦梦，堕地溯呱呱。君生于津地。鹄影怜娇女，鹃声寄老夫。重阳今又近，能饮一尊无？

挽俞志韶太史 年八十四，八月二十六日殁

春时同晋万年觞，犹喜须眉未老苍。群羡胪传金殿重，宁知召赴玉楼忙。生存此腹三壬贵，殁世遗书二酉藏。正拟登高偿夙诺，不堪佳节近重阳。

桐柏当年未筑宫,寄庐谈谶五蛇同。十年前左子异廉访招余与君,并朱古微、恽季申、罗隐寄庐公宴,均咸丰丁巳生。寄庐即今之桐柏宫。策瑜齐岁余惭长,元白酬诗尔独工。目望京华依北斗,魂归关塞起西风。商山四皓图犹在,重展芝颜恨靡穷。客岁燕九节花近楼雅集,与君及杨小荔、沈鲁青同摄一影,题为《四皓图》,有诗。

云麓太史过访余缘腹疾失迓报之以诗

学经问难释然疑,交到忘形有合离。嘉客门前殷请谒,衰翁厕上苦寻诗。翰林早识东坡贵,贡举深惭永叔知。为报采薪疏款接,频烦立雪已多时。

把芬庐吟稿二编刊成自题

岂料添诗债,惟应遣睡魔。河山怜破碎,岁月感蹉跎。冷眼看棋局,浮生寄钓蓑。尚余湖海气,老去未销磨。

光阴诗卷里,客子意何如。每自开篇始,回思落笔初。花间兼月下,酒后复茶余。敝帚千金享,完成一寸书。

一官题一集,鸾唱抵鸥盟。辛亥前《松寿堂诗》一官一集,与许亭秋夫人酬唱极多。花近先求友,壬子迄丁卯十六年,《花近楼》八编附刊逸社各友诗。原鸣苦忆兄。戊辰迄丁丑十年诗为《鸣原集》,思兄也。芬庐诗再续,芸案稿初成。工拙吾宁计，还资表圣评。

纪事有怀李文忠公

阁绘凌烟观表忠，平吴平捻奏肤公。八王纳款心犹叵，四省歼围寇已穷。学启杀降抽刃白，艺芳报捷制旆红。"艺芳速制小红旂"为公平捻时亲笔书付文案处，余曾有题句。而今举目河山异，谁识当年佐命功。

九月朔日子怡假座花近楼雅集连宵风雨客途艰阻越日子有以诗纪事依韵答之

河鼓声中酒到脐，鲐船苦觉渡津迷。地饶芦苇原名荡，沟合东西不隔溪。主贤共说肴精美，宾戏殊难语滑稽。湿遍尺楼床上下，夜闻风雨胜闻鼙。

重阳前三日昧莲灵帏公奠感赋叠前韵

芳园桃李忆春游，丛菊双开泪陨秋。四坐鲭筵失楼护，君生时好客。一场蝶梦了庄周。重临白社吟难续，再到黄垆酒罢酬。差喜鲤庭诗礼在，子孙容易绍前修。

频岁夷场看马驰，七楼高会寄遐思。偶逢今雨慵投辖，又近重阳怕举卮。门巷依稀仍是旧，画图省识只增悲。耆年三世君堪继，特荐生刍谢朵颐。诸孤以豆觞款客，不能食也。

陈涵度去岁于冷市买得余失去旧藏一山太史酬唱诗笺装池锦饰专函奉璧雅意可佩赋此志谢

当年诗社坐春风，锦句赓酬属藻功。遗去定邀红袖拂，拾来尚有碧纱笼。谩藏昔悔同和璧，狂喜今如得楚弓。好事吾钦陈仲举，雅怀高谊几人同？

重阳日大中华七楼公宴感赋

插萸簪菊风流事，可奈衰翁已白头。栗里归来仍作客，杜陵老去易悲秋。题糕苦被娇孙扰，藏酒难从小妇谋。高会又逢重九日，三年三度此登楼。戊寅春自港旋沪，忽忽又三年矣。

儿时里谚记犹详，九月重阳火进房。黔谚云："九月重阳，移火进房。"言早寒也。佳节经过寻旧梦，暮年羁旅尚他乡。纵如汉上题襟乐，无复龙山落帽狂。多难万方同一概，劳劳身世几沧桑。

重阳后一日子怡招同渭英子有假坐小集赋简

载酒停车意倍亲，秋多佳日宛如春。菊觞特展重阳会，芝绮居然四老人。地主忝为惊坐客，天涯同是乱离身。期君位业符文伟，却愧元龙气未驯。

即事叠前韵

结庐蓟取吴淞水，卅载朱颜换白头。差幸胸中无块垒，不妨皮里有阳秋。花时莫放斜阳落，桑土还为未雨谋。闻说且兰霜信早，思归王粲怕登楼。

投分交联刘与李，救时相少杜兼房。金戈铁马愁羁旅，莼菜鲈鱼忆故乡。棋耐旁观王质老，酒缘多酌灌夫狂。年来恩怨销除尽，梦稳槐安笑指桑。

情荃远赠画扇赋谢

南山介寿句难工，宝篆荣颁拜下风。画竹清才追与可，梦花彩笔属文通。字成万个池临墨，烛剪三条泪湿红。遥想逋庐梅信早，飞觞一羽醉诗翁。

庚辰

挽凌光庭封翁

过家识面慰征夫，丁未入蜀过家上冢，识君于贵阳城南学舍。别后相思岁月徂。远籁百围摧大木，遥天一束寄生刍。采兰早就循陔养，冒雪曾题戴笠图。令子克家公不死，习闻诗礼过庭趋。

重阳后三日金滋轩世兄至自长春详述兴京近况越日子有寓斋雅集惓怀故国饱饫宾筵感时抚事爰赋此诗三叠前韵

海外扬尘云过眼，樽前顾影雪盈头。酒酣莫使天同醉，米贵翻逢岁有秋。未许园林题独乐，早从幕府识嘉谋。扶藜重上巢居阁，惭愧吾家百尺楼。

三缄金口笔能详，远道传闻帝在房。陈亮暮年仍恋阙，仁先侍郎照常入直。胡威清德未还乡。琴初参议退隐，闻已买宅久居。挂冠早许通明隐，看竹无妨阮籍狂。莼美鲈香供一饱，饿人几辈遍翳桑。

和酬荟亭九日书怀

尺楼坐看夕阳斜，送抱推襟语勿哗。华烛开筵红溅泪，新诗疥壁碧笼纱。酒阑但觉人皆醉，米贵非缘用若沙。老圃秋容殊寂寞，对君一笑负黄花。

和豫泉九日书怀

才尽难题九日糕，市楼买醉强登高。莼鲈入梦归犹阻，湖海浮家气失豪。相宝山前无雁到，相宝为黔中名山。延秋门外有乌号。梓乡帝里均寥落，白发临风手漫搔。

戏马台高静不哗，卷帘莫放夕阳斜。渡旁渡口携桃叶，楼外楼头就菊花。陶侃投闲仍运甓，邵平避世但耘瓜。春来傥订莺邻约，一树垂杨共两家。

和酬南屏九日书怀

昔从香海度重阳，又上高楼大市旁。列俎蟹螯堪入醉，书空雁字不成行。兄弟三人今惟我在。吟秋最爱斜晖好，感逝翻悲旧雨忙。近闻俞志韶、吴蔚若诸友恶耗。忽忆菊松三径里，渊明早日返柴桑。

云麓以和房师怀西太史九日诗见示追维甲辰汴闱旧事依韵答之

大梁春榜溯闱场，范钵和衣话正长。锁院隔帘成旧梦，余是科充知贡举。异乡作客又重阳。经霜绰约仍吟菊,未雨绸缪孰彻桑。劫罅一尊酬令节,宁知天醉意苍茫。

望日耆卿仲奇招饮赋谢

曾陪公谳接容光,更预郇筵绮席张。宦梦易醒仍皂帽,耆卿一登强台旋赋归隐。活人有术富青囊。仲奇精岐黄术。抚时各抱流离感,投分全教行迹忘。菊酒今宵良宴集,斜风细雨展重阳。

怀西太史寄示重阳与云麓联句因忆昔年九月庄得之观察江楼宴集余与太史均坐上客曾几何时观察已羽化矣感赋

当年申浦作重阳,同上江楼接大荒。黄菊催诗和芝麓,白衣送酒累蒙庄。主人好客吟秋健,我辈题糕数典忙。佳节又逢风景异,不堪衰柳拂邻墙。余与得之结邻三载,昨岁逝世,旧宅已改作寺院矣。

子有以邻巷五日戒严起居不便事后赋诗遣怀依韵奉酬

巷居南北径通幽,不是从公执二矛。火烈池鱼非意料,罗张野鹤亦羁囚。千言下笔诗仍健,一笑观棋局已收。从此少文图画里,良宵梦稳续前游。

感事叠前韵

只说江村事事幽，宁知大盗竟操矛。豺狼当道麟先隐，燕雀处堂凤亦囚。倒海涛来风助虐，燎原火纵焰难收。兵戈未已归期阻，转羡乡居马少游。

论事三叠前韵

两造各矜函与矢，一身兼用盾同矛。褚渊不向石头死，敬仲甘为堂阜囚。薄酒易醒还易醉，狂言能发要能收。已拚蠹乞书中饱，莫羡鱼从釜底游。

子鼎大令远寄诗篇奉酬一律即以代柬

水流云在绘图成，幕府莲花坐啸清。忽捧瑶函披锦句，不因妙画掩诗名。袖余新本中吴隐，烛下围观阒坐倾。两鬓霜华千里月，一方秋水卅年情。

十月初三日约友人荒斋小集诗以纪事

强自为欢有所思,年华逝水竟如斯。今宵置酒题襟日,昨岁闻歌裂帛时。去年此夕剧场观戏,头晕欲裂几蹈不测。入海最怜同辈少,藏山深悔著书迟。江湖满地吾将老,且试灯前一局棋。

读史四叠前韵

周道中衰感厉幽,秦风底事赋戈矛。三章汉代难如约,一纸唐家侈纵囚。扰扰触蛮争未已,纷纷鹬蚌利谁收。江山缩入吟毫里,急就篇成愧史游。

子有以巷居不靖假座敝斋谵客即席赋简

端居暖阁预安排,筮日延宾计未乖。特为比邻惊巷拆,翻劳假馆到扉柴。停车载酒情何挚,刻烛催诗兴转佳。忽忆北门焦烂日,岿然上坐是吾侪。

花近楼遣兴叠前韵

万方多难倩谁排,一老还山愿总乖。楼外有花还就菊,庭前落木足供柴。苟全乱世宁非福，转徙他乡且住佳。差喜御冬新酿熟，试开缸面乐同侪。

白门感事三叠前韵

胜棋楼上乱云排，重访莫愁愿已乖。尚有客争安石墅，更无人荷孝陵柴。英雄毕竟真王少，儿女依然绝代佳。欲向板桥编杂记，不堪作客是吾侪。

望日花近楼雅集余以病目不及款客命昌豫代作主人诗以志歉四叠前韵

荒斋小集夜筵排，末疾纠缠始愿乖。投辖呼儿权主席，当门迓客不关柴。园飞金谷三更话，人与黄花一色佳。渭英、榕卿承惠菊花。我自养疴宾自醉，交忘形迹乐吾侪。

南屏太史以咏梅辘轳体诗五律见寄和如其数

十月先开岭上梅，客中景物倍低徊。三春碧柳狂飞絮，九日黄花快举杯。每忆故人三载别，荷颁佳句一阳回。连环锦字殷勤意，不待江关驿使催。

扶藜曾到宋王台，十月先开岭上梅。大庾近传霜后信，超山重认爇余灰。寿阳点额凝妆色，宰相和羹作赋才。修到几生闲是福，漫劳坐对朔风哀。

鹊踏琼枝鹤养胎，新诗斗险倩谁裁。千头近熟山中菊，十月先开岭上梅。何逊扬州成过客，林逋湖涘缔良媒。花时苦说新醅贵，且向糟床酌旧醅。

墓门几树点苍苔，都是山妻病里栽。一自兵戈江介急，更无环佩梦中来。百篇重校窗前草，内子许夫人有《亭秋馆诗钞》行世。十月先开岭上梅。最忆山庄题茂悦，丸丸松柏护三台。崇陵种树夫人报效巨款，蒙赏"松茂柏悦"扁额，殁后营葬三台山之右台，爰筑茂悦山庄于墓左。

说到还乡我马颓，鹤嗔猿怨费疑猜。平泉草木成追忆，秋水蒹葭任溯洄。歌管吹芦千里梦，洞箫截竹八音材。乡产竹最宜制箫。且兰城外花如雪，十月先开岭上梅。

寿一山太史 十一月初六日

早梅花发袭舷船，遥想高斋敞寿筵。老我未偿成佛愿，羡君亦介杖朝年。凤闻冀野空凡马，独向津桥拜杜鹃。何日龙云重会合，白头师弟话樽前。

汴闱知贡愧前修，曾放斯人出一头。博学何殊朱秀水，耆年应似沈长洲。承恩唐殿撤莲炬，遁世殷墟歌黍油。最是著书多岁月，即论文采亦风流。君旧编《遏云集》及新赋西女麦唐娜诗极工雅。

平居故国阅兴亡，挽日挥戈羡鲁阳。入梦烟波三海月，上灯时节万年觞。每岁祝釐，君必随班行礼。玉琼高处吟苏轼，成旅中兴望少康。每念京华依北斗，老人星在少微旁。

逸社赓诗互品题，城南雅集更扶藜。天津近有城南诗社。本师春在经堪述，画隐情荃齿与齐。如皋许君情荃同于冬间八十开庆，余与君皆有诗。门对丁沽居海北，庐名福寿忆淞西。沪上旧有福寿庐。儒臣遭际叨殊锡，早晚天书降紫泥。

寿鲁青太守

论交忝附绮兼黄，老卧商山岁月长。豪气易销陈下邳，围腰未减沈东阳。先期置酒虚投辖，先期为君致祝，缘病未克奉陪。生日开筵欠举觞。揆辰亦未克跻祝。料得南陔家庆集，胆瓶花发早梅香。

豫泉以诗见怀依韵寄答

浣诵新诗月照梁，旧书可读集琳琅。交深我早知元伯，学邵人谁识孟阳。宦梦易醒棠舍远，榜花重折桂宫香。酥醪付与嵩圆友，可忆罗浮是梓桑。

纪梦二首叠寄怀佩瑜韵

只为善言拜，何曾旨酒沽。承天尧荡荡，治水启呱呱。族尚留诸姒，心还念一夫。梦中瞻庙貌，明德闲然无。涂山大禹庙。

碑语妙原绝，孝名宁待沽。沉尸波浩浩，抱父泣呱呱。遗冢留千古，冢在庙内。新宫筑万夫。昔岁游浙东，新庙甫落成。梦回惊坐起，此女叹今无。舜江曹娥庙。

立冬日榕卿寓园赏菊即席赋赠

赏遍霜枝快倚筇，初冬天气绚秋容。花作诗媒吟白社，酒邀宾醉启黄封。料从陶令东篱采，宛在韩家老圃逢。催妆恰好香沾鬓，不待春风桃李秾。后五日为孙女公子于归大喜。

以把芬庐续编寄赠小荔 同年承赋诗志谢依韵奉酬

笙簧式宴同科举，弧矢当门判后先。五岁肩随龄较弱，君长余五年。九言眉介稿重编。往岁曾赋九言诗祝潘龟翁九十寿，开岁君登九秩，拟亦赋九言称祝。传家清德延三世,论斗才名富百篇。等是居夷浮海客,羡君鼍铄得天全。

冬夜有作

过眼烟云任弃捐,早梅花发得春先。停觞罢奏回风曲,目疾戒饮。刻烛催成望雪篇。节令已过大雪。每忆鳣堂悲伯起,最怜竹垞失昆田。与闲与健邀天幸,垂老欣然又抚然。

挽杨荟亭大令

客途吟赏菊花秋,俄召修文赴玉楼。清白无惭明德后,乱离长抱杞人忧。三鳣堂上悲风起,大鸟关西落日愁。逆旅赋成诗万首,卅年心血倩谁收?

诵先以纸索书适以病目勉强应命诗来志谢益增汗惭赋酬一律

劣书何敢冀笼纱,老病侵夺阅岁华。近患目疾。高阁横经供饱蠹,晴窗洗砚愧涂鸦。腕衰慨我宜藏拙,心契烦君竟嗜痂。一笑本非蓬岛客,梦中彩笔早无花。

接杭州友人论事书赋此调之五叠前韵

纠纷谁解难谁排，一局旁观尔太乖。丁晋公诗："立地机关尔太乖。"汉代夙闻容直黯，孔门原不薄愚柴。种瓜已分青门老，倚竹终推绝代佳。安得结邻湖上住，梅妻作伴鹤儿侪。

查夏重先生槐阴抱膝图陆蔼堂大令属题

初白太史诗名噪，《敬业》一集擅才调。唐宋落落数大家，剑南而后辞绝妙。《瓯北诗话》谓公诗足继放翁。王朱同为一代雄，渔洋、竹垞。爱好贪多匪我好。开编先补入黔诗，蛮烟瘴雨恣吟啸。首卷《慎旃集》均入黔诗。绝域拼命句何奇，万里从军感席帽。下走牂牁曾注籍，才不及公但凭吊。习闻其语未见人，须眉安得镜中照。陆君出示好画图，张叟丹青像为造。岂为传形并传神，料应惟妙兼惟肖。计时公甫夜郎回，绿天坐对年犹少。人云宁静如武侯，宛在隆中膝偶抱。我谓委怀似渊明，容膝易安匪踞傲。锦句联翩公自题，故吾今吾漫相较。图内自题诗极佳。壮游当著几緉屐，宋梁齐鲁靡不到。一朝黄气上眉头，窥斑隐谢南山豹。公车召试值东巡，直上三天膺宠诏。九重传唤老查名，南斋供奉职清要。公与任声山学士同直南书房，上特以老查呼之，传为佳话。只道鸿毛遇顺风，宁知烟波志垂钓。笠檐蓑袂平生梦，用公旧句。转以山林易廊庙。承明既厌赋归来，家难未纾非意料。凤钦公望与公才，白头犹及识公貌。我昔学诗趋鲤庭，画荻亲承慈母教。宦迹历遍五行省，一官一集手亲校。瓣香何敢蓺南丰，散帙千金供䚦诮。云水图中画像留，老态龙钟堪自笑。还君此图墨未干，梦少江花笔空掉。

海盐陈文勤公纪恩诗卷题词

一德明良遇，三朝进退身。黄扉崇相业，绿野作诗人。晚节韩琦菊，乡思张翰莼。赐金叨异数，捧诏泪沾巾。
乐岁喜春融，扁舟返浙中。老臣惟一个，祖伐累群公。日驭红云捧，吟坛白雪工。长留试卷在，穆穆式清风。

寒夜即事

只有鸡声破郁寥，难寻蝶梦赋逍遥。邹筵五鼎牛心贵，碣馆千金骏骨骄。几辈固穷伤暮齿，有人乐善副围腰。无须更说牂牁远，极目三巴路已迢。近接黔中友人书，备述重庆近事。

花近楼书怀叠前韵

把酒临风慰沈寥，江楼极目暮云遥。城临杞国天将压，村过石壕吏更骄。满地干戈迁客泪，广场丝竹舞人腰。一班羁旅殊喧寂，五夜乡心入梦迢。

虞琴再赋悼亡诗读之生感爰成三忆仍叠前韵

病榻侵夺夜气寥，南宫罢试帝京遥。庚辰春君病危，余为罢南宫试。旧家门巷甘贫贱，同命糟糠谢侈骄。怜女谢公挥老泪，悬鳏沈约瘦围腰。玉棺移葬三台右，不似黔山万里迢。右忆元配周淑卿夫人。

日下郎潜慰客寥，俄闻鹤化楚天遥。丙戌捷南宫后，旋接夫人凶问。我惭髡赘难谐俗，君是鸿妻不解骄。鹿隐怕寻襄水曲，殁于先兄襄阳谷城县署。猿声同听蜀山腰。乙酉冬事。朱颜容易成黄土，怅望西泠一水迢。右忆继配丁涟漪夫人。

遗挂犹存伴寂寥，人天久别路遥遥。卅年齐案宾相敬，一品荣封贵不骄。韩圃花黄吟绣口，著有《亭秋馆诗钞》，菊花诗最多。苏堤草绿想裙腰。墓梅又报南枝发，回首西湖水递迢。右忆继配许亭秋夫人。

寒夜书怀和虞琴六叠前韵

团蕉无地访参寥，近寺钟声听转遥。窗外吠尨疑客到，壁间黠鼠瞰人骄。狂临南爨碑钳口，黔中寄到大小《爨府君碑》。老去东阳带减腰。永夜怀人千里隔，纵饶飞梦亦迢迢。

读 史

谪宦谁怜吴汉槎，归来两鬓雪霜加。倾城毕竟佳人李，富国咸推寡妇巴。见《史记》。春赁皋桥曾寄庑，烟波钓艇惯浮家。夫差傥视江山重，垂老西施尚浣纱。

与友人夜话

有信潮头入梦驰，无聊心绪短灯知。仰天谁识苍茫意，阅世都非少壮时。浮白怕增新酒债，惜红罢赋落花诗。江关萧瑟兰成感，故国平居杜老思。

梅花三九玉精神，逸社消寒迹已陈。法祖我仍遵汉腊，问津君亦避秦人。难寻朱鸟窗前语，同是红羊劫外身。老病江湖愁举目，东封望断属车尘。

十五夜作

淞西为客太淹留，花近今宵独倚楼。万事已如云过眼，一年又见月当头。笙歌霓社翻新曲，仙霓社重来海上度曲。灯火龙城忆旧游。丁丑作客香海有诗。银海茫茫愁四顾，陆沉谁使慨神州。

庚辰

忆西湖叠前韵

表忠观里吊婆留，买醉还寻楼外楼。潭塔幻成三月影，山梯直上两峰头。柏森岳墓烧香去，花满苏堤秉烛游。最是西湖风景丽，未能抛却此杭州。

冬夜有怀叠前韵

谈瀛悔未泛骞槎，伏枥生涯马齿加。作客近无园半亩，怀人遥阻路三巴。身当乱世思平世，旧结邻家半徙家。卅年来比邻亲友先后物化，子孙亦他徙矣。寒夜重衾惊起晏，流云吐月上窗纱。

冕之仁仲太史赋谢前赠把芬庐续编并于厂肆获见吴渔山三巴诗集为昔客澳门三巴岛时所作谓与余在香港九龙把芬道结庐题集命意先后同符过承奖饰仍赋诗酬之三叠前韵

当年香海泛归槎，小结芬庐岁又加。每忆胜游侬半岛，九龙一名半岛。那能锦句抵三巴。行囊惜少渔山画，客榻虚悬仲举家。近以病谢客。雅荷良朋传好语，恶诗深愧碧笼纱。

子有提学和诗有平生宦迹欠夔巴句宁知为余五十年前旧游地也四叠前韵

万里桥边系客槎,婿乡梅萼影交加。光绪甲申就婚成都丁文诚丈节署梅龛。春回玉垒游宜蜀,雨涨秋池话共巴。延赏高名惭代将,后廿四年丁未由苏抚升川督,颇似韦臯入蜀故事,惜半途折回改督两湖。秦嘉上计感无家。丙戌会试获中,授职戎曹,未及接眷,丁夫人病殁鄂中。西窗剪烛成追忆,旧梦重温对碧纱。

声远世讲属题画卷

琴书位置得安便,潇洒临风最少年。看遍悬岩两飞瀑,不妨危坐一蒲团。

白首新知似旧知,画图省识未嫌迟。何须更索他人句,自写丹青自赋诗。

望雪篇

楼高花近不为欢,腊鼓声声岁欲阑。揽镜忽惊双鬓白,曝檐苦说一冬干。年华荏苒全非旧,今日为新历元旦。柴米经营亦大难。焉得纸窗风雪里,闭门偃卧学袁安。

豪华孤负党家筵,近日病目,朋尊召饮一概谢却。呵冻空吟望雪篇。灞岸图成驴背上,蓝关路阻马蹄前。苏卿奉使看羊日,裴相专征入蔡年。欲步尖叉才力薄,聚星禁体愧先贤。

寒夜书怀叠前韵

阅尽人情竭尽欢,角声入听夜将阑。礼之用处和为贵,外似强时中恐干。学贾利收三倍易,论才格及九分难。平生仕宦甘儒素,纵熟粱炊梦亦安。

红灯绿酒别家筵,独拥寒毡制短篇。异地亲朋千里外,及身闻见四朝前。棋枰敛手成残局,角鼓惊心感盛年。五省连圻惭报称,居邦事友尽仁贤。

怀西太史以和靖陶百物感怀诗
寄示奉酬二律并示靖陶

居似长安百物腾,淞滨作客力难胜。米薪谐价成奇货,雪霰愆期是咎征。歌馆余音仍袅袅,债台高筑已层层。衰翁百事不关虑,强学蒲团入定僧。

黄金跃冶价飞腾，绿酒浇愁量不胜。绰约吟梅诗未寄，平安报竹善无征。径开集益邛须友，塔到合尖不计层。云水光中揩老眼，昆池历劫问胡僧。近患目疾。

一山太史以和放翁八十五岁即事诗二律寄示读之增感依韵奉酬即正

蜉蝣身世获天全，即事多欣转慨然。每念休文围带减，回思弘景挂冠前。岁寒尚拟图三友，骨相何能抱九仙。十载外台惊逝水，出山仍是在山泉。

三台斗绝将星尊，挂甲谈兵万里屯。往岁曾参赞荣文忠公武卫五军，戎幕军府设于淀园左近挂甲屯。在昔长城非自坏，只今同泽有谁存。笠蓑入梦怀南亩，锁钥无功去北门。垂老故人千里隔，感时不语暗声吞。

云麓太史寄示敬随房师怀西编修影场谒孔诗读之增感奉酬四截用博一粲

云水光中谒素王，万人如堵接宫墙。秀才本识团桥路，仕女齐登阙里堂。

马烦车殆展留痕，执礼诗书皆雅言。言教何如身教好，重重银幕楷模存。

粮绝当年子在陈，及门患难最相亲。君家师弟南州望，浮海居夷作幸民。

楼台歌舞催人老，世界光明入梦多。我抱采薪慵举目，拥衾危坐夜如何。

柯菊初以旧藏咸丰朝显庙北狩热河时高丽国王李昇所呈请安折子见示敬读一过朱墨完好想见先朝盛事感赋此诗

热海寻方父老迎，远劳属国纪王程。当时职贡输行在，此日班联少客卿。传命已无徐福使，问安犹署李昇名。君臣一体明良遇，周鼎先朝系重轻。

与鬘云夜话

阿侬生小旧清门，客路三千屐齿痕。适鲁获瞻天子庙，之燕曾访海王村。草间偷活吾将老，膝下承欢尔有孙。回忆苏杭衣带水，同舟仙侣几人存。

腊八感事

家风汉腊感如何，卅载光阴一刹那。_{国变以来忽忽卅载。}每忆挂冠别神武，已闻熬粥罢雍和。奉香涓使投闲老，说法胡僧历劫多。只有比邻萧寺里，斋鱼依旧礼优婆。

挽俞琢吾观察

拓地诛茅远市氛，长留诗卷细论文。_{生朝款客承君枉顾，谈谐极欢。}午觞款客承过我，腊鼓催年转哭君。画舫挑灯听吴语，_{壬申秋同游天平如昨日事。}政碑堕泪洒衡云。_{一作衡州道，惠政甚多。}万方多难伤羁旅，同是哀鸿感失群。

嘉平十有二日帅南世兄常会召饮余以病躯勉与诸友竹话未能入席即归作此志歉

邹筵孤负酒鳞新，劫后河山病后身。花下难为惊坐客，橘中权作举棋人。嗟余薄宦成流寓，羡尔高堂有老亲。一局甫终归去早，六街灯火逐车尘。

嘉平望后二日口占

一息犹存万象殊，愈揩老眼愈模糊。外台追忆十年事，沧海沦飘七尺躯。忝附汉官遵祖腊，惜无殷土著顽夫。而今而后吾知免，归卧南山好戒途。

东坡生日

云山绕鹿乌台案，富贵催人春梦婆。重向图中寻笠屐，腊残犹及祀东坡。

庚辰腊月余以病目六旬未愈特入红十字会医院延周诚浒医师割治幸获安全计腊月廿四入院日起迄辛巳正月廿日出院日止院中养病凡廿五日逐日赋小诗纪事偶然得句未敢构思有愧清言适成白话得诗若干首题曰银海劫余吟草呈枉顾诸亲友察正并以鸣谢

齿牙积岁拔除尽，银海冬来竟罹灾。不羡岳家大小眼，李家克用亦庸才。

未必今吾异故吾，袁丝为我策良图。论交何幸延三世，决计公然抵万夫。此次入院，亲友以吾年老纷纷劝阻，袁帅南世兄独为余策万全，力劝速决并时来问疾。

儿孙自有儿孙福，两袖清风付尔曹。闻说周郎医国手，拼将老眼试银刀。周医诚浒精手术，现充红十字会医院要职，特于腊月廿四日入院求治。

思将一静压群喧，伍叟小车忽到门。盆有梅花篮有橘，岁残赠我伴朝昏。同日渭英来谒，并赠盆梅篮橘供余度岁。

求医惘惘出门去，堕地呱呱入抱来。四代同堂三锡庆，衰翁笑口暂为开。廿五日五孙南春又生一子，喜赋。

春酒屠苏预办无，诞生同日侄从姑。传说儿孙早料理，重绘新年家庆图。十孙女亦今日生。

一楼高卧掩扉柴，三径先为二客开。旧雨无多怜沈瘦，清风依旧感徐来。廿六日季宣、尧衢同来。

在昔盱衡空一世，而今倦眼愈模糊。羡君品似梅花白，故著朱颜伴老夫。对瓶梅戏赠鬓云。

需乃事之贼，养痈非善谋。并州双翦利，银海片帆收。浊世无青眼，浮生感白头。成亏吾自决，一鉴足千秋。廿七日即事有作。

普天率土任长埋,裹革捐躯愿已乖。微疾刀圭初奏日,全家为设八关斋。是日试刀,福儿与孙辈全家茹素。

延平老友时存问,门下门生奉命来。我似焦桐偏不死,审音谁识爨余才。拔可、籍清均来视疾。

刘郎前度元都观,许子高名月旦桥。喜我病除惊我老,疏灯残漏可怜宵。镜清、秋帆均来存问。

岁晚偏逢末疾侵,一门群从最关心。通家在昔推三沈,世好而今重二林。试刀前后数日内,鲁青与哲嗣叔玉、子有偕从弟葆骆,均来问疾。

淡远闻歌烛泪零,同官同社久忘形。劳君两度殷勤意,更述闺言慰小星。除日榕卿来视疾。

图画亲赍笑语温,费侯风雅旧清门。梦回瞥见尧眉彩,始识先朝帝后尊。同日子怡来院,手赍先朝帝后图像备余病中瞻仰。

腊鼓声中夜已残,行厨置酒强为欢。粥斋风味平生志,喜有朝云劝举餐。除夕作。

岁岁今宵我祭诗,揭来多病减吟思。六街更鼓清严夜,一榻安眠是此时。

把芬庐存稿四编 ◎辛巳

自 序

右辛巳年诗若干首，都为一卷。早付写官，徒以年来纸价、工资均较往年倍蓰，而诗无佳句足观，拟束之高阁，留示子孙。友人倪君榴生适以诗问讯，冀得先睹为快，当复以诗云："不才那得受辛辞，纸贵洛阳付梓迟。谬赏忽逢倪处士，书来索取后山诗。"函甫寄，又承津京门生故吏殷殷垂问，专函索取，未便固执前议，爰将原稿重为审定，并烦老友姚君虞琴详加校勘，从速排印，题为《把芬庐存稿四编》，时值腊尾，学不加修而齿又加长矣。对书三叹，千金享帚，只堪为知己告，不足为外人道也。

壬午腊月祀灶日庸叟序，时年八十六。

辛巳

辛巳元旦口号

一院春融病霍然,东风嘘拂柳梅妍。重温阊阖朝元梦,喜办孙曾压岁钱。浮白已难酬汉腊,因病止酒。书红依旧写吴笺。草间偷活吾滋愧,八十之年又五年。

医院纪事

北斗横斜望旧京,申江潮落又潮生。十朝帝后神灵鉴,枨触朝天锡马行。元日早起,率家人瞻仰帝后图像。

杏林橘井岁朝图,姜坞温言慰病夫。还问超山春到否,宋梅今已著花无。岁朝虞琴首先来院视疾。

眼底荆榛快剪除,客中犹有养疴庐。东阳沈与东莱吕,元日荒寒问起居。鲁青、贞白同来贺岁。

凤箫潜移岁已更,姜郎修谒是乡人。目穷夷市笙歌地,心寄君家渭水滨。姜生勋随儿孙辈来贺年。

旧姻林沈通家谊,结伴偕来慰索居。太息八闽多世好,梅花东阁近何如。初二日崑三、汉肯来，日晡何福明来。

花落皆成水面文，病中携来大著《落花诗刊》以备流览。论交两世纪兼群。层楼镇日无人到，除却医师便是君。初三日薄暮林子有过谈。

情款无过子才子，劳山佳气最宜人。小车先后烦相问，行迹疑疏意趣亲。同日子才、敬修过访，余方午睡失迓。

层楼高矗沪江隈，特为针砭到此来。忽听西邻嫠妇泣，老夫怀抱几时开。同日所见。

同寓春申作客星，玉晨礼罢影酬形。叩门大有推敲意，知是诗人冒鹤亭。初四日鹤亭来。

卅年朋辈尽，五日岁华新。乱世无安土，生朝忆故人。壶觞高馆宴，梅柳隔墙春。君逝吾犹在，衰迟感不辰。初五日有悼得之，并以自遣。

十字拓红会，槃才绍述新。君久充红十字会会长。不图比邻叟，来作养疴人。余现居医院即属红十字会。梦梦天同醉，熙熙台共春。满园生意盎，切莫负芳辰。

一水淞西半蔀明，藜床似艇寄浮生。寒宵岂识金银气，近市欣闻爆竹声。劫后千家剩村落，祭余双鲤任游行。财神祀成，例以双鲤放生。雪花纵使无消息，已觉阶蓂五叶萌。同日福儿在家祀神，徇俗

辛巳

例也。

投契非关琐琐姻,夏侯伉俪性情真。贤姑携得新儿妇,同向床头拜下尘。初六日剑丞夫妇携儿媳来谒。

锋车轳辘走雷声,聒耳宵来梦不成。万绿阴中红灼烁,邻园灯火隔墙明。是日夜坐。

病起逢人日,客中无草堂。岑高诗老尽,空负少陵望。

今日楼上居,明年在何处。翘首望春来,春在门前驻。初七日感事。

君家祖武信人豪,教战吴宫富六韬。今日逢君问安否,柳营原是旧同袍。人日筹成来问疾,并述杨小荔本日丽都九秩称觞事。

草堂人日话绸缪,子弟高阳迈等俦。遥望横河桥畔屋,买邻我亦爱杭州。同日内侄许宜之来谒,君为杭州世家,住横河桥,余亦买邻桥左。

丧乱先求友,艰危剩此身。怜余衰病久,感子性情真。试秤斤加重,余入院时身量仅百磅,今重百十三磅。题诗字愧贫。廿年交最夙,七日喜逢人。同日渭英来谒。

谷日芳原喜放晴,绥丰有兆纪王正。如何米价年来贵,太息西南未罢兵。初八日作。

妙绝生花笔一枝，论交仍世愧称师。多情最是张公子，贻我新刊丛碧词。同日伯驹世讲来问疾并赠《丛碧词钞》。

舞罢秋千更走绳，乡关百戏记犹能。采茶歌罢香风起，十字街前已上灯。初九日立春节，吾乡风俗是日上灯。

春头兼腊尾，奔走侍庭闱。阅世吾衰矣，承家子庶几。小窗红烛短，近舍白云飞。最是今宵月，迟迟送汝归。示福儿。

何处寻春去，春藏目睫中。群难空冀北，名合署湘东。莫使尘生翳，依然镜鉴空。自惭非凿齿，也作半英雄。

何处寻春去，春生图画中。水流源自活，云在幻无穷。晚景婆娑柳，余生拱把桐。丹青知老去，早谢染毫工。余有《水流云在图》均述辛亥以前事，壬子去官，忽忽卅载，迄未作图。

何处寻春去，春融智慧中。诗惭赵瓯北，文愧王墙东。但使千言富，何妨四壁空。花开长不落，心契曲园翁。

何处寻春去，春酣战伐中。杞忧心悄悄，秦赐醉梦梦。岩迥难藏甲，吾乡有藏甲岩。天高未挂弓。凯歌何日到，消息问东风。以上四首立春日作。

灵峰梅雪姥峰云，载酒江湖日易曛。深荷朱云通恳款，更劳徐勉致殷勤。同日斗文、卓群来谒，并询近状。

辛巳

说饼夜清严，东风拂画帘。盘登春已到，席卷我非廉。笋韭一盂共，酸咸五味兼。汝曹远相寄，何怪老夫馋。是夕福儿遣仆送来春饼肴蔬，足供一饱。

别院芳园长绿莎，板舆奉母慰蹉跎。杨曹年好兼姻媾，昔款今情感若何。初十日莲甫制军文孙子颐世兄奉母曹太夫人来院存问，即在园内款接，太夫人为耕孙太守之女，余与莲府、耕孙同年至好，又姻家也，昔款今情感慨系之。

尘生灶下谢中郎，转累他人治具忙。劝我加餐须努力，厨娘逐日送羹汤。入院以来朱沈五家亲眷时赠食物，备纫厚意。

锡寿开筵庆八旬，歌传红豆集芳邻。当时未识荆州面，孤负梅花一曲新。同日与诚浒医师茗谈，君云余八十演剧，友人某为余东邻，曾入坐听红豆馆主侗将军梅兰芳博士度曲。

九秩称觞杨小荔，衰翁何敢望同年。君谓余九秩开筵必来跻祝。杨小荔同年人日在丽都九秩称觞，乙亥同年生也。谐言倪竟邀天鉴，同听霓裳会众仙。

争城夺地慎堤防，得意春风未许狂。太息纳降谁执梃，堪嗤孟昶枉称王。十一日阅报有感，蜀王孟昶是日降宋。

损后斯为益，悠然获所安。弃捐同破甑，磨洗制新盘。名氏题无咎，家居幸苟完。养生先去垢，自觉海天宽。十二日口占，姑作豪放语。

微疾拼亡命，阎罗不见收。春先三日到，初九立春。梅是几生修。案头盆梅大开。俯仰皆陈迹，艰难增杞忧。五年天假我，杏宴或重游。五年一瞥及届九旬并重赋恩荣宴，特奢愿难偿耳。

箫管催成献寿诗，春来花发万年枝。麻鞋间道输臣甫，灵武中兴会有时。十三日祝釐诗。

如此楼居气失豪，多卿伴我不辞劳。凭栏微觉东风暖，欹枕同看北斗高。纳胃最宜甘淡食，买春早谢饮醇醪。别求适性怡情法，一部陶诗数卷骚。十四日作，示鬘云。

桥鹊一别暗销魂，早挂衣冠神武门。霜鬓谈兵违素志，那能元夜夺昆仑。十五夜作。

为怜仲举逼衰年，孺子翻劳到榻前。记否徐园风雪里，老妻同听谱牙弦。十六日凌云世兄来谒，廿五年前偕内子亭秋夫人徐园听曲，如昨日事。

春灯买夜匆匆过，绮陌花开缓缓归。拈笔待编新制稿，量腰未减旧时围。十七日作。

中庭集雪冻林鸦，活火烹泉正品茶。勉学聚星堂上客，采薪甫愈赋尖叉。是日雪。

辛巳

夜半高歌雪压庐，朝来问讯客停车。撒盐咏絮一门事，满地琼瑶漫扫除。朱用和世兄陈夫人与外甥孙婿，陈道希姊弟也，雪后同来视疾。

宗武堪承杜老欢，阿咸一纸问平安。加餐勉徇儿曹意，检点行厨旧食单。十八日福儿来并携九侄香港问疾函，是日老夫一笑加餐。

纵然炳烛有余光，鹤发萧疏只自伤。回忆旧京燕九节，白云长护老人堂。十九日书怀。

平原肝胆誉英髦，情话深深抵赠刀。回忆君家老方伯，失明犹足察秋毫。十九日象甫来见，尊翁竹石方伯吴中同事也，中年丧明犹及观政，佩甚惭甚。

人事推迁几废兴，也如天道有亏盈。比邻斗室殊欣戚，半是歌声半哭声。出院前一日书所见。

眼底疮痍半死生，那能为善媲东平。涓流土壤皆公益，余俸无多感愧并。濒行捐助院中经费千元，深愧棉薄。

沧江岁晚苦吟呻，举目慵看劫后春。银海波澄并剪利，佩君妙手信如神。

不为良相作良医，居市韩康妇孺知。歉未登堂先刮目，廿年深悔识君迟。濒行赋谢周诚浒医师。

遨听鸣机响远音，香炉茶灶坐宵深。有情最是窗前雪，留送衰翁返故林。

黯然临别几徘徊，雪后晴光倦眼开。二十五弦弹锦瑟，闻歌子野却归来。住院计廿五日以上，各诗均病中所作。

经过腊尾与春头，已分游仙又此留。未许骑鲸寻李白，不因化蝶了庄周。重观棋局携樵斧，再著渔竿理钓舟。此后婆娑多岁月，老夫耄矣复何求？廿日病愈出院，口占告存一律，敬谢病中枉顾诸亲友。

正月廿一日与友人夜话

万里乡心我未堪，年年作客大江南。竹林忝附名贤七，与止庵、梦华诸公两结诗社。花径时来益友三。乱后生涯平是福，儿时书味老犹醰。弥纶宙合非吾事，但筑诗龛礼佛龛。

子有提学寄示元日诗奉酬一律

朝元回忆拜丹墀，五色云开上晓曦。一病未曾陶径扫，十年虚负董园窥。余适在病院治目。人怀蓟北书先至，近接俞阶青、邢冕之问疾函。春到江南我未知。杜老古稀诗喜续，孤山双发早枝梅。今岁值君七十双寿。

辛巳

和友人庚辰除夕诗步元韵

老作城南一秃翁，请缨回首愧终童。新沽夷市虚浮白，病中止酒。旧梦京华软踏红。坐罋灯花依北斗，起看腊柳待东风。岁朝傥绘新图画，妙写春牛问戴嵩。

琴初姻兄客腊寄诗余适入医院治目不能和也
新正廿日归来勉拈枯毫依韵奉答即以代柬

传语平安速置邮，乱离同抱杞人忧。登楼目欲穷千里，避地心还恋一邱。白发催人怜暮景，清蒲羡尔有嘉谋。九原可作葵霜叟，君有《梦梁文忠》诗。回忆崇陵种树秋。

廿四日即事书怀回忆客腊入医院治目
忽忽已弥月矣率赋示儿子昌豫徐姬鬘云

颠连痛苦吾身在，奔走扶持尔辈劳。滩险宁知平浪过，楼深始觉上床高。病房均设高榻。重烦院女工调护，顿使家人减郁陶。一月匆匆今已届，夜阑回忆首频搔。

遣兴叠前韵

江流隔断东西浙,山色遥看大小劳。缩地置邮千里近,仰天望斗七星高。书嫌赵俗须临柳,诗愧苏豪勉和陶。扪虱我非王景略,不关痛痒隔靴搔。

正月廿五日补作元宵节
家宴计入医院距今已匝月矣

已负新年元夜月,展期今夕话团圞。三旬呵壁吟诗富,计入院后得诗极富。四代同堂置酒欢。七步才惭腰脚健,一楼花近海天宽。无穷事业期儿辈,纵守青毡未觉寒。

新正廿六日补行元日常会
公谦即席得句奉简坐上诸友

谈经夺席怅离群,元日余在病中。拔萃嘉辰好论文。《玉海》载,天圣七年正月廿六日始置书判拔萃科。姓名苟全留一老,余甫出病院。昇平可答望诸君。阅报知近日西南兵事得手。金樽醴酒初筵启,玉屑清言隔坐闻。花近楼中裙屐集,不辞剪烛度宵分。

辛巳

正月廿八日子有帅南招饮即席赋谢

甫从橘井御车回,又预郇筵快举杯。阶下久停花外屐,炉边重拨劫余灰。林逋大隐携仙侣,袁虎高名擅逸才。我是昔年惊坐客,而今老病鬓毛催。

一山仁仲元日寄诗贺岁余适
在病院休养今已归寓补酬一律

四代深惭衍胤绵,屡经忧患逼衰年。怀人每羡北归北,举国徒怜燕伐燕。诗谢探骊倾主客,书能饱蠹即神仙。渡江春色来何许,不在梅边即柳边。

二月六日鹿生大令过访赋赠

论交韩孟隔龙云,忽枉高轩慰乐群。偷活草间犹剩我,怀人花下又逢君。劫余尚有延宾榻,老去重温博议文。各保桑榆娱晚景,清谈坐对日斜曛。

花朝感事和酬鹿生大令

忧患年来已饱更，祖鞭罢著负鸡鸣。乍寒乍暖花朝节，谁毁谁誉月旦评。去日愁多来日少，出山泉浊在山清。河汾弟子无房魏，孰向龙门策太平。

花朝日花近楼宾筵雅集即席赋简

二分春色上楼头，花信连番置速邮。一叟耽吟惭饭颗，几人豪饮醉糟邱。米珠薪桂增新债，亚雨欧风动远愁。差喜今朝觞咏集，不因凄断续宵游。韩偓诗："每忆百花生日日，不堪凄断是今朝。"

豫泉提学和余告存诗仍叠前韵

交似良平感白头，余年八十五岁，君亦八十三矣。我惭思汉尔居留。河山故国殊风景，林杜新诗赋道周。且喜南村同卜宅，那能东海共乘舟。苟全乱世邀天幸，安饱年来未易求。

辛巳

重阅伯驹所藏九青图见某君题句感赋一绝书于卷尾

重展徐郎出浴图,知君亦赋小三吾。无端涉及支离叟,一笑狂奴胆气粗。

二月五日镜清秋帆小堂榕卿招饮赋谢

琼筵夜宴烛生花,病起叨陪感倍加。白下随携千日酒,<small>镜清甫自金陵回</small>。黄封新瀹六安茶。夕阳亭上怀清德,<small>小堂家传清德</small>。月旦桥边访世家。<small>秋帆在坐</small>。东道殷勤烦四友,起看北斗任横斜。

初八日虞琴子怡尧卿福庵招饮赋谢

白头无恙赋归来,多谢群公广谠开。作客倍增王粲感,投闲孤负费祎才。徐熙画谱工描写,姚合诗编妙剪裁。主劝宾酬春夜永,交如醇酒乐追陪。

题周彬仿万年少绘麻姑晋酒图

螺鬟鸟爪凤枝身,玉瓮高擎晋酒鳞。忽忆风流搔痒事,披图还问画中人。

花朝后二日伯驹世兄假坐宴客出示所藏陆平原平复帖四座惊叹纪之以诗

挥毫落纸尽云烟,老眼摩挲字若仙。入洛人知双陆隽,兄弟齐名。临池妙在二王前。品题昔有董文敏,雅鉴今归张茂先。多病欣观《平复帖》,瓣香遥溯已忘年。由晋至今约二千年。

再题伯驹所藏北宋蔡君谟自书诗册宝墨即以志仰

开卷艳如云锦张,雪窗浣读墨花香。是日雪。书名狂夺苏黄米,诗派旁挑汉晋唐。永叔片言美风格,欧阳永叔于卷上旁注"饶有古人风格"数字。龟山一记重缥箱。当时吴越经行地,想见先生走笔忙。

邻院玉兰盛开赋此志羡

剪刀风里一春寒,芳信匆匆到玉兰。回忆赏花争酒坐,而今只合隔墙看。

辛巳

程容斋大令重游泮水奉酬二绝句

弱岁曾充弟子员，几人重缔卧碑缘。白头共踏圜桥路，老我先君已十年。

文场双塔拥层岩，才冠童军志不凡。今日泮宫寻昔梦，料应检点旧蓝衫。

子鼎大令岁寒执研图题词即以为寿

作客江南老画师，稀龄未改少年姿。井田仿制先朝研，耕石堂开晋寿卮。

画图留我水云身，神化丹青擅写真。一卧沧江三十载，与君俱是劫余人。辛亥以前烦君绘《水流云在图》，忽忽卅载，每一展观，如同隔世。

庄甲安劫余书画录题词

高文典册重图球，邺架编排四部收。不羡琅嬛来福地，宛招词客集瀛洲。江天烽火能逃劫，厂市琉璃未易搜。曾览珂乡金匮胜，知君家世冠南州。

二月廿二日渭英子才招饮赋谢

开轩雅荷故人邀，一笑当筵白发飘。何止二分好春色，不妨十日展花朝。词场律守金人口，酒郡泉通伍相潮。绝似西园冠盖集，绮窗烧尽烛三条。

上巳日大中华七楼公谦因忆丁丑是日曾偕虞琴渭英买棹山阴修禊忽忽五年不堪回首即席感赋长古录呈坐上诸君子

莽莽烽烟遍九州，茫茫无土可埋忧。白头一老病初起，又上中华第七楼。裙屐偕来列位次，六逸七贤尽延致。抚时不是永和春，风流遥续修禊事。花信连番取次探，好景无如三月三。我与群公同作客，暮年萧瑟江之南。昔岁山阴劳应接，曾到兰亭访碑碣。鉴湖一曲怀贺监，石纽千秋寻禹穴。均丁丑上巳日事。归来邻国已寒盟，满地风尘未罢兵。花鸟依然酬令节，咏觞亦足叙幽情。春色可怜寒尚酽，纵不闻歌奈何唤。楼前芳草何芊绵，世外浮云几变幻。诸君俱是济时才，酒酣拔剑且莫哀。老夫耄矣百不恋，跑马场开又此来。

漳浦蔡文恭公澄怀园二十友图卷冒鹤亭属题

一代明良遇，三天最上头。虞廷崇岳牧，唐室重瀛洲。黄阁论思地,青宫典学秋。蓬莱水清浅,仙侣羡同舟。

东门荣祖伐,画卷压装新。乡树五千里,木天二十人。重温宣室梦,回忆故园春。翻羡还朝早,君恩眷老臣。

多难思平世,披图意未堪。京华依斗北,文献溯闽南。椽笔君真健,官衔我亦惭。宝藏宜水绘,虹月贯江潭。

上巳公谦曾赋长篇纪事子有子才均有和章叠前韵奉酬

聚铁何人铸六州,顾瞻周道生百忧。劫罅夷场开广宴,曾与诸公共一楼。挹袖拍肩忘坐次,俯仰兴怀皆雅致。老大均非少壮时,修禊原属风流事。佳句谁向骊珠探,四时最好暮春三。流觞奚必曲水曲,乡梦遥落南明南。贵阳南城南明河风景极胜,为昔日咏觞地,不到已四十年矣。楼栏斜倚瑶席接,而我长歌题石碣。二豪佳兴逐龙云,长啸双声出虎穴。林叟词坛旧主盟,小范胸中富甲兵。忽发狂谈惊四座,成句。亚雨欧风皆有情。金叟锦夺黄娇酽,小字合作随园唤。刻烛催成急就章,满纸云烟非泡幻。同是抑塞磊落才,作赋江南庾信哀。独惜元龙豪气减,山阴道上怕重来。

上巳后一日女孙南馨忌期辞世
已三年矣率儿孙辈佛寺讽经赋此志痛

当年光彩耀吾门，文褓花斑抱女孙。卅载韶华三载别，返魂无术为招魂。

鹤楼高峙对晴川，江汉滔滔望楚天。忆汝呱呱初堕地，渚宫犹是太平年。生于武昌节署。

遇人不淑事堪哀，一女相随赴夜台。今日营斋萧寺里，老夫怀抱为谁开？

赠顾渭川处士

锄苓松下乐陶然，名大宁关方技传。植品咸钦千仞峻，论交遥溯廿年前。伯休居市人能识，仲景遗经子共编。料得晴窗春意满，东风嘘拂杏林边。

上巳后三日花近楼宴集三叠前韵

陆沉谁复此神州，我生之后逢百忧。能来旧雨兼今雨，万方多难

辛巳

此登楼。岁星坐阅几躔次,老带庄襟佩高致。藏阄射覆悄无言,怅触无限伤心事。浴兰初罢杏花探,后期三日展重三。万里烽烟遍西北,一时宾主美东南。荆高燕市昔延接,落日金台怀馆碣。北门移病别鹓桥,歌浦居夷斗蚁穴。卅年一瞥思旧盟,我亦竹林阮步兵。山王不作嵇刘逝,国变后侨居海上,与瞿止庵、冯梦华诸公结诗社,今惟余存。笛声幽咽不胜情。茶香未冷心醅醑,隔篱安得邻翁唤。重重春梦与春痕,过后思量皆是幻。七步八叉已费才,丝竹中年有乐哀。客邸逢三春易老,故乡何日赋归来。

聘三寓斋张宴即席索诗勉赋一律

熙熙春晚合登台,三径还逢蒋诩开。苏子老饕赏妖美,元龙豪气感摧颓。劫余带觉量腰减,病起心缘论事灰。裴度诗:"灰心缘论事。"回忆去年花事好,老夫今又杖藜来。去年赏花亦有诗。

看花归来意有未尽再成一律仍叠前韵

名园得地起楼台,投辖留宾绮宴开。诗就幸逃金谷罚,主人即席索诗。酒酣未觉玉山颓。一廛夷市饶生计,万里昆池数劫灰。近日闻昆明被炸甚烈。异域樱花共欣赏,晚春留待故人来。

上巳赋诗子有子才均有和章清明
已过虞琴适有诗来四叠韵奉酬

姚侯才气凌沧洲,仰天不作杞人忧。歇浦客居三十载,时还过我花近楼。读书读画横胸次,白发朱颜美丰致。好风传语得新诗,旧雨能来思往事。昔岁超山梅早探,山阴修禊值春三。兰亭御制扪苔读,快阁同登怀剑南。夷市邻氛短兵接,龙城同访宋台碣。劫余虎豹尚当关,归去鸟鼠仍同穴。高会春申愧主盟,灰心霜鬓悔谈兵。风景河山举目异,难遣中年以后情。朋樽连夕春醪酽,添酒宁须红袖唤。觞咏今年盛昔年,白衣苍狗浮云幻。枕戈待旦伫群才,永夜徒闻鼓角哀。寒食清明都过了,尚留社酒待君来。

伯驹世兄远示旧京北海
画舫斋禊饮诗奉和一律却寄

咏觞北海及芳辰,地接三天不染尘。晋代衣冠盛王谢,苏门弟子集晁秦。兼谓邢冕之。异乡飘泊难为客,故国平居倍感春。我亦江楼修禊事,抗怀四十二贤人。

辛巳

春晚遣兴三叠前韵

诗债年年已筑台,寻芳路阻负花开。偶携短策听鹂晚,欲著先鞭我马隤。与"颓"同。茶灶徐徐烹活火,香炉细细拨残灰。楼高不放斜阳落,地僻偏逢旧雨来。

十九日口号

月逢十九暮之春,恨事煤山纪甲申。今日曲中闻刺虎,伤心岂独费官人。

题姬伯陵书序

持论圆而神,挥毫妙绝伦。平生端爱古,不敢薄今人。

形下守范围,形上穷变化。神游颉圣前,一画溯羲卦。

说字如说法,儒理通禅理。不恤鬼暗哭,已薄佛欢喜。

三月廿一日榕卿寓斋宴集赏牡丹即席赋谢四叠前韵

玉作栏杆金作台，芳园喜为故人开。名花倾国颜长驻，野老携筇兴未颓。劫罅绿醅须共醉，筵前绛蜡莫成灰。春秋此地多佳日，赏菊重阳又此来。

扶醉归来意有未尽再赋四截遣兴

论交卅载久忘形，丝竹中年耳惯听。垂老看花情更切，君家尚有牡丹亭。

淡白交柯对浅红，板桥石笋势摩空。扶藜来个支离叟，鹤发萧疏坐晚风。

十分春到故侯家，淡远堂开锦障斜。艳色原为天下重，栏前羞煞绿萼花。

醉眠花下复何嫌，酒令翻随夜禁严。若向鼠姑描倩影，题诗定秃兔毫尖。

辛巳

花农同年旧藏山谷道人行书手卷自题长跋曾乞曲园先生署额并题诗卷端后归霍邱某氏子才出示乞题感赋四绝

鸡毛笔可传双井，凤手才谁继曲园。此是徐陵珊架物，风流文采重清门。

春在堂前细讨论，昔年师友几人存。摩挲老眼披遗墨，一寸心香化泪痕。

售从燕市冷摊堆，流转江南草未摧。地下涪翁开口笑，旧题不付劫余灰。

三十八年一弹指，沧桑都过眼中来。衰翁那有生花笔，勉赋新诗示子才。

云麓寄示饯春佳作奉酬二首即步其韵

惆怅春归我未归，故乡云锁旧柴扉。衔泥社燕巢何处，绕树流莺花乱飞。沧海潮头犹未歇，新亭风景已全非。一尊聊作东门祖，陌上青青柳拂衣。

楼头怕听五更钟，丝竹千场走烛龙。但觉繁华惊过眼，莫将别绪漫填胸。留春此夕狂呼酒，寄庑经年感贳春。十日东风天许借，懊侬曲奏不关侬。来诗三月廿九作，四月十一立夏。

四月朔镜清招饮即席赋柬

丧乱年来少唱酬，今宵秉烛快依刘。移家地僻新坛坫，投分交深几葛裘。绿酒尊前邀客醉，乌衣巷口动乡愁。清和首夏寒兼暖，为有春光十日留。十一立夏。

帅南世兄以旧藏同治元年祭告南岳御制碑文属题敬赋

祭告纶音重陬县，祝融火德镇南天。周宣殿武声灵继，毅庙中兴第一年。

外台奉使典攸隆，太史书碑点画工。不似郭香纷聚讼，东洲大笔势摩空。碑文为何太史绍基敬书。

祖德崇如寄岳云，贤孙永保重斯文。楚弓楚得尤堪羡，想见高门世泽分。

衔命兼圻领鄂湘，卅年雁信断衡阳。河山已异朝廷改，白发孤臣饮恨长。

四月八日子有寓斋宴集赋诗

旨酒嘉肴为我谋,当筵顿释乱离忧。春光大好留三日,十一立夏。鲭宴何须羡五侯。佛法如闻莲坐说,是日为佛诞日。儿曹许共竹林游。儿子昌豫亦许入坐。萧疏白发吾将老,一笑输君尚黑头。君本年七十大寿,风采如少壮时。

四月十三日渭英寓斋雅集赋谢

小楼晴袅绿杨烟,门巷深深得地偏。车马声喧仍好客,米薪价贵恰开筵。西园置酒欢今夕,北海乘槎忆昔年。灯火通明花气袭,霓裳入听说开天。主人时以播音娱客。

四月十八日斗文卓群召饮即席赋简

酤酒何须计斗升,琼筵初上灿华灯。外家中表如兄弟,乱世安宁仗友朋。风月清谈宵共永,熊鱼兼味俎同登。豪情已减惭惊坐,老病年来白发增。

十九日子怡召饮赋谢

花近楼头感索居,漫劳载酒并停车。南村卜宅幽栖地,北海开尊浩劫余。家学上承归牧后,友人遥忆入吴初。一亲叔度波千顷,鄙吝胸中快扫除。

四月廿日聘三特开广宴宾从云集即席赋诗纪胜

重到芳园景物新,三月曾约看樱花,清和时节夏如春。情深桃浪一千尺,客半兰亭四二人。宾主共廿二人。映壁华灯红带湿,钩帘细草绿初匀。不愁警柝催归去,拼醉尊前酒数巡。

四月廿四日榕卿召饮赋谢

曾倚香亭赏鼠姑,宠招今又置郇厨。交深幸识牙琴早,才退深惭任笔枯。花下灵猵妨乱局,林间好鸟唤提壶。岂期东海扬尘日,却绘西园雅集图。

越日耆卿司使召饮赋谢

烛花四照敞琼筵,恰好清和四月天。榷算长才刘正字,风流佳号

辛巳

柳屯田。绿醅酌我携文度，是日儿子昌豫亦入座。白下逢君问谪仙。廿年前逢君建业并晤李仲仙。今日春申共羁旅，不堪醉饱乱离年。

四月廿七日福庵尧卿召饮赋谢

薰风吹拂柳堂前，半剪淞波进酒船。访鹤时寻和靖宅，烹羔不羡党家筵。墙东名德孚人望，城北幽居得地偏。我与二贤交最夙，一尊相对数华年。

四月廿九日秋帆司使招饮赋谢

阅尽昆明几劫灰，云扉深锁为谁开。图书列架三间屋，槃敦通宾九译才。旧雨能来承折简，夕阳未落快衔杯。乱离尚有朋簪乐，还向花前醉几回。

祝震岩省长八秩大庆

八千春好卜灵长，节届中和应寿昌。锁钥北门资共济，旌旗南国慰民望。平声。河山风景全殊昔，兄弟君家不可当。我老识坡兼识颍，飞觞遥祝逐年忙。哲弟照岩亦将届八旬。

查德尹归舟双树图姚虞琴属题

伯兮抱膝桐阴下，仲氏归舟写树根。展卷如赓常棣什，风流文采重清门。

尺幅天然好画图，婆娑生意挺双株。描摹当日谁商酌，只恐萝轩老笔枯。

南屏太史寄和修禊长古奉酬一首五叠前韵

翰林昔岁守严州，严城父老不知忧。投分论交三十载，诗筒时寄花近楼。揭来避地居旅次，半岛移家缅高致。而我一舸香江游，九龙城中续韵事。赓酬百首骊珠探，每逢佳日径开三。木天清秘怀京阙，乡树依稀忆岭南。蜡屐同携车毂接，宋王台下访残碣。暂营危幕安燕巢，那管萧墙穿蚁穴。我归仍联白社盟，干戈满地未销兵。云深战阵张巡句，月落屋梁杜甫情。重三禊饮春醪酽，徒闻好鸟提壶唤。一别四年不见君，人事推迁入梦幻。思归作赋愧非才，流落江南异地哀。何如九广车同轨，好风吹送荔支来。

良夜奉怀耆卿司使

劫余同聚沪江头，回首秦淮忆旧游。多难万方生百感，相思一日

辛巳

抵三秋。当年作客劳倾盖，廿年前秣陵之游承假车盖。此夕挑灯懒下楼。行迹似分情志合，暂时茗话亦风流。

探梅邓尉图秉之有道属题

三十年前是旧游，平临雪海快鸣驺。而今豪气销除尽，料得梅花也白头。

玄墓红梅三五树，还元阁下我题诗。使君傥制新图卷，好买胭脂写折枝。

瓶斋仁仲为书花近楼横额赋谢

四海人知花近楼，弢庵赠句最风流。榜书宠贲如椽笔，惭愧衰翁在上头。

一卧斯楼三十载，沧桑经过眼中来。汉家火德终须复，图画麒麟仗此才。

廿五日晦之观察约赏芍药特开午宴即席赋谢

五亩芳园拓地宽，名花不共劫灰残。春归纵有将离意，酒半端宜薄醉看。雅合与君为近侍，料应养艳怯轻寒。带围傥续扬州梦，我愧升之幸友韩。

五月朔日履安蘅裳伯驹三君特开午宴并约北来女伶张淑娴淑兰姊妹侍坐即席赋谢

三三径曲草堂新，一叟迟来坐绿茵。席设伯驹新居，余迟到劳诸君久候。东道而今得贤主，北方从古有佳人。当时置驿通宾速，承命车远道相迓。公瑾论交比酒醇。衰老惭非惊坐客，勉陪清谶接芳尘。

题吴君木香屋图

门临近水对遥山，篱落萧疏竹石闲。劫火几经朝市改，木香亭尚在人间。

物换星移世泽存，承家端赖好儿孙。扫花泛榭饶佳兴，室有诗书是本根。

五月三日八十五岁初度偶拈险韵聊慰衰龄有愧芜词还乞正和

已分荒江委病骸，客腊病目甚巨。何期生意满扉柴。闲来运甓勤犹

辛巳

习，老去看花愿未乖。读画少文游许卧，裁诗子美闷堪排。挂冠卅载别神武，大梦匆匆付蚁槐。

楼榜新题健笔扛，花近楼筑已卅载，近始乞瓶斋题匾额，老懒可笑。溯洄往事剔银釭。两科孝秀踏陈迹，五省疆圻忝大邦。仲举高名何敢望，元龙豪气尚难降。抚时易洒新亭泪，日夜东流九派江。

斗室堪容一把茅，食单野簌杂山肴。笠蓑伴我供垂钓，瓶钵如僧惯打包。天语敢承南极重，往岁蒙赐御书"冠冕南极"四字。朋交深谢北山嘲。庭前榴火当门柳，时有薰风拂树梢。

江楼高倚数归帆，锦句纷投远道函。悬壁已无新蜡屐，开箱剩有敝朝衫。堂题绿野违初愿，地近青宫认旧衔。贻笑游仙两诗老，此翁底事落尘凡。老友冯蒿庵、王雪丞均得年八十五岁，余犹及之。然奢望岂有涯耶？一笑。

初度日怆怀亡友尧衢同年

平生交谊比云龙，每荷生朝策短筇。赤舄诗曾传几几，往岁余生日君来必著朱履，曾赋"赤舄诗争传几几"名句。青藜梦已断重重。南昌铁案无冤狱，谓南昌教案。北海金樽唱懊侬。花近高楼揩望眼，倦知庐隔祝融峰。

端午口号

榴红艾绿柳依依,三十年来景物非。细葛香罗曾拜谒,箧中重点旧官衣。

豫泉提学以八十三岁自寿诗征和依韵奉酬即正

轮毂端资大雅扶,男儿莫负此眉须。君如作赋张平子,我愧工诗陈继儒。身隐幸同窥豹管,颔探已独得骊珠。退龄突过西河叟,红袖称觞有曼殊。

瀛洲小谪谢朝争,表里山河壮此行。百里栽花同播谷,一官似弈慨收枰。传家治谱惟清白,还我使君荷圣明。闻道武城非下邑,弦歌不断四时声。

经师斗望旧仙芝,城阙青衿讵足悲。楼舰未归珠海桴,辎轩先赋皖公诗。两斋讲学胡安定,八代起衰韩退之。一卧沧江三十载,域中今日是何时?

藜床皂帽足婆娑,劫后重逢唤奈何。花近故人犹剩几,酥醪旧友亦无多。云龙纵许韩从孟,风雨空怜颍忆坡。我已暮年君未老,星星白发感蹉跎。

辛巳

翰怡姻世兄六秩双寿

榴觞高谶庆生申,甲子重周夏令新。禄阁欣逢校经叟,元都未老看花人。驻颜底事寻丹诀,上赏遥闻降紫宸。后此案眉多岁月,愿君珍重百年身。

淇泉太史八秩大庆

蒲觞先后醉天中,同五月生。矍铄新看八十翁。治乱历经开宝世,清和兼备惠夷风。蓬山未觉功名薄,鲁殿群推齿德崇。庭绍归愚称大佬,一门佳话两人同。

五月九日晦之寓斋观剧喜赋奉简履安伯驹两君

漫吟无地起楼台,十二屏风迤逦开。玉笛梅花逢五月,婆娑一老杖藜来。

赭衣小妇上高堂,浓艳全非旧日妆。一曲未终屡回顾,消魂真个数刘郎。晦之姬人周女士演《女起解》,高声入云,一坐尽倾。

失印还能妙借筹,谭余艺苑擅风流。瓣香更有张公子,一笑朱颜换白头。伯驹演《失印救火》一剧绝似鑫培、叔岩作派饰白简一角，科白唤作白头。

跛足公然民社膺，出身二甲美声称。兴公游戏滑稽甚，不使齐髡独擅能。履安演剧中某县令，极尽狡狯神通之致。

鹤子梅妻怆客魂，穷儒敢叩太师门。险途历尽归平坦，成就他年范状元。伯驹独演问樵闹府打棍出箱全部，功力弥满，唱做均佳。

氍毹一片芳情寄，羯鼓三挝绝技精。博得衰翁开倦眼，广场犹识魏三名。鼓师魏三曾在余八十寿诞奏技，敬以鼻烟饷余，昔歔今情感慨系之矣。

佛寺僧寮遍沪滨，夷场何处可藏身。抚时不是李天下，那许黄巢乱杀人。曲终烦北来王钱二伶串演《祥梅寺》一出，乃旧伶王长林、钱金福之子，绰有父风。

尺幅天然仕女图，钗光钏影未模糊。多情最是孤山客，茗话西窗伴老夫。

五月八日鲁青太守拨可大令召饮赋诗

名园合署荔支乡，花下行厨进酒将。物望群推李北海，旧家谁似沈东阳。琼筵重罽三条烛，香港新归万里航。崑山世讲甫自港回。儿辈也陪冠盖末，论交仍世感承筐。

辛巳

五月十二日帅南寓斋雅集即席赋诗

到门未许鸟题凡,式宴先期荷锦函。传砚有孙堪绍祖,入林友籍早知咸。南陔养母闻馨洁,东阁延宾慰老馋。三世论交拼一醉,酒人何用置州监。

五月望日仲奇招饮赋诗

已拼生计托樵渔,烽火频年感索居。劫罅忽开名士宴,巷深重造故人庐。壁诗愧有纱笼护,前赠小诗尚悬壁上。囊锦悬知药裹储。五鼎大烹三爵让,无边风月照庭除。

五月廿三日仲良凌云招饮赋谢

花间置酒盍朋簪,白发樽前感不禁。行马犹施旧门第,听莺最忆好园林。衣冠弈世传清节,丝竹中年写素心。拂槛风薰人夏健,勉陪广宴发长吟。

五月廿九日虞琴召饮赋谢

侵阶草色绿成茵,浮李沉瓜夏令新。东阁特开婪尾宴,*月来亲友排*

日开宴，此为末局。南村同是素心人。去官我愧陶宏景，好客君如贺季真。各有乡情忘不得，秋风未起忆鲈莼。

六月二日子有招饮新居赋此赠之

频年烽火阻归轺，书剑随身慰沉寥。鸿案齐眉曾寄庑，莺声出谷又迁乔。纵无杜老千间厦，绝好廉夫七客寮。衰白尚稽羊酒贺，翻劳鸡黍故人邀。

芜笺甫寄云和纷投马工枚速兼擅胜长溯洄前韵鸣谢即乞吟正

诗杂仙心便不凡，长才绝似战枚衔。群公竞织回文锦，野客曾无博士衫。式宴厨荒少兼味，速邮道远贡琅函。云飞雨卷传佳咏，风顺滕王未落帆。

星聚奎垣傍斗梢，梁园春榜谢师嘲。北门掌钥难为准，京兆谒祠有愧包。昔官京尹，署有包公祠，前尹魏公裔介额题"我愧包公"四字，对之肃然起敬。揽辔荣骑中禁马，赏羹饱饫大官肴。而今申浦成羁旅，补屋还诛宋玉茅。

才名陆海与潘江，老向诗城筑受降。齐晋主盟迭称霸，薛滕争长不成邦。墨惟守黑安窗砚，笔少生花爇壁釭。伏枥纵饶千里志，

辛巳

龙文百斛那能扛。

庭际红榴闲绿槐，囥前惜少两山排。逸情社友谁犹在，逸社老友瞿止庵、冯梦华、沈子培诸公均早仙逝。立地机关我未乖。丁晋公《戏友》诗："立地机关子太乖。"犄角尚争蛮与触，劳心最是米兼柴。浮名恐被春婆笑，三十年前早乞骸。

子有世兄提学移居余既赋诗驰贺承示感怀元作仍依韵奉酬

筑室登高必自卑，频年五处感推移。见元作自注。每邀佳客科头坐，若遇伧夫以鼻嗤。日涉小园开府赋，平居故国少陵思。彻桑不用愁风雨，贺厦诗成礼亦宜。

前诗甫成意有未尽再叠前韵

主持北学匪官卑，傥及瓜期士习移。一任直隶提学甫三月即值国变。逖听杜鹃桥上叫，遂教封豕路旁嗤。黍苗十庙悲尘劫，云树三山入梦思。藏海旧人君我在，庄襟老带总相宜。

小荔同年九十大庆预赋九言诗
奉祝得十句取十全之意也

景皇御宇三十四年久。纪元光绪乙亥为岁首。特开恩榜抡选射雕手。君我题名不落孙山后。我督八州为国效奔走。君亦一麾五马作浙守。神武挂冠先后归林薮。甲子重周更饮鹿鸣酒。今年辛巳值君九秩寿。酌以大斗兼以祈黄耇。百岁期颐宁止九十九。

古梅居伴读图题词_{罗淦清、史久英}

大好家居快扫除，劫余犹剩此精庐。案眉何物供清赏，几树梅花一卷书。

馆名奚必署鸥波，赵管风流不羡他。庭除浇花窗伴读，宁须补屋更牵萝。

豫泉太史追忆辛亥八月武昌
事变赋诗言志依韵奉酬即正

移节当年别武昌，征车展觐雪衣凉。督鄂二载，八方无事。戊申十月由鄂移督北洋，辞不获允，匆匆冒雪遄征，腊尾抵任。纤儿坏事失形胜，独客忧时叫大荒。南极生辉愧冠冕，恭祝大婚礼成，蒙赏御书"冠冕南极"扁额。北门乞病阅星霜。式微歌罢归何处，同是黎臣饮恨长。

筹成大雅寄赠碧螺春茶赋谢

竹炉活火寄生涯，不为诗清爱饮茶。宝盒珍储烦寄赠，碧螺春色艳于花。

不共湖山劫火红，植根忆自洞庭东。曾为古雪居中客，舌本回甘句未工。往岁抚吴曾至洞庭东山阅武，小憩古雪居，山僧曾进此茶，饮罢和壁间陶文毅公诗韵。匆匆卅年矣。

使君原是旧同袍，贻我旗枪抵赠刀。渴疾已消人世改，元龙湖海气难豪。

八五初度莲友大令偕女弟子汪式如蘋洲两女士各以画扇并赋诗致祝仍叠韵酬谢

两年种柳汉南春，卅载飘萍沪水滨。异地亲朋余涕泪，行囊书剑阅兵尘。万方多难宁忘世，百劫重经为有身。深荷仓山女弟子，登堂同作奉觞人。

袁母金太夫人六秩大庆

门施行马驿通宾，周甲称觞及令辰。桃实结成西母宴，荻灰画就北堂春。因风柳絮传新咏，生日荷花拜后尘，六月十四日生。三世交期吾老矣，杖藜来作介釐人。

六月十八夜案头昙花大开阖家欣赏诗以纪盛

河阳回溯植根年，潘君澄波所赠。花近楼中伴独眠。红烛高烧双吐艳，色香恰趁晚凉天。

锡名端合礼瞿昙，不用烧香到海南。供养观音莲座下，可能五十又三参。明日为大士诞辰，即供养于莲座侧。

老去看花转自羞，花如解语尽风流。寄生傥寄仙人掌，只恐仙家易白头。昨日榕卿携来一花系寄生仙人掌上。

三生那得菩提树，一夕偏怜顷刻花。若使老夫开口笑，同堂四代衍绵瓜。

辛巳

廿二日纹女忌辰感赋

半部稿陈书案侧,一炉香爇镜台前。衰翁剩有千行泪,忍读当年咏絮篇。

八月十九日欣逢子有世兄提学七十正庆先期赋诗征和依韵奉酬

杖履逍遥不记年,介眉延祝似增川。东坡诗:"祝君眉寿如增川。"五言高树长城帜,七步捷于下水船。坐上酒樽文举孔,君好客。腹中经笥孝先边。古稀杜句堪持赠,甲子新诗手自编。

鲤庭绮岁学诗礼,亲舍黔山滇海涯。随任滇黔最久。早向月宫攀桂子,暂依俭府赋莲花。一门继美传清节,曾拜御书"清节继美"之赐。五地迁居感岁华。容易秋风常作客,乡关万里隔仙霞。

自采商芝谢访医,耽吟笑撚数茎髭。南阳愧画宗资诺,东阁难酬何逊诗。麟趾儿孙承庆日,鸿眉夫妇介釐时。溯洄绛帐传经地,怅触平居故国思。国变前曾任直隶提学使。

蒿淞同客沪江浔,旧雨欢联式德音。斗酒愿拼千日醉,麻鞋曾著五云深。九天阊阖隆殊锡,十载沧桑发朗吟。君《六十自寿词》有

"把老眼摩挲看沧桑"句,今又十年矣。仍世论交群继纪,早从入洛识南金。

廿六夜昙花又开五朵芳姿绰约洵可赏也喜赋

相对相当慰郁陶,亭亭玉立五云高。对花令我思前度,十八夜曾开两朵。三两枝开不是桃。

参差三影弄芳姿,并蒂桃花系弱枝。只恐来朝减清兴,蕲灯今夕睡忘迟。

一山仁仲昨寄到和余自寿诗
奉酬一律却寄并示云麓

捧到云章喜欲狂,马工枚速漫评量。云麓诗越日和成,一山诗月余始到,以驿筒多阻也。我怀旧雨催诗急,君式清风写韵忙。闸北已成新市集,闸口仅隔一桥已成世外,何况天津。水西尚有好村庄。出蓝从此青堪谢,可以言诗赐与商。兼谓云麓。

新秋即事和酬一山左丞天津

只有垂门柳尚依,新亭举目景全非。萧疏篱落秋先到,入破家山

辛巳

客未归。隔院怕闻三弄笛，倚楼凉透五铢衣。鲁阳未了挥戈愿，独立苍茫望落晖。

幸接仁邻德不孤，往来谈笑尽鸿儒。书曾读破仍枵腹，诗被催成自撚须。伴我一身惟笠屐，思乡万里隔枌榆。年来腰脚差强意，曳杖逍遥不用扶。

夏夜怀人四首

乞身犹恋紫宸朝，明月清风慰沉寥。宅傍宫墙桑五亩，门临官道柳千条。所居名柳条路。清游好著新编屐，上赏难忘旧赐貂。等是有家归未得，成句。乡关万里隔迢迢。胡琴初参议。

啼鹃料得故人知，七二津沽远道思。博学名齐朱锡鬯，通宾驿似郑当时。书来速而且数，每函均注明收发日期。主盟南社怀高躅，访友西庄斗好诗。闻说米珠津市贵，万方一慨复何之？章一山太史。

解元门榜北城闉，令祖为乡举名元，宅在北门桥，余幼时屡经其地，不胜景仰。乡举名高岁在辛。是科为咸丰元年辛亥，一周甲而国步改矣。甲第传家君绍祖，屋梁落月我怀人。为怜异地同羁旅，差喜佳儿拜下尘。本岁承命世兄来谒。傅毅若逢烦寄语，劫余珍重后凋身。邢冕之太史兼谓傅沅叔。

词臣循吏擅清名，廿载风尘早识荆。官贵近依双凤阙，乱离客寄九龙城。何时严濑垂纶隐，君一权严州府，值国变即隐居不仕。昨夜花楼看月明。翘首宋王台畔路，还期访碣句重赓。桂南屏太守。

闰六月十四夜昙花复开未弥月已三次放矣率赋

琼姿灼灼尽风流，月下灯前慰白头。良夜花开又花落，纵然厄闰不惊秋。十六立秋。

挽许情荃

春时同病检医方，恶耗传来转自伤。春间得君讣告余适卧病医院。道阻生刍艰一束，交深老泪洒千行。中原鹿走时犹棘，渭水鹰扬愿未偿。享年八十有一。奚止名齐三绝郑，文章道德媲欧阳。

挽爱泽民大令同年

日下曾题雁塔名，中州霖雨慰苍生。锋车同迓回鸾驭，辛丑两宫回銮，余奉命赴河南中途迎銮，随余车迎驾。舆诵欣闻载道声。君官汴最久。桑海卅年惊世变，金焦两点助诗情。贞元朝士今余几，感逝难禁老泪横。

辛巳

无题四首

碧天凉透薜萝衣，良夜沉沉暑力微。薄命怕逢紫玫瑰，伤心愁对野蔷薇。广场歌泣怜腰瘦，孤岛沧桑举目非。天幸与闲兼与健，只愁人事素心违。

五剧三条走电车，未妨银海寄生涯。离离久别王孙草，灼灼重看姊妹花。曾结莺邻屡西笑，转因蝶梦晤南华。相当相对空中色，迎面缘来是一家。

南陵美酒郁金香，九载双栖玳瑁梁。解语花开穿蛱蝶，无情棒打折鸳鸯。一场公案兼啼笑，百口旁人话短长。毕竟生离殊死别，何当重检嫁衣裳。

莺声呖呖虎能驯，若个销魂竟卖身。杨柳岸边三笑客，桃花坞里一诗人。白云有意舒还卷，红粉多情假亦真。忆我金闾曾建节，却从镜影识先民。

销夏杂咏叠前韵示子有

夏日舒长似小年，义熙甲子感流川。安排墙穴安茶灶，领取烟波泛钓船。烧笋煮芹西崦外，浮瓜沉李北窗边。难忘旧学书滋味，经史刚柔日一编。

酒户消磨闲岁月，砚田料理旧生涯。门前垂柳能迎客，园里优昙正著花。一自挂冠别神武，几回依斗望京华。有时策杖临江上，惜少诗情寄晚霞。

竹林雅集俗堪医，投镊何嫌镜里髭。适兴尺缣龙友画，损眠一卷骏公诗。荷香自在风来后，梧影萧疏月上时。南国尚留红豆种，灯前此物最相思。

蜃市楼台映碧浔，成连海上几知音。乡遥每憾家书阻，宵短翻嫌漏点深。戎马杜陵催老病，江潭屈子感行吟。习勤勉运陶公甓，输与前贤百炼金。

闰六月廿五日阖家大中华酒楼夜饮喜赋

楼台灯火最通明，绝似江湖载酒行。济济同堂人四代，沉沉官漏夜三更。时危易触兴亡感，老去偏增儿女情。薄醉未嫌归已晚，顿忘警柝肃宵征。

赠罗浮酥醪观圆镜道士

仙观说灵枢，罗浮万象殊。再传师得弟，三教道通儒。蝴蝶回风

辛巳

舞，梅花带月锄。酥醪云物美，不用羡玄都。

连朝雷雨沟浍皆盈感赋

卜宅幽栖远市廛，连宵雷雨太喧阗。漏天补屋频移榻，陆地行车似放船。草木八公谁破敌，香花一老正逃禅。锡名芦荡今如昨，苦笑当年得地偏。

题熊述陶世讲生圹图记

苇杭不系石桥头，七二丁沽一蒉裘。明月梅花仙眷属，使君清福几生修。

披图疑是义熙人，读记方知汉吏循。绝似子猷访安道，漫劳片舸到淞滨。

卜宅西湖水一湾，为营生圹右台山。夜郎万里兵尘阻，偷活惭余尚草间。

一山太史写示酬心畲王孙寄赠凌霖菜诗并心畲元寄诗却寄

劫罅敦名节，吟边带泪痕。餐薇旧史氏，种菜穷王孙。京兆章台马,延秋故国门。独怜前度客,流落沪江村。

陆放翁像砚拓本裔孙谒堂乞题

石不能言道貌尊,砚田亲炙有仍孙。劫灰历尽昆冈火,断拓犹余片楮存。

当年团扇画吴中,入砚须眉又此翁。失去惜同和氏璧,得来喜似楚人弓。

朱十歌传玉带生,石斋石上更题名。孙谋祖德千秋业,老眼摩挲心太平。

与友人夜话志感

羡他乌鹊获枝依,流转江湖景物非。但勖痴儿酬远志,已无慈母寄当归。时平利见荣轩冕,世变躬耕本布衣。底事连宵风雨恶,望晴犹喜对朝晖。

典学龙场道不孤,席珍待聘愧前儒。异乡作客忽携手,昔日少年今有须。各保后凋似松柏,宁愁晚景迫桑榆。周天日月双轮速,元运端资大雅扶。

辛巳

七月十一日盆昙又开四朵喜赋

亭亭玉立晚风前，活色生香四美传。似聚八仙刚得半，甫过七夕各争妍。良宵剪烛延佳客，徐韶九、余玉枢诸君均来共赏。嘉树移根忆去年。还向镜中留倩影，画图不用访耕烟。

沈冠生世讲观心堂悼亡图题词

生长兰闺四德全，儿时早博谢公怜。铄书蕙锦清才著，宁止工吟柳絮篇。

翱羽双双燕子飞，同巢底是不同归。花残月缺成长恨，何怪东阳减带围。

东坡孤负魏城君，我亦悬鳏静夜分。曾赋悼亡诗百首，白头今又感斯文。

一山寄示丁沽乡景诗即步其韵

每依南斗望参横，无复东游蜡屐行。花亚栏前穿月影，珂鸣墙外走雷声。竹林犹幸逢嵇阮，酒坐何知有李程。闻说丁沽乡景好，早知严助厌承明。

豫泉太史寄示近作四章即事怀人情见乎词奉酬一律

清词丽句五云裁，秋到江南赋莫哀。十亩芳园问杨柳，游兆丰花园赋秋柳有诗。一官翰苑共蓬莱。怀一山太史天津有诗。界邻夷市招魂去，游大世界吊殇有诗。江蓠淞波放棹回。游黄歇浦泛舟有诗。乱世羡君能作达，衰翁怀抱几时开。

七夕有感

银河耿耿大桥横，鹊驾双星又此行。夜月笠蓑怜对影，秋风环佩约闻声。一年小别通情素，万里长空纪驿程。惟有独眠花下客，懒敧角枕坐天明。

波影秋清白露横，暂时携手快游行。聘钱未了天公债，织锦犹闻机杼声。黾勉同心申后约，缠绵话别数归程。迎来送往星三五，西有长庚东启明。

辛巳

七月廿五夜昙花又开二朵此为第五次矣仍以诗张之

植根合在集灵台,舒锦临风第五回。兰气微烘刚半放,蕉阴深护又重开。迟眠雅爱摇红烛,惜别翻愁倒玉杯。若使王昙同作赋,卿卿我我缔诗媒。

与渭英子有雅集偶阅报载辛亥冬间天津旧事枨触余怀感赋四截

津桥杨柳尚毵毵,遥听鹃声我未堪。锁钥北门温旧梦,白头流落在江南。

事去易抛金锁甲,时危谁赠绿沉枪。焦头烂额人犹在,闲与渔樵话夕阳。

沽口潮头任决排,艰难共济有双怀。谓张怀芝、王怀庆两军门。故人几辈成黄土,一老端居自掩柴。

溯洄三十一年事,历尽百千万劫身。添得西窗红烛泪,与君俱是眼中人。比时子有在北洋幕府兼摄直隶提学使。

南屏太守以七七初度自寿诗寄示依韵奉酬

肖然通德启高门，养气功深道自存。五马观风能化俗，一经教子更传孙。当头华月前身证，回首木天旧梦温。今日龙城开寿讌，绿蕉丹荔侑芳尊。

廿二日友人招饮不赴

宾非游戏主非狂，缄口何人语转长。只道多情酬一饭，宁知约法有三章。客中客半成今雨，楼外楼空易夕阳。酒坐为楼外楼旧址。自笑衰翁难媚俗，闭门甘老饿夫乡。

越日澄波招饮病未能赴诗以志歉

昙花宠锡斗芬芳，前赠盆昙近日盛开五次。又荷云函召举觞。只为西风催老病，枉劳东道费排当。昔年曾醉将军府，上年曾饮华潭，为法将霞飞旧第。此日难登君子堂。料得鱼鲜兼酒美，琼筵孤负荔支香。

辛巳

题清明上河图卷 并序

此卷八年前在京江友人处获见,叹为工绝。今秋忽见沪市,爰以重金购得。图端有钱塘许洵臣中丞丈跋语,卷尾犹存"仇"字一半,审系仇十洲手笔。时隔三百余年幸尚完好,作诗纪之。

桃花灼灼柳条新,夹岸笙歌百戏陈。想见赵家全盛日,嬉春不是可怜春。

繁华历尽几清明,人语声中话太平。只道中原多乐土,宁知兵气兆青城。

我亦河干寄远思,蜕旌三载大梁持。梦华欲续东京录,风景依稀又一时。

画本无从问择端,十洲妙笔继词坛。展图天水依然碧,留待衰翁老眼看。

题庄甲安所藏时贤后十家画册

四王吴恽不可作,前辈风流感衰落。宁知文采今尚存,神化丹青有付托。庄生爱古不薄今，凭藉云烟契素心。宗风上溯南华叟，雅嗜何殊项墨林。示我聚珍好画图，发箧光怪夺青眸。画师俱是一时彦，绝艺依然古为徒。前十家画胸开拓，后十家画气磅礴。某山某水一齐奔赴毫端来，奇兽珍禽栩栩欲活意态各。或题丛菊傲霜天，或写长松卧云壑。最怜竹下有人倚，只愁兰根无地著。矧君爱画还爱书，移家金匮结精庐。料得读书兼读画，虹月米船风景殊。我有花近楼，高卧三十秋。白头著书悔已晚，诗篇草草冀长留。新得十洲《清明上河》旧图卷，何当与君烧烛西窗共赏鉴。

八月二日携孙辈游法国公园旋诣酒家小饮

名园秋色画图开，啜茗临风亦快哉。绿野平泉疑近似，白头迁客感重来。娱情花鸟延红旭，远市亭台坐碧苔。灯火新凉归去晚，酒家何处酌芳醅。

八月初七夜盆昙又放甫两月已六度开花矣喜赋

不是仙人荨绿华，还疑贝叶寄生涯。把芬重爇三条烛，咏雪频开六出花。近借电光开粉本，还从竺国溯根芽。湛然晤澈彭殇理，松老龙鳞未足夸。

辛巳

题庄甲安时贤十八学士书册

抡才雅合瀛洲数，染翰同留墨沈新。卷入南华秋水卷，钟王颜柳有传人。

不谙八法我非才，一纸云蓝枉费裁。藜阁也曾称学士，不知何处是蓬莱。

缦云先生独秀峰题壁诗廿八首
纪粤匪之乱也文孙由廑世讲属题

甲子中兴赭寇夷，磨崖曾读道州诗。克复金陵何子贞太史有《独秀峰题壁诗》十八首。重披老辈哀时句，想见金田起义时。连帅同心襄庙略，万人裹革感舆尸。当年平粤如平蔡，公是昌黎定写碑。粤匪平，公犹及见，定有诗歌纪盛，惜已无传。

魏忠节公绝命书虞琴属题

千秋冤狱天终鉴，一纸家书墨尚新。正气长存公不死，肯教杨左独成仁。

委鬼滔天蔽圣聪，广微媚奄煽雌风。由来同姓皆同恶，那许先生获考终。

未死先筹身后事，科臣岂受外台赃。一行手笔千行泪，陟降依然帝座旁。

八月十八日亭秋夫人忌期感赋

忍看凫渚往来潮，无复诗情问六桥。二十五年离别感，右台山下草萧萧。

湖山虽好阻兵尘，劫火重重为有身。今日一樽遥寄奠，白头我是未归人。

秋夜书怀

缚草诛茅覆短垣，未妨独乐自名园。三秋人老惭惊坐，五尺童来可应门。腋下生风茶计碗，胸中消垒酒盈樽。卅年作客沧江晚，旧雨无多感殁存。

寿子才太守七十寿

四明村里狂名著，五老峰头隐者闲。藉甚清才符子愿，岂徒小字媲仓山。君别号与邢子愿、袁简斋同，才亦相泐。说诗雅荷元酬白，乐道滋惭孔铸颜。来函自称私淑弟子，余何克当。览揆稀龄金谷宴，瑶觞锡福舞衣班。

喜胡幼渔盐使过访赋赠

哲兄坡老重乌台，弟似乐城未易才。宾馆张筵容我醉，乙卯君任浙盐运使，余携眷来杭承招饮。衡门今日为君开。远怀二十年前事，近自三千里外来。独惜梅村成宿草，湖山风月共衔哀。迩时吴伯琴任财厅亦在座，惜早下世矣。

喜玉霜至沪有怀畹华香港

淞西饯别柳毵毵，戊寅年事。三载香江驻锦骖。归梦已随鸿向北，侨居犹忆马斯南。荔香室里茶初熟，梅影庵中佛许参。为报玉霜重至沪，谢青驰誉倍思蓝。

中秋前五日花近楼觞集赋赠玉霜

不教花气隔帘重，如在龙华会上逢。肇锡嘉名宜芍药，合欢并蒂是芙蓉。霓裳同咏蛾眉妒，风义亲营马鬣封。谓瘿公。若向梨园论家世，置身合在最高峰。

片帆又到沪江头,丹桂飘香八月秋。豪气能倾四公子,大名早动五诸侯。不矜艳色仍佳色,未许清流混浊流。神武挂冠三十载,与君重话黍离忧。

题玉霜芙蓉并蒂图

俪影凌波即是仙,植根端在凤池边。同兴堂上初相见,忆结青庐十九年。

贤妃本是芙蓉面,夫婿风流旧世家。争羡花如人解语,谁知人貌艳于花。

相对相当不解愁,良缘合是几生修。何须采折秋江上,妙笔双钩写并头。

题辛亥午桥尚书与某君书札感赋

津桥甫听杜鹃声,辛亥夏奉命入蜀,承访我于北洋官署。又拜蜀鹃万里行。欲上青天岂无路,鸿毛性命可怜轻。

铸铁纷纷聚六州,三公一国感狐裘。滔滔江汉偏留客,大事盲从竖子谋。

辛巳

功罪千秋有定评，惜君自坏此长城。百泉何幸埋忠骨，遨听苏门发啸声。

寄徐来青松樵兄弟

双池风月浩无边，一代经师仰大贤。寄与汝南好兄弟，遁庐诗礼要人传。

九月三日耆卿招饮赋谢

广谯叨陪畅晚风，鬓丝垂白蜡灯红。论交君是李方叔，惊坐吾惭陈孟公。橘隐莫教棋局换，菊边羞放酒杯空。昵人最是初三月，露似珍珠月似弓。

云麓斋中黄杨开花喜赋

红杏春风近日边，黄杨瑞应九秋天。坐禅应是菩提树，吐絮恰逢厄闰年。此日晚花同白菊，昔时归院撒金莲。吾庐亦有优昙钵，六出新吟咏雪篇。

声隐世兄金婚纪念祝词

旧谦曾陪海日筵,往岁子培同年金婚余有和诗。新诗今又写鸾笺。同心鹤发三千丈,举案鸿眉五十年。玉镜温家人未老,金婚欧俗礼堪沿。衰翁已是无家客,扶杖还来晋酒船。

大华医院视鲁青疾

久辞五马遂初衣,念到家山尚未归。劫罅相逢怜鬓影,花间一跌损腰围。移床就牖晨曦暖,拥被惊寒夜漏微。凭藉良医施手术,寻常针灸计全非。

宣武世讲五十正庆诗以预祝 十二月生

声声腊鼓寿人筵,居士端宜署乐全。梦觳尚追蒙汜日,客衣犹带秣陵烟。机云旧住东西屋,元白新成唱和篇。除后春来人未老,回思四十九年前。

重九日大中华七楼登高感赋

玲珑楼阁绚秋光,莽莽神州接大荒。几辈异乡成远客,四年此地

辛巳

作重阳。戊寅归自香港,斯楼四次登高。人来送酒吟秋晚,吏谢催租引兴长。佳节会逢多难日,鬓丝容易点新霜。

广宴重临互市场,新愁旧恨两茫茫。何人减却看花兴,镜清远去金陵。有客艰寻缩地方。子怡亦久未晤。望远易穷千里目,吟秋拼断九回肠。十三料得无风雨,农谚:"重阳无雨望十三,十三无雨一冬干。"预展佳期再举觞。是日子才宴客作展重阳会。

怀西太史归自旧京时届重阳以诗见寄

来就黄花爱晚香,百年犹剩几重阳。梁园旧梦一帘月,燕市归装两鬓霜。喜有门生勤问字,谓云麓。更无老友共传觞。谓得之。前身本是灵和柳,多难登临感四方。

前诗意有未尽仍和元韵奉酬

北府兵尘气不扬,南归花木媚斜阳。逢君但乞沧洲酒,老我惭无绿野堂。九日题糕酬令节,卅年作客滞他乡。长天一色秋将晚,鹤唳西风雁叫霜。

述　怀

险阻艰难早备尝,纷纷利锁与名缰。已知年老原非福,不讳书痴未敢狂。三径荒余旧松菊，一生坐阅几沧桑。揭来万念都消歇，只合挥戈让鲁阳。

重九后一日接鹿生见怀之作依韵和答

旧雨昨宵曾入梦，诘朝浣诵见怀诗。百年鼎鼎几重九，佳节匆匆又一时。老去未忘桑下宿，劫余慵醉菊边卮。居夷浮海宁初志，室迩翻增道远思。

和答豫泉九日登高诗

生涯早付钓竿垂，劫罅登临乏好诗。绿酒泥人拼尽醉，黄花笑客滞归期。谁留后约延高会，子才筮期十三日雅集。君擅通才本不羁。勉赋短歌和长笛，宁辞撚断数茎髭。

南屏寄和重九登高诗枨触旧游叠韵奉怀

当年港海泛波光，九日登临俯八荒。浅水湾头逢旧雨，扯旗山上恋斜阳。重逢佳节人谁健，回忆前游道阻长。读罢君诗增太息，龙城一别几星霜。

辛巳

锡之先生贼中寻弟记文孙长农乞题

陟冈昔诵望兄什,拨墨今题寻弟篇。遥想德门延世泽,祖庭当日是童年。

凭城赭寇太披猖,巢覆分飞雁失行。糊口四方悲仲氏,不辞探访滞他乡。

先后何期陷贼围,延缘一晤获同归。环滁山色供迎送,青史他年纪德辉。

十月五日耆卿假坐招陪小荔同年
年已九十矣即席赋诗并简小荔

楼高花近启芳筵,节序刚逢小雪天。绿酒三升千日醉,白头一老九旬年。不妨陈井供投辖,却对郇厨悟坐禅。<small>小荔茹素。</small>席罢众宾俱饱德,多情深荷主人贤。

越三日简约子有卓群福庵荒斋小集却寄

吟筇赏遍菊花黄,一笑今成看竹王。渺渺怀人知病起,<small>谓鲁青。</small>匆匆款客愧厨荒。传呼小妇先谋酒，转累良朋劝裹粮。近市购米用登记法颇便贫民。垂老钓竿无处著，年来东海已生桑。

荒江作客感飘蓬，蛮蛭相依只数公。恭敬梓桑识城北，雕镌金石重墙东。莼鲈梦熟吾将老，梅鹤诗成子最工。各有千秋期不负，寒宵坐对一灯红。

忆黔二首叠前韵

匏樽泛绿纸焚黄，香火年年赛竹王。讲学阳明曾置驿，怀人李白感投荒。献花苗奏迎神曲，授食民争计口粮。今日瘠区成沃土，拔茶贤尹劝栽桑。

异乡羁旅叹萍蓬，豪气消除愧孟公。锡马曾驰宫苑北，挂帆直到海门东。匡庐观瀑人谁健，严濑题诗句未工。最忆故山携蜡屐，黔灵枫叶晓霜红。

接天津一山书知南来有日诗以迓之

频年烽火阻清尘，一纸书来意倍亲。望树云中萦客梦，簪花日下重词臣。毡为故物宁忘旧，膝有佳儿不患贫。莫听桥鹃声断续，台山猿鸟盼归人。

辛巳

寿傅沅叔七十

北门共事最酸辛，卅载睽违感劫尘。老我尚无归隐地，如君才算读书人。真灵五岳填胸早，断简千家过眼新。几辈古稀赓杜什，文章扬马独精神。本岁闽县林子有、南海金子才、武进徐尧卿均七十正庆。

等身著述已堪传，从古经生享大年。杖国燕山重黄发，远乡蜀道似青天。蓬莱仙侣温前梦，萸菊重阳展盛筵。安得飞觞邀一醉，䫉灯同校雅言篇。承寄到《雅言》二册。

江霞庵太史由香港寄到和余八五自寿诗八首在远不遗良深感慰率赋二律报之

先朝科举甲辰终，北榜南闱大典崇。放地一头惭永叔，生花五色识文通。重温旧梦风尘隔，浣诵新诗雪和工。敢诩犹龙希老氏，漫劳作颂穆清风。来诗有"老尚犹龙"语。

东塾谈经一再传，朱商及第是同年。承恩莲炬荣归院，入定蒲团悟坐禅。蜡屐重看炎海月，绣衣犹带秣陵烟。龙城转悔回帆早，头白犹悭一面缘。

寿小荔同年九十仍赋九言体诗

卯年六艺诗成绩四皓，鼎鼎大名高冠二图中。每慨春申已散三千客，缅怀洛社犹存九十翁。岿然一代灵光鲁王殿，允矣百年寿考召康公。今日万家生佛群相祝，倾心更祝鳣堂五世同。

冬夜花近楼小集赋简子怡

劫罅延宾倒玉缸，寒宵短烛话西窗。危巢在昔能安燕，深巷而今不吠龙。对弈还须防局换，说诗早已筑城降。钓船容得君和我，蓖取吴淞水半江。

琴初函索桐野诗集并寄佳什依韵寄酬

一卷琳琅桐野诗，心香遥奉手频披。力争汉大能高咏，突破天荒是本师。发箧昔曾谋付梓，速邮今又远相贻。白头重对青灯读，绝似沉沉夥涉颐。

辛巳

朱桂莘远寄傅青馀廉访澹勤室集杨剑潭学博芋香馆集皆乡贤也赋谢叠前韵并寄琴初

澹勤吟稿芋香诗，寒夜挑灯取次披。乡社枌榆崇老辈，长城壁垒是雄师。风流文采同音雅，翰墨因缘远道贻。拟似《汉书》能下酒，左持杯酌右支颐。

翼孙大令远和昙花六出诗赋谢

解颐优昙斗韵新，鸣琴曾现宰官身。夙知梅福称仙吏，敢薄韩康是部民。药裹定储百岁酒，君家祖营药市，屡代同居。瓜绵永聚一家人。北门旧治成追忆，桥上鹍声入梦亲。

题孙筹成伉俪秋晴宜乐图

举案齐眉有孟光，膝前儿女灿成行。画眉省识偸闲意，不是从军短后装。往岁余抚三吴，君曾隶军籍。

花近楼感事六首

年来暮齿迫桑榆,风景河山举目殊。为富尽多臧氏子,假威半是霍家奴。那堪细柳余残垒,谁识驽桑有饿夫。太息陆沉兼海立,茫茫无地哭唐衢。

卅载沧飘异域居,今朝一笑果悬车。短灯犹幸分邻壁,斜月依然照我庐。扪腹已无新制稿,埋头仍理旧钞书。最难宾主东南美,花近楼高快扫除。

驿程历尽短长亭,不似飞鸿付渺冥。地近薇垣仍著紫,宅临柳陌已摇青。鲁阳戈影斜晖驻,越石笳声午夜听。忆否西湖同泛月,草堂曾乞五峰灵。得琴初长春书却寄。

当年黄浦战云浓,草草移家到九龙。每念旧游牵客梦,宁知要塞是临冲。高寒浅水湾头月,寂寞青山寺里钟。最忆南屏贤太守,宋台何日又相逢。

不赋泉明归去来,故山猿鹤费疑猜。西风芦管怀先陇,明月梅花忆右台。斗北挹浆天已醉,江南作客我衔哀。一阳生后逢长至,弱线频添愧袜才。

万方多难强登楼,处处风烟处处愁。子野不逢邀笛步,洪乔宁作寄书邮。生涯剪取半江水,杀气弥纶四部洲。愿获平安即是福,老夫耄矣复何求。

十月廿三日鲁青太守八四初度余适抱采薪未及驰贺阅旬以诗补祝想尊恙已康复矣即正

带围未减骨嶙峋,客里光阴病后身。大好藜床编甲子,最宜斗室守庚申。如冈补祝南山寿,避地原居东海滨。老至怜君并怜我,生[1]仙成佛彼何人。

怀一山左丞津门

旧筑千间厦,新营一亩宫。惯看津市月,慵驭沪江风。渴别十年久,相思两处同。茫茫无地著,矫乃泣天梦。

梁苑荷修谒,抗颜惭作师。已编丁卯集,君著作宏富。不是甲辰雌。世事多翻覆,天涯感别离。何时一尊酒,白首话交期。

寿姚母陆太夫人周甲

北堂珍养金萱草,不羡瑶池宴里桃。天锡遐龄儿奉母,五都市上

---

[1] 生,疑为"升"之误。

德门高。

长至后二日得雪喜赋

至后祥霙胜雨膏，消寒不羡党家羔。兆丰预祝兵尘靖，买醉宁愁酒价高。梁苑赋才怀旧侣，往官大梁二曾祠瓣香楼赏雪，宾僚廿二人公宴，曾赋诗泐石。谢家韵事属儿曹。水云若续新图画，尺幅鹅溪点素毫。

木兰秋狝图题诗　有序

原图为乾隆朝纯庙驻跸热河举行秋狝巨典绘图纪盛，旧藏内府，展转入天宁寺。光绪朝余官京师，曾见于塔射山房。宣统己酉冬，奉命督直兼充北洋大臣，入京陛见，适驻京奥国公使来谒，面述彼都近开全球展览大会，意在恢张武略，征取各国宝书名画以志盛典。越日游天宁寺，瞥见此图尚悬寺壁间，商之寺僧，携归天津，特觅画手，摩制两图。其一径寄维也纳，异邦士女争先快睹，奥政府并专电驰谢。扬国威，睦邻好，诚为幸事；其一则敬藏津署，期与银印、牙旗并特赏一等宝星同一珍秘，即此本也。原图重付装池，仍送还该寺，冀使佛力呵护，永镇山门。国变后已由博物院征取，悬之午门楼壁，丙子重入旧京，犹及见之。此本随余南来，岁月不居，忽忽已三十载。顷由敝箧检出，差喜丹青神化,弓刀羽箭,墨采如新,不受虫伤鼠蚀。展阅一过,感幸交并,爰缀数语以志缘起,兼赋短章于后。愿我子孙,其永宝之。

当年秋狝拓围场,讲肄时巡避暑庄。千骑从官开帐殿,武功彪炳纪先皇。

神化丹青妙写图,画师秉笔奉宸谟。何时流落天宁寺,新本还从旧本摹。

龙旗万里奥京扬,仕女观光喜欲狂。岂料而今维也纳,只余野老感沧桑。

羽箭弓刀万马屯,还留真本镇山门。午门楼上重相见,老眼摩挲剩泪痕。

圣德神功冠上京,清时武备最修明。展图无限兴亡恨,闲与儿孙话太平。

即事一首

薄宦金阊夜泊船,劫余重缔半淞缘。遥违罗甸七千里,静对沧浪五百贤。枕上钟声牵旧梦,袖中诗本出新编。干戈扰扰身还在,仕隐匆匆四十年。

感事和琴初韵

西湖虽好欠题诗，不到杭已五年。南部新书信手披。楼坠已无关盼盼，巷居犹忆李师师。梁园有第四巷，即李师师巷。神州沉陆人谁咎，晚岁偷生戚自贻。何处尚余干净土，家山遥望勉支颐。

以把芬庐诗集三编赠朱遴叟承以函谢感赋

不曾相见早相知，廿载论交一卷诗。斜日我怀庚子闰，辛亥国变基于庚子拳祸。齐年君匪甲辰雌。同岁生。五星共喜贤人聚，君与云麓、福厂、子才同一巷居。九鼎谁令大盗移。北海清风东海月，何时翦烛话归期。

闻香港近事有怀南屏九龙

百年割据方舆在，一夕罡风铁锁开。潜艇重重排浪出，飞机轧轧破空来。寒盟白水失天险，铸错黄金买祸胎。我与九龙三载别，关怀奚止宋王台。

大道城南最上头，白头一老倚高楼。黄巾不入郑公里，皂帽应回辽海舟。伯起子孙能侍养，少陵弟妹不知愁。绮窗晴暖梅花发，

辛巳

折共新诗寄速邮。

旧历十一月望即新历元月朔又月当头夕也友人假坐雅集赋简

劫余阅过几春秋，朔望相乘岁序周。揽镜忽惊霜满鬓，卷帘又见月当头。能来旧雨兼今雨，细数更筹当酒筹。四代一堂私愿足，摩挲老眼看神州。

和答叶诵先即步其韵

讱庵诗伯倚高楼，句自清新气自遒。明月前身今亦古，战云弥合亚兼欧。乡心怅惘鸳湖阻，泥爪痕长鹤市留。久客吴下。时局日非君未老，旧书还读又新搜。

六街腊鼓预催年，吟稿芬庐手自编。喜见沧浪贤五百，偶检敝簏出《沧浪亭五百名贤图像》与儿辈同观。惜无歇浦客三千。沪居卅载，宾僚散尽。平居故国伤迟暮，乱世余生幸苟全。料得江南梅信早，何当翦烛斗春妍。

读榴生诗感事怀人情见乎词依韵酬之

无分挥戈学鲁阳，幸从居市识韩康。云中采药成高隐，月下敲诗许互商。春意喜初回黍谷，饿人愁已遍翳桑。良医自古如良相，橘井逢君受命长。

暮景崦嵫易夕阳，还祈物阜与民康。客来白马犹存宋，皓似黄公大隐商。每忆旧游卧香海，惭无佳句和柴桑。友人以和陶诗属题。何时共爇糠头火，细拨炉灰引兴长。

思治一首示昌豫

化行南国美郇膏，俗厚西崙颂献羔。渑酒不妨千日醉，置身曾在五云高。劳人最感逢新岁，老我频催任汝曹。乱世回思全盛日，梅花诗兴入吟毫。

一山以诗见怀依韵奉酬

见闻犹及四朝中，杼轴空嗟大小东。池上有时逢白傅，酒垆无处访黄公。钩帘弓影怜新月，警枕机声付朔风。多难万方同一慨，此情难遣是衰翁。

浮海居夷不记年，尚留白头戴青天。一生作客违先垄，万户伤心剩野烟。贳酒但谋今日醉，读骚翻为古人怜。清才久副瀛洲望，不羡朱门有窦田。

辛巳

和答芷升天津

自忖人才在下中，凭临城北景高风。不堪两地十年别，敢诩一堂四代同。濒海甘为垂钓吕，撑天谁是救时崇。飞觞遥醉当头月，可奈初三月似弓。诗筒初三日寄。

掩关高卧一楼中，领取夷风与惠风。九九消寒催我老，三三开径有谁同。挂冠志遂希宏景，曳履声微愧郑崇。悟澈元从贞下启，始知天道似张弓。

即　事

玉梅花好逢三九，绿蚁醅新醉十千。纪乱莫谈天宝事，编诗合署义熙年。带围易减腰怜沈，经笥难便腹愧边。劫罅汉家犹有腊，宗风世守企前贤。

读史叠前韵

星辉云烂日方中，瑞毓尧蓂受好风。治水禹功八年外，垂裳舜治五臣同。殷宗审象旁求说，周室观兵首伐崇。运去已亡秦氏鹿，时来还得楚人弓。

嘉平五日云麓函来谓腊三日房师怀西太史简书为寿子肃随侍越日适为师华诞以诗纪事奉酬一律并简怀老

九衢腊鼓正催年，范钵和衣敞寿筵。道许再传师望峻，生迟一日弟居先。同门雅集人三五，同门叶紫封、朱敏人、宋公咸、钱自严诸太史均入坐。釃酒何愁价十千。两地称觥吾不预，隔帘官烛旧因缘。甲辰礼闱怀西充内帘同考试官，余忝知贡举。

寿尧卿大令七十

玉梅三九甫经过，为奏南飞鹤曲歌。设榻开尊惭仲举，奉香熬粥溯雍和。腊八日生。岳云一出民都活，皋虎双栖子且多。已届古稀赓杜什，百年岁月更婆娑。

腊八日食案无粥志感

闻说荒厨冻结冰，只缘米价逐年增。朱门几处惭行乞，黄寺先朝例给僧。客到饿乡聊作达，诗题饭颗苦难登。秀才斋粥希文志，肠转饥轮我未能。

辛巳

前诗甫就因忆昔年饭僧故事复得四律聊以解嘲不缘枵腹败兴也

燕京雍和宫熬粥

熬粥风斯古，雍和典礼崇。佛前花四壁，灶下米双弓。托钵僧归寺，斋心帝在宫。六街催腊鼓，一饱万方同。

成都昭觉寺饭僧

丝管锦城嚣，寻幽访石涛。少陵客严武，延赏识韦皋。幕府三刀梦，禅房一饭叨。腊梅香弄影，得句岛僧豪。

钱塘灵隐寺荐福

云林留片榻，曾共老僧居。采药穿芒屦，听经叩木鱼。桑间三宿恋，竹外一灯疏。白粥黄齑味，青阳逼岁除。

贵阳黔灵寺传戒

戒期传八日，风土记吾乡。灯火明初地，僧尼聚一堂。拈花迎老佛，灼艾礼空王。舍饭何年寺，黔山道阻长。

梦华同年曾孙汝旃世讲来谒曾在沪东吴大学肄业即送其年假归里

少年家世重清门，生长白田旧有村。双榜昔曾陪大父，余与梦老会试同年，乙亥乡试梦老亦中副榜。四传今又见文孙。门前行马应无恙，堂上慈乌喜具存。闻说东吴勤向学，假归犹及奉晨昏。

以把芬庐三编寄赠鹤亭乃承赋诗致谢依韵酬之

挂冠已分老衡门，清白身惭示子孙。月上尺楼近花影，雨穿陋室长苔痕。南州旧榻蕃延稚，吴郡新诗白和元。何日结庐依水绘，买邻先办酒盈尊。

叠韵寄一山

梁枕功名一梦中，起看弓月挂楼东。河山举目悲周颛，丝竹关情感谢公。垂老难追蒙汜日，何时重御马当风。淞江半蓟年年绿，合泛烟波作钓翁。

莲炬承恩得第年，梁园造榜暮春天。名场视草三条烛，试院煎茶半榻烟。我老徒萦亡国恨,君才宁肯受人怜。须知经笥便便腹,即是公家上上田。

十九日立春得诗五首不自知作何语也

家风仍守腊,吉日又逢春。去国卅年恨,离乡万里身。素心几人在,白发数茎新。官鼓怀前事,黄封印裹银。先朝官制,是日封印。

花楼兄弟乐,赓唱寿东坡。是日为坡公生日,往岁与少石兄各赋诗为寿,诗载《花近楼》八集中。触我鸣鸰感,怜公坐蝎磨。谢池空有梦,邱锦已无多。隔岁春先到,衔杯一放歌。

啖饼罗肴核,维嘉众口咸。漫劳名士画,足慰老夫馋。品粥参禅味,哺糟谢酒监。红绫曾拜赐,惭对旧官衔。

试写宜春帖,红笺下笔迟。万方正多难,一老怕题诗。腊脯炎州味,寒梅庾岭思。良朋殷寄赠,返璧竟无词。

风飐青旗影,烟寒赤地愁。未偿宗悫志,曾侍谢安游。五十年前在蜀,立春日曾侍丁文诚丈访王湘绮山长于尊经书院,作竟日谈。斋建怀三洞,见《云笈七签》。身闲恋一邱。难忘尹京日,行在进春牛。辛丑春两宫西狩余尹京兆,立春日仍寻例由驿丞进《春牛图》,荷蒙嘉奖。

谢澄波馈岁

未堪同处乱离年,喜值新韶换旧躔。北海论交人老大,东坡馈岁意缠绵。颁来厨传饶兼味,写入食单富锦笺。博得老夫开口笑,咬春不费杖头钱。

廿二日近市酒楼小酌

仅隔牛鸣地,酒家非远村。垆边新买醉,襟上旧留痕。五簋堪延客,七旬不出门。登楼穷四望,但惜一灯昏。近日市府节省电力,非复昔时景象。

不妨归缓缓,转悔到迟迟。排闷酒三爵,扶衰筇一枝。雏孙豪啖饼,小妇解谈诗。街柝传宵警,还留梦里思。

冬夜即事

岂有文章海内惊,一场大梦感浮生。不才敢谓功名薄,多难翻教意气平。近局叨陪成坐啸,异乡羁旅负归耕。著鞭自笑宵慵起,莫怨窗鸡不肯鸣。

辛巳

养臣以八四纪言见示奉酬二律

北固金焦尺五天,钟灵遥溯降神年。人如南极一星灿,生在东坡二日先。行脚随携双蜡屐,前身坐阅几蒲团。悬知冠盖西园盛,惜未登堂预寿筵。

乱世怜君转自怜,我生愧在孟尝前。余五月三日生。铁弹有客离门下,管秃无花绕笔巅。下箸万钱笑枵腹,画图三老长随肩。来年夏日冬之夜,各有千秋晋酒船。

廿五日第三曾孙行杰周晬喜赋

葛藟绵绵护本根,同堂四代愧清门。晬盘仍列戈同印,宝砚分贻弟继昆。一老醉呼投客辖,三朝忆置洗儿盆。独怜生小逢离乱,聪听无忘祖腊尊。

除夕前三日接诵学川太史岁暮见怀诗依韵奉酬

江花梦绕笔毫尖,我愧欧阳识子瞻。洛水渊源家学绍,杜陵膏馥后人沾。出蓝名嗓青堪谢,乞米书成印倒钤。昨寄一山天津诗竟倒钤

私印。立雪及门还和雪，近日得雪。宁辞拈断数茎髯。

感事叠前韵

名题雁塔七层尖，高会曲江众具瞻。袖里尚留花气袭，襟前重认酒痕沾。玉杯篆古时还读，银印尘封早罢钤。揽镜始惊非少壮，年来白尽老夫髯。

壮游踏破笋鞋尖，人远还从迩室瞻。辔执夷门心所慕，碑寻岘首泪犹沾。水云漠漠图留稿，仕宦匆匆阁署钤。*官署清要地，一名铃阁。*花近难援湖海例，短髯陈已逊长髯。*吾宗其年太史有《湖海楼集》，才名最著。予生也晚，年虽较彼为富，才则不逮远甚。按太史得年五十九岁。*

除夕前二日花近楼宴集即席赋诗录呈坐上诸君子

元龙老矣气犹豪，底事临觞感二毛。今日腊尊催腊鼓，去年银海试银刀。*庚辰此日余在医院治目。*鹄悬幸可穷千里，鹤唳还思达九皋。后夜朝元温昔梦，开箱重检旧宫袍。

百年聊寄此行骸，一榻琴书任委怀。差喜小妻堪作伴，不烦儿辈再营斋。*昨岁今日刮目试刀，全家茹素。*行云流水心无竟，挽日回戈愿竟乖。暖阁安排开广谯，御冬尚有酒如淮。

辛巳

论才谁似姚姜坞，虞琴。此事推袁未易降。帅南。浊世翩翩文伟费，子怡。及门侃侃士元庞。霓裳。清谈徐勉人三两，尧卿、凌云、卓群。乘兴王猷屐一双。福厂。吴市箫声孤岭鹤，风流林伍话连江。子有、渭英。今日坐上诸公皆上年入院视疾最关情者。

江关萧瑟逼凋年，冻骨成堆大道边。丧乱屡经遗一老，昇平可答仗群贤。双轮寂寂难驰电，万灶沉沉易散烟。领取婆娑多岁月，天留老眼看桑田。

除夕有雪

一年扰攘今宵尽，人事推迁物候新。庭际雪花飞不止，衰翁来作祭诗人。

集外遗诗

无题之五

黄阁斜封等上天,尸居虚廪大农钱。角门旧话先生误,东市朝衣后世怜。逼处公然周鼎问,行成忍见郑羊牵。庸才漫与人家国,浪博清名二十年。

(《松寿堂诗钞》已删,据《庸庵诗钞·燕台集》补辑)

由吴入越得诗五首之三

淡雨疏烟觅渡桥,秋心难系柳千条。盈盈一水通吴越,转向西湖泣左娇。

(《松寿堂诗钞》已删,据《征鸿吟草》补辑)

汉上公谳应影园主人教即步象山开港即事元韵

犀军十万起楼船,重见亲贤夹辅年。赐履久钦雄表海,还朝刚及雁来天。新诗已有笼纱护,旧曲何堪按谱填。常武中兴休戚共,成城惟恃寸心坚。

(据《庸庵诗钞·鹤楼集下》补辑)